Bernhard Hoffmann

# Der Unterrichtsentwurf

## Leitfaden und Praxishilfe

2. erweiterte und überarbeitete Auflage

Schneider Verlag Hohengehren GmbH

Umschlagentwurf: Verlag

Dank an
Prof. Dr. Michaela Brohm-Badry für den Gastbeitrag
Caroline Helfrich für grafische Gestaltung und Layout
die Studierenden und Referendarinnen für Ihre Entwürfe

Bibliografische Information der Deutschen Nationalbibliothek

Die Deutsche Nationalbibliothek verzeichnet diese Publikation in der Deutschen Nationalbibliografie; detaillierte bibliografische Daten sind im Internet über ›http://dnb.d-nb.de‹ abrufbar.

ISBN 978-3-8340-1867-0
Schneider Verlag Hohengehren, D-73666 Baltmannsweiler
Homepage: www.paedagogik.de


Printed in Germany. Druck: Format Druck, Stuttgart

## Vorwort zur 2. Auflage

Das Buch bietet ein Fundament der wesentlichen und elementaren Strukturen und Verfahren der Unterrichtsgestaltung nach allgemeindidaktischen Modellen für alle Fächer. Es arbeitet insbesondere in der didaktischen Analyse konsequent nach dem Perspektivenschema der **kritisch-konstruktiven Didaktik** von Wolfgang Klafki. Sie hat sich in der Praxis bewährt, und mit keiner anderen erfolgt eine gründlichere Planung und Analyse von Unterricht. In den weiteren Kapiteln werden Elemente der übrigen bekannten Didaktiken einschließlich der konstruktivistischen verwandt.

Dieses Buch ist kein Rezeptbuch! Für Kuchen oder Lasagne nimmt man die vorgeschriebenen Mengen der Zutaten, bearbeitet nach Vorgaben und erhält als Lohn nach Einhaltung aller Regeln das gewünschte Produkt. In einer solch mechanistischen Weise, die dem Lernprinzip des Nachmachens folgt, lässt sich das Verfassen eines Unterrichtsentwurfes nicht darstellen – und nicht machen.

Alles (!) muss in jedem (!) Unterrichtsentwurf neu und individuell (!) bedacht und geklärt werden. Der Stoff ist anders, die Zielgruppe fordert andere didaktische Überlegungen und methodische Entscheidungen, die Zeit ist eine andere. Ja, und auch Sie sind mit jeder Erfahrung ein anderer. Es gibt also kein Modell, Muster, Rezept, das für alles gültig wäre. Sie allein sind die entscheidende Instanz. Alle Überlegungen und die Durchdringung der Thematik und das didaktisch-methodische Arrangement beruhen auf Ihren klugen Entscheidungen – nicht auf denen eines Fachlehrers oder Fachleiters.

Somit sind die Erläuterungen dieses Buches nebst den Beispielen als ORIENTIERUNG, als LEITFADEN zu verstehen, als HILFE bei den vielfältigen Wegen, die Sie allein zu wählen (und zu verantworten) haben. Sie zeigen, wie andere Menschen eine Unterrichtsentwurf geschrieben haben. Einen „All-inclusive-Super-Luxus-Ideal-Entwurf“ werden Sie darunter nicht finden. Aber interessante Anregungen sind darin enthalten. Wesentlich ging es mir um den verstehbaren Nachvollzug der theoretischen (Vor-)Überlegungen. Und um die Einsicht, dass nichts und nirgendwo etwas unreflektiert und ohne **Legitimierung, Strukturierung und Transformierung** im Unterricht eingesetzt werden darf.

Diese Ausführungen betreffen in gleicher Weise die Ratschläge, die gutgemeinten von Freunden und die seriösen von Fachleuten. Auch sie können, ja dürfen nicht eins zu eins übernommen werden. Prüfen Sie sorgfältig auf Passung und übernehmen Sie, adaptieren Sie oder verwerfen Sie. Nicht ´nachmachen`, sondern ´nachdenken`. Das macht die Qualität aus.

Bernhard Hoffmann

# Inhalt

# 1. Einleitung: der didaktische Blick

Didaktik ist – einfach gesagt – die Wissenschaft vom Lehren und Lernen. Vieles kann zum Unterrichtsgegenstand („Stoff“) werden, wobei sich das eine für junge Lernende herunterbrechen lässt, das andere aber nicht. Manches ist zu simpel für die älteren Lernenden, anderes passt nicht zum Bildungsauftrag der Schule. Der *didaktische Blick* versucht *mit den Augen der Lernenden* zu sehen und lenkt Ihren Blick in eine andere Perspektive. Versetzen Sie sich in die Lage eines Lernenden.

> *If the teacher's lens can be changed to seeing learning through the eyes of students, this would be an excellent beginning.*
>
> John Hattie 2009, S. 252

Zu einem ´Stoff` kommt also immer die didaktische Intention, bevor er ein Unterrichtsthema wird. Die meisten Lehrer mit Routine haben daraus den ***didaktischen Blick*** entwickelt. Ein Deutschlehrer beispielsweise kann kein Buch mehr lesen, ohne es zugleich auf seine Verwendbarkeit im Deutschunterricht zu überprüfen. Der Geschichte- oder Sozialkundelehrer erkennt bei einem Youtube-Video sofort die Einsatzmöglichkeit für seinen Unterricht. Das geht automatisch. Mit diesem *Blick* prüft man überschlagartig die Eignung eines Stoffes fürs Lehren und Lernen. Es wird gefragt **wer was wann wie und womit** lernen soll; hinzu kommen Fragen des Warum und Wozu, denn der Stoff soll dazu dienen, den Lernenden zu bilden. Didaktik stellt sich also in den Dienst einer möglichst umfassenden Bildung. Wenn nun ein Unterrichtsentwurf zu schreiben ist, entsteht er nicht in einem einzigen, sozusagen genialen Schreibakt. Zuerst kommt das Denken, dann das Schreiben. Die Planungsarbeit schreitet nämlich nicht voran wie beim Bau eines Modells, z. B. eines Ikea-Möbels, dessen Bauplan Sie akribisch zu verfolgen haben, sondern geht vor und zurück wie beim Puzzeln: Mal links zigmal probiert und nicht gefunden, mal plötzlich eine ganze Reihe rechts usw. Es ist ja gerade die Krux beim Unterrichtsentwurf, dass es zwischen allen Teilen einen **Implikationenzusammenhang** gibt: gedacht wird vernetzt – geschrieben liegt das Ganze sukzessiv vor, Kapitel für Kapitel. Gleichzeitigkeit wird also in Ungleichzeitigkeit überführt.

☞ Alle Planungen werden zuerst in Gedanken entworfen, zu Konzepten gemacht, zu Festlegungen geführt und dann erst in die formale Gestalt eines schriftlichen Unterrichtsentwurfes gebracht!

Diese Arbeitsweise besitzt man jedoch noch nicht beim ersten Unterrichten. Es fehlen die Erfahrungen mit den Schülern und dem Stoff, es fehlt die Einschätzung der benötigten Zeit, es fehlen die schnellen Alternativen, wenn's mal nicht so geht, wie es soll usw. Man lernt sie durch ständige Übung, nicht anders als beim Klavierspiel. Von Routine kann man erst nach der Ausbildung und den ersten Berufseingangsjahren sprechen. Das ist der Grund, warum in einem Lehrwerk alles Stück um Stück, Schritt für Schritt vorgestellt wird. Dazu gehört zuerst die gründliche Einarbeitung in die Sachlage und das Schreiben einer ausgeführten Sachanalyse – auch wenn man ansatzweise schon den *didaktischen Blick* entwickelt hat, weil man Geschwister unterrichtet hat, Nachhilfe gegeben hat oder die ersten Praktika abgeschlossen hat. Danach erst wird die didaktische Analyse geschrieben, danach erst werden die Kompetenzstufen und Lernziele benannt, danach erst kommen Methoden und Medien in den Blick. So folgt man einer eingängigen Logik, die ein Rückwärtslesen, also eine Vergewisserung, ob man auf dem richtigen Weg bleibt, nie ausschließt. Gegebenenfalls muss man im Verlauf des Denkens und Schreibens bei Thema, Zielen, Texten, Methoden nachjustieren. Das ist kein Nachteil, sondern zeugt vom Bewusstsein des oben genannten Implikationenzusammenhangs.

## 2. Bedingungsanalyse

Die Bedingungsanalyse beschreibt die Rahmenbedingungen der Unterrichtseinheit. Hierzu werden allgemeine sowie besondere Voraussetzungen der Lerngruppe erläutert. Bei den **allgemeinen Voraussetzungen** wird die Lerngruppe analysiert. Diese Analyse umfasst zum ersten Ihre bisherige Verweildauer in der Klasse oder dem Kurs. Sodann Alter, Geschlecht, Anzahl der Teilnehmer, entwicklungspsychologische Aspekte, Migrationshintergrund, Lernmotivation, Arbeitshaltung, Mitarbeit, Interesse, Lernklima, Leistungsniveau, Sitzordnung und auch Teilnehmer, die auffallen. Der Grad methodischer Fertigkeiten wird erläutert. Die **besonderen Voraussetzungen** betreffen im Wesentlichen die Einordnung der Unterrichtseinheit in den Gesamtzusammenhang. (s. Kap. 3.5)
Ich erinnere mich höchst ungern an eine „Schaustunde", die ich als Fachleiter für Referendare gehalten habe. Die Bedingungsanalyse fehlte, weil ich die Klasse gar nicht kannte und die Schule nur eine Besuchsschule war. Es ging zwar voran, doch eher wie mit einem stotternden Motor über holpriges Gelände. Die Interaktion war mäßig, die Schüler beäugten mich und wollten mich erst einmal kennen lernen. Die Kommunikation ging somit schleppend voran, zumal ich die Namen nicht kannte und auch nicht wusste, wer welche Stärken oder Schwächen mitbrachte – im Thema kam ich nur mühsam voran. Ich fühlte mich danach hundsmiserabel. Nicht umsonst besuchen Referendare eine für sie neue Klasse mindestens drei Mal vorher, bevor sie eigenen Unterricht beginnen oder vorführen. Beobachten Sie also die Lerngruppe: Wer meldet sich häufiger, wessen Beiträge können die Lerngruppe weiterbringen, welches Interesse besteht, wo gibt es kritische Anmerkungen – wie ist die Mitarbeit, mit welchem Eifer wird in Gruppenphasen gearbeitet, wie offen sind die Lernenden für alternative Methoden usw.? Aber überlegen Sie auch: wo gibt es konkrete Fördermöglichkeiten? (vgl. dazu Kap. 10)

# 3. Sachanalyse

## 3.1 Einleitung

**Aller Anfang beginnt mit der Sache, d. h. mit ihrer Klärung.**

Eine gründliche Sachanalyse ist das A und O Ihres Entwurfes. Sie erklärt das zu behandelnde Thema und belegt es mit Sekundärliteratur. Unkenntnis über das eigene Thema verbietet sich von selbst – spätestens nach der ersten weiterreichenden Frage eines Studierenden oder eines Schülers, die Sie nicht imstande sind zu beantworten, wird Ihnen die Peinlichkeit von Halbwissen vorgeführt.

Manche Didaktiker und Studienseminare verlangen keine ausgeführte oder gar ausführliche schriftliche Sachanalyse. Letzteres kann man nachvollziehen.

**Aber ohne Sachanalyse geht es nicht.** Auch wenn Sie sie nicht formalisiert niederschreiben oder aber in die didaktische Analyse integrieren, sind Ihre Gedanken zu klären und zu ordnen. (Übrigens auch dann, wenn Sie anscheinend einfach nur Ihrem Lehrbuch folgen.)

Eine Sachanalyse dient nicht der ausführlichen Darstellung; sie belegt allerdings Ihr Fachwissen und vertiefte Kenntnis der Thematik. Sie stellt keine wissenschaftliche Hausarbeit dar. Insofern erübrigt sich der Einbezug sehr vieler verschiedener Quellen. Ohne Bezug zur einschlägigen Literatur und ohne den einen oder anderen Beleg steht allerdings jede thematische Darstellung auf tönernen Füßen. Schließlich könnten Sie sich selbst so einiges zusammenreimen, was nicht haltbar ist. Zitieren Sie gelegentlich und verweisen Sie auf die Seiten Ihrer benutzen Literatur.

Stellen Sie sich vor, dass der Prüfer nicht Fachmann für dieses Thema sein muss, aber einen Einblick erhalten möchte. Denken Sie an ein Kompendium, ein kurz gefasstes Handbuch. Also ist die Sachanalyse ´relativ` knapp.

Eine sachliche Fundierung erwarten auch die Lernenden von Ihnen, schließlich sind Sie der Fachmann und dadurch ein Stück Autorität. Eine gründliche Vorbereitung verhilft Ihnen zu Klarheit, Strukturiertheit und – tatsächlich – zu innerer Sicherheit. Die Lernenden merken sofort, ob Sie fachlich auf der Höhe sind. Bei einer fehlerhaften oder vagen Antwort nehmen Sie eine sofortige Einordnung vor, und bei Rückfragen zeigt sich Ihr gesamtes Hintergrundwissen.

**Gute Sach- und Fachkenntnis** beweist überdies in Lehrproben oder Hospitationen den Prüfenden, dass Sie eine gute Note verdienen.

Die Aufgabe, eine Unterrichtstunde zu konzipieren, kann Ihnen auf zwei Arten entgegentreten:

1. Sie erhalten einen größeren, meist komplexen **Inhalt** oder sollen eine **Unterrichtsreihe** konzipieren (z. B. „Bertolt Brecht“, „Französische Revolution“, „Insekten“, „Wüsten“; im folgenden Beispiel „Gruppenunterricht“).
2. Sie bekommen ein schon eng gefasstes **Thema**.

Das Vorgehen mit beiden Vorgaben wird in den folgenden Kapiteln geklärt, wobei Sie im zweiten Fall in Kapitel 3.3 (Erschließung des Themas) weiterlesen können.

## 3.2 Wahl des Themas

Im ersten oben genannten Fall, wenn Ihnen ein komplexer Inhalt (z.B. Konstruktivismus, vgl. das Beispiel 1 im Anhang) vorgegeben wird oder eine Unterrichtsreihe zu planen ist (z.B. über die Restaurationszeit, vgl. das Beispiel 6 im Anhang), haben wir es mit einer Vielzahl von Aspekten und Teilthemen zu tun.

**Vorrangig ist ein Überblick nötig.**

Stellen Sie sich die Planung einer Reise in ein Ihnen unbekanntes Land vor. Ein ganzes Land – wo fängt man da an? Zuerst werden Sie sich kundig machen über Einreisebestimmungen, Sprache, Land und Leute, Regionen und Städte gesucht. Und schließlich liegt eine Liste der zu besuchenden Orte und Stätten vor.

In gleicher Weise geschieht die **Annäherung an ein Thema**. Man kann ihn durch Lexika, Kompendien, einschlägige Sachbücher und natürlich mittels seriöser Artikel im Netz erhalten. In den Literaturverzeichnissen finden Sie in aller Regel weitere Quellen. Oft ist ein sinnvoller erster Schritt der Blick in Wikipedia. Dort werden in der Regel auch die verschiedenen Kategorien sauber getrennt. Es ist nicht nur nützlich, sondern wegen der Einbettung in das Gesamte auch wichtig, alle diese Erst-Informationen zu lesen. Für die Lernenden wirken Sie überzeugender und interessanter, wenn Sie über den Tellerrand des später begrenzten Themas hinausschauen und hie und da Querverweise, eine Besonderheit oder eine Anekdote einflechten können. Das breitere Allgemeinwissen nutzt auch dem fächerverbindenden Gedanken.

Es können logischerweise nicht alle Bereiche eines Inhalts oder alle Aspekte in einer Stunde erarbeitet werden. Es müssen **Unterthemen** gefunden werden, denn Mangel an Zeit und Aufnahmefähigkeit, Interesse, Motivation und Leistungsfähigkeit der Lerngruppe müssen berücksichtigt werden.

Wer würde sich denn vornehmen, alle Dramen Shakespeares in einem Grundkurs Englisch durchnehmen zu wollen; selbst bei einem ausgewählten Drama wird man sich für eine Stunde auf bestimmte Szenen beschränken müssen. Ein Thema muss eingegrenzt, klar herauskristallisiert, fokussiert werden.

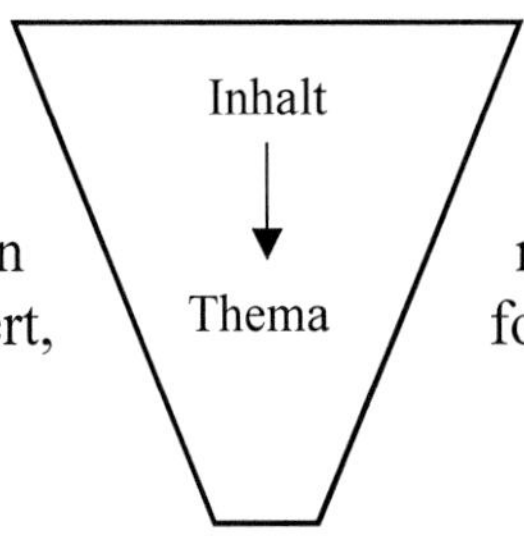


Abb. 3.1: Weg bei vorgegebenem Thema

Es muss also reduziert werden. **In einer ersten didaktischen Reduktion suchen Sie im Folgenden *einen* Unterrichtsstoff für *ein* Fach und *eine* Stunde für *eine* bestimmte Lerngruppe.**

Diese didaktische Reduktion erfolgt quantitativ (dem Umfang nach) und qualitativ (der Komplexität gemäß) durch eine Verringerung der diversen Einzelelemente und eine Auswahl dessen, was in einer Unterrichtseinheit zu leisten ist.

Das ist gerade für Berufsanfänger, die in Referaten an der Universität mit vielen Informationen zu arbeiten gelernt haben, schwierig. Nehmen wir als Beispiel den Inhalt „Gruppenarbeit", zu dem folgende Unterthemen möglich sind:

- Gruppenbildung
- Heterogene oder homogene Gruppen
- Rollen der Gruppenmitglieder
- Kompetenzerwerb durch Gruppenarbeit
- Vorteile der Gruppenarbeit
- Fünf Phasen der Gruppenarbeit
- Gruppenpuzzle
- Bewertung der Gruppenarbeit
- Rolle der Lehrperson bei Gruppenarbeit
- Probleme bei der Gruppenarbeit

☞ **Praktische Hilfe in 5 Schritten**

1. Lesen Sie sich in den Inhalt ein (Quellen, Kompendien, Internet).
2. Schreiben Sie Unterthemen oder Einzelaspekte des Inhaltes auf kleine Zettel (ca. 10 x 5 cm).
3. Legen Sie Ihre Zettel zu einer Mind Map, einer Concept Map oder einem Cluster. Kategorisieren Sie dabei nach Ober- und Unterbegriffen (zuweilen werden Oberbegriffe neu gefunden, Unterbegriffe entstehen).
4. Legen Sie sich auf einen Ast oder eine Gruppe oder schon auf ein Unterthema fest.
5. Hier wird deutlich, dass vieles möglich, aber nicht alles machbar ist.

Insbesondere im Rahmen der 45-Minuten-Stunde gilt: **„LESS is MORE".** Wichtig ist, dass Sie den häufig vorkommenden Anfängerfehler vermeiden, zu viel in eine Unterrichtsstunde zu packen. Die reine Stoffhuberei bringt letztendlich wenig – zumal nicht, wenn es um die Ausbildung von Kompetenzen geht.

> *Wenn pädagogische Unterrichtsprinzipien der Selbsttätigkeit und Eigenverantwortlichkeit, wenn Forderungen nach Rhythmisierung zwischen Instruktion und Konstruktion, wenn fachdidaktische Gebote (Anschaulichkeit, Fachsprache ...) einen Sinn haben, so brauchen Sie Raum im Unterricht, um zur Entfaltung kommen zu können. Der Unterrichtende wird [...] manchmal in fast schmerzhafter Form zur Konzentration auf das Wesentliche und Machbare gezwungen.*
>
> Staatl. Studienseminar für das Lehramt an Gymnasien Trier, unveröffentlichtes Manuskript

Am Ende dieses Auswahl- und Klärungsprozesses haben Sie Ihr Thema gefunden und betten es in den Titel eines Unterrichtsentwurfes ein. Hilfsbegriffe, die den Fokus der Unterrichtseinheit ausmachen und schon das allgemeine Stundenziel anzeigen, können und sollen benutzt werden. Eine nominalisierte Form kommt der Klarheit zugute. Bzgl. unseres o. g. Beispiels „Gruppenarbeit" wären folgenden Titel möglich:

a. „Stärkung von Eigenverantwortlichkeit durch Gruppenarbeit"

b. „Kompetenzerwerb durch Gruppenarbeit"

c. „‚Zusammen ist man stärker als allein' - Qualitätsverbesserung durch Gruppenarbeit"

d. „Gelingende Gruppenarbeit durch Rollenverteilung"

## 3.3 Erschließung des Themas

Wird Ihnen im Seminar, durch Fachlehrer im Praktikum oder durch die Fachleitung im Vorbereitungsdienst ein eng umgrenztes Thema gegeben, z. B. ein Begriff, eine Fragestellung, eine Problemstellung oder ein Text, ist anders zu arbeiten.

Im diesem Fall geht der Weg zuerst umgekehrt: das vorgegebene Thema, das ja nur einen Ausschnitt aus einem Ganzen darstellt, suchen Sie in seinem Umfeld einzuordnen. Hat man im ersten Fall also verkleinert, wird jetzt zuerst vergrößert, quasi der Blick über den Tellerrand gefunden. Vom größeren Zusammenhang des Umfeldes geht der Weg danach wieder zum eng gefassten Thema und seiner Erschließung zurück.

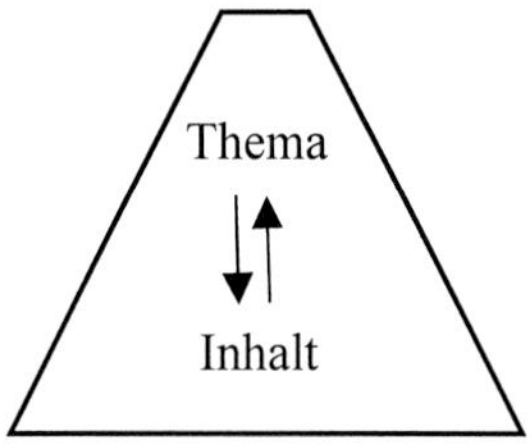


Abb. 3.2: Weg bei vorgegebenem Thema

Stellen Sie sich vor, Sie sollen eine Szene eines gerade behandelten Dramas erarbeiten, die Ihnen der Fachlehrer vorgibt. Selbstverständlich lesen Sie das gesamte Werk. Und wenn Sie es gut machen, lesen Sie etwas über den Autoren, die Zeitgeschichte, die literarische Epoche, u.a. Wenn Sie es sehr gut machen wollen, lesen Sie auch andere Werke des Autors, und wenn Sie ganz viel Zeit hätten, würden Sie auch Dramen anderer Autoren aus dieser Epoche lesen.

Sollen Sie die Orientierung von Bienen thematisieren, lesen Sie über allgemeine Charakteristika der Tiere, Vorkommen, Haltung usw. Muss der 17.7.1789, der Ausbruch der französischen Revolution, behandelt werden, lesen Sie sich in Ursachen und Umstände, das Königshaus und den Adel, die Vordenker und Anführer usw. ein. Jedes noch so enge Thema hat einen zeitgeschichtlichen Hintergrund, eine Entstehungs- und Rezeptionsgeschichte, einen Interpretationsspielraum oder einen Problemkern, den es zu erschließen gilt. Es ist gut, hier eine Einordnung vorzunehmen, um vom Stundenziel wegführendes Fehlverständnis oder Fragen von Lernenden richtig einordnen und ggfs. beantworten oder abweisen zu können.

Lesen Sie sich also zuerst ein in den größeren Zusammenhang, bevor Sie die eigentliche Fachliteratur zu Rate ziehen. Jetzt sind Sie bereit, sich auf das Thema einzulassen. Die weitere Vorgehensweise ist in beiden Fällen gleich: Nachdem Sie sich einen Überblick verschafft und Ihr Thema sicher im Griff haben, lesen Sie sich in die Fachliteratur ein. Die gewählte Literatur sollte einschlägig sein, also von fachkompetenten Autoren stammen; sie sollte auch die ein oder andere Koryphäe der Thematik einbeziehen; es soll keine wissenschaftliche Hausarbeit entstehen. 3-5 themenbezogene Werke und 2-3 Artikel aus dem Netz können genügen. Allzu spezifische Sonderforschungen lassen Sie außen vor, wenn nicht wirklich spezielle Themen gegeben sind.

☞ Vergessen Sie nicht: die Sachanalyse behandelt nur Ihr Thema und korrespondiert mit der folgenden didaktischen Analyse.

## 3.4 Bezüge zu Lehrplan und Arbeitsbüchern

Der Lehrplan für Ihr Fach ist die Leitlinie. Beziehen Sie sich ausdrücklich auf die Stellen, in denen Sie Ihr Thema verorten können. Auch die Arbeitspläne Ihrer Schule sind von Belang und dürfen nicht vernachlässigt werden. Letztlich können Ihnen diese Texte helfen, das Thema systematisch vorzubereiten und einzuordnen.

Versäumen Sie auf keinen Fall, auch in das eingeführte Arbeitsbuch (Arbeitsheft) hineinzuschauen. Schlagen Sie aber auch in Arbeitsbüchern nach, die nicht an Ihrer Schule eingeführt sind. Man kann viel daraus lernen, inhaltlich wie auch didaktisch und methodisch. Eingeführte Arbeitsbücher sollten grundsätzlich benutzt werden. Bleiben Sie jedoch kritisch: Manchmal stimmt die Didaktik Ihres eingeführten Lehrwerkes nicht mit Ihren Zielen überein, und überdies ist – nach einer Studie der Universität Tübingen – die Sprache nicht immer dem Entwicklungsstand Ihrer Lernenden angepasst[1].

## 3.5 Einordnung der Stunde in die Unterrichtsreihe

Handelt es sich um eine einzige Unterrichtseinheit, wird an dieser Stelle allenfalls zu schreiben sein, weshalb Sie von den Themen der Reihen vorher und nachher abgetrennt ist. In aller Regel ist Ihre Unterrichtseinheit jedoch keine isolierte Einzelstunde (Doppelstunde), sondern gehört in den Kontext einer Unterrichtsreihe. Hierbei wird ein thematischer und oft dramaturgischer Ablauf bedacht, der auch eine gewisse Spannungskurve aufbaut.

Grundsätzlich soll eine knappe Einordnung des Themas in den Rahmen des Seminars oder der Unterrichtsreihe erfolgen (Einordnung in die Gesamtreihe). Es müsste dargelegt werden, welche vorlaufenden Unterrichtseinheiten gehalten wurden; dies geschieht meist tabellarisch. Die Bezüge zu vorherigen Kenntnissen und die logische Abfolge der Einzelstunden wird mit dieser Übersicht klar. Handelt es sich um eine Einführungsstunde, beschreiben Sie die geplanten folgenden Stunden.

*NB: Dieser Teil wird häufig ins Kapitel 2 (Bedingungsanalyse) verlegt.*

☞ **Verschriftlichen Sie in der Sachanalyse den allgemeinen Überblick mit der Einordnung des Themas in einem ersten knappen Teil und einem folgenden ausführlichen zweiten Teil, der die Thematik fachgemäß erschließt.**

[1] Frankfurter Allgemeine Woche, 48/2017, S. 61.

**Checkliste zur Sachanalyse**

- Ist mir der Inhalt ganz klar? Wo ist noch Klärungsbedarf?
- Ist exakt dargestellt, für welches Unterthema ich mich entschieden habe?
- Korrespondiert mein Thema mit den Bildungs-, Lehr- und Arbeitsplänen?
- Sind mir die fachlichen oder überfachlichen Bereiche, die mein Thema berührt, klar?
- Habe ich mich gründlich in Fachliteratur zum Thema eingelesen?
- Habe ich eine eigene Sicht entwickelt? Fühle ich mich im Thema wirklich sicher?
- Ist die Problemstellung des Themas im Text erfasst und erklärt?
- Behandelt meine Sachanalyse wirklich nur das Thema?
- Sind alle Begrifflichkeiten, insbesondere die Fachbegriffe geklärt?
- Sind mehrere seriöse Quellen, auch divergierende einbezogen?
- Wird aus den Quellen wissenschaftlich exakt zitiert?
- Habe ich meinen Titel des Entwurfs Wort für Wort auf Implikationen und Missverständnisse untersucht?
- Ist mein Text für einen (fach)fremden Leser eine Verständnishilfe?

# 4. Didaktische Analyse

## 4.1 Einleitung

Ich folge in den weiteren Überlegungen für die didaktische Analyse (DA) aus guter Erfahrung in weiten Teilen der *kritisch-konstruktiven Didaktik* von Wolfgang Klafki, der 2016 verstarb. Er hat in seinem Modell in einem Perspektivenschema fünf Leitfragen gestellt, die zwingend zu beantworten sind, wenn ein Thema bildungswirksam werden soll: die Frage nach der Exemplarität, der Gegenwartsbedeutung, der Zukunftsbedeutung, der Struktur und der Zugänglichkeit des Themas für die Lernenden.

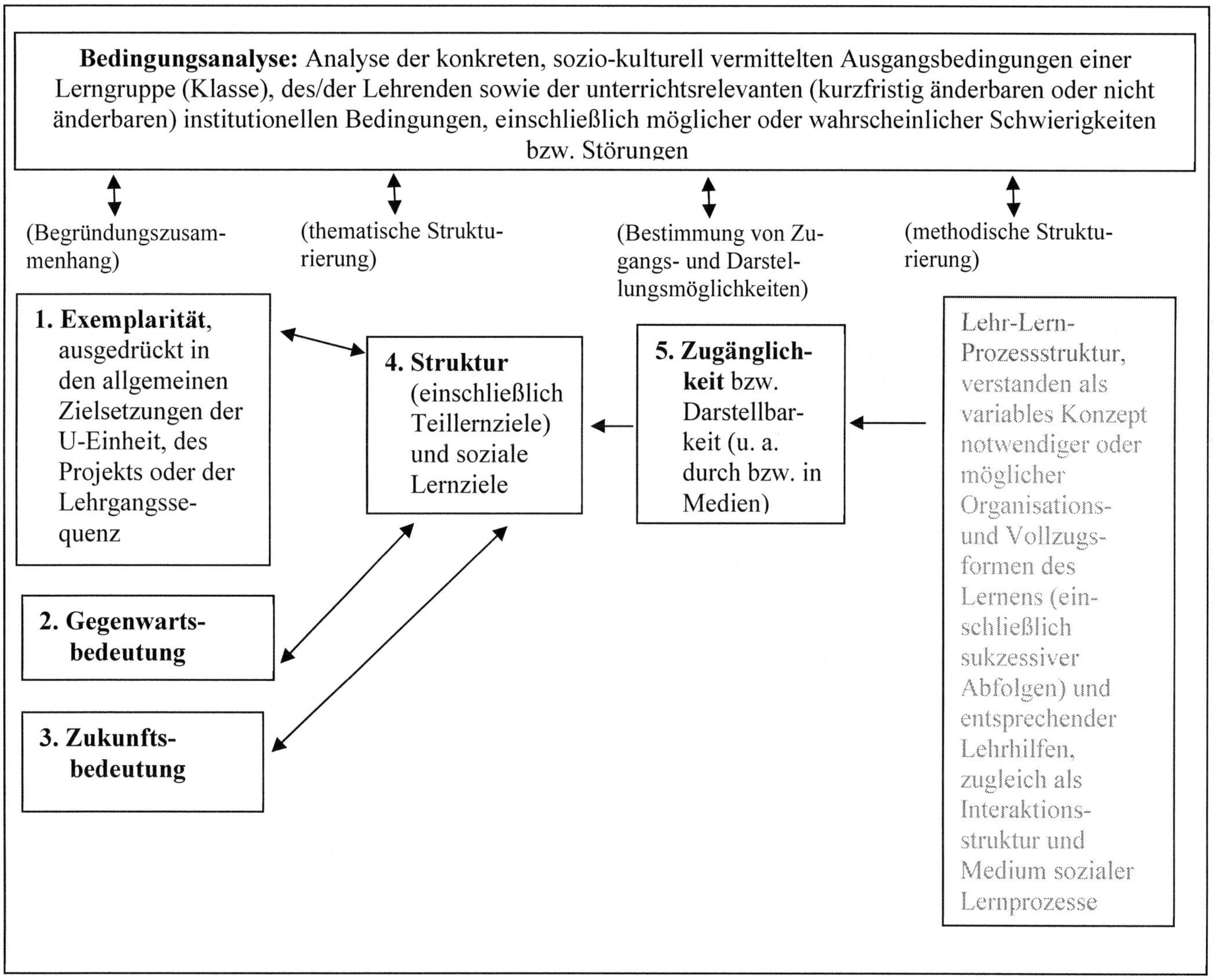


Abb. 4.1: Perspektivenschema zur Unterrichtsvorbereitung (geändert übernommen aus Peterßen [9]2000, S.63)

*Das Perspektivenschema ist keine Maschinerie zur 'wasserdichten' Unterrichtsplanung, sondern ein Problematisierungsraster.*

Meyer [3]1994, S. 172

Dies bedeutet, dass mit der Beantwortung der fünf Leitfragen nicht automatisch ein gelingender Unterrichtsverlauf garantiert ist. Viele Faktoren, die nicht erfasst sind oder geplant werden können, spielen ein Rolle: die Kommunikationsatmosphäre innerhalb der Klasse/des Kurses, die Motivation der Lernenden, vorherige Stunden oder Seminare oder die Tageszeit, die Fragetechnik, der methodische Gang und die eingesetzten Methoden und auch beispielsweise, ob draußen der erste Schnee fällt. Die didaktische Analyse klärt den Bildungsgehalt des Themas und leistet zudem

- die Legitimierung,
- die Strukturierung,
- die Transformierung des Themas.

Die Legitimierung erweist das 'Recht' des Themas, zu einer Unterrichtseinheit zu werden. Die Strukturierung belegt die einzelnen Momente (z. B. Texte oder Aufgaben) als einen Sinnzusammenhang. Die Transformierung sucht den bestmöglichen Verstehenszugang.

*Das Modell hilft, Unterricht stringent zu planen und die dafür erforderlichen Entscheidungen situations- und schülerangemessen sowie in sich weitgehend widerspruchsfrei zu treffen. Dies in der Hoffnung, daß ein solchermaßen gedanklich vorskizzierter Unterricht auch einen entsprechenden realen Verlauf nimmt und dadurch beste Lernvoraussetzungen schafft.*

Peterßen [9]2000, S. 69

## 4.2 Legitimierung des Themas

**Ein Thema ist erst ein Unterrichtsthema, wenn es Relevanz für die Lernenden und gleichzeitig einen Bildungsgehalt besitzt.**

Es nutzt ja nichts, wenn Sie den „Hochzeitstanz der Ringeltauben in Europa“ für bedeutsam halten oder das Buch von J.R.R.Tolkien „Der Herr der Ringe“ für das beste aller Bücher. Grundsätzlich sollen nur solche Themen behandelt werden, die **Bildung** ermöglichen. Für die Argumentation, warum und wozu man gerade dieses Thema wählt, haben sich die ersten drei Leitfragen als hilfreich, wenn nicht sogar als unumgänglich erwiesen. Es sind die Fragen nach der Exemplarität, der Gegenwartsbedeutung und der Zukunftsbedeutung des Themas.

**☞ Die Beantwortung dieser Fragen ergibt eine Rückversicherung, dass das Thema für die Lernenden „passt“ und zur Bildung beiträgt.**

*NB: Zu den folgenden Kapiteln sind unkommentierte Beispiele aus Arbeiten von Studierenden zu bildungswissenschaftlichen Themen angeführt.*

*Vorsicht: Da sie aus dem jeweiligen Zusammenhang herausgenommen wurden, können sie lediglich der Orientierung dienen.*

## 4.2.1 Exemplarität des Themas

In der Beantwortung der Frage nach der Exemplarität des Themas geht es um den größeren Sinn- oder Sachzusammenhang, den das Thema stellvertretend für das Ganze zu erschließen vermag. Dieser Aspekt hängt mit der Festlegung des Themas untrennbar zusammen.

Die Frage zielt darauf, nicht irgendwelche Themen zu behandeln, sondern nur solche,

> *die über sich selbst hinausweisen, die aufgrund ihrer exemplarischen, repräsentativen usw. Struktur eine allgemeine Zielsetzung verwirklichen helfen. Die „Ente" z. B. wird im Unterricht nicht nur als einzelnes Tier behandelt, sondern stellvertretend für alle Wasservögel.*

Peterßen $^{9}$2000, S. 48

Nehmen wir als Beispiel aus dem Kapitel 3.2 das Thema 'Kompetenzerwerb durch Gruppenarbeit' in einem Seminar für Lehramtsstudierende. Den Studierenden müssten im Prinzip alle Kompetenzelemente der Gruppenarbeit bekannt sein. Exemplarisch wird jedoch nur die Sozialkompetenz ausgewählt, da für Schüler der Erwerb dieser Kompetenz ein bedeutender Vorteil darstellt. Von der Sozialkompetenz lassen sich weitere Schlüsselkompetenzen herleiten. Innerhalb der Unterrichtseinheit wird besonders die Kommunikationsfähigkeit fokussiert. Gut argumentieren, reden und zuhören ist eine elementare Kompetenz.

Bei der Behandlung von Wüsten werden Sie vielleicht beispielhaft die Sahara behandeln; im Fach Sozialkunde kann man bei der Durchnahme der politischen Parteien Deutschlands wohl kaum alle Parteiprogramme lesen. Kenntnisse über die Romantik lassen sich an einer Erzählung Eichendorffs erschließen; für eine Einstiegsstunde dazu wählen Sie vielleicht als typisches Gedicht seine 'Mondnacht'. In Biologie wählen Sie die Forelle für Fische, in Englisch 'Romeo und Julia' für Shakespeares Dramen.

☞ Schon bei der Auswahl des Themas wurde *der didaktische Blick* wirksam, wurde gezielt nach ***Exemplarischem*,** **Repräsentativem, Typischem, Mustergültigem** gesucht, das stellvertretend für das Ganze sein kann.

Angesichts der Fülle möglicher Themen haben Sie mit der Festlegung auf ein Thema eine **Auswahl** getroffen, die den Lernenden nützt und/oder sie „bildet". In der Schule haben Sie Lehrpläne oder Fach-Arbeitspläne, die Ihnen diese Wahl erleichtern. Auch die Lehr- und Arbeitsbücher der Schüler sind der Exemplarität unterworfen, manches müssen Sie selbst noch beitragen oder finden Sie in den Lehrerhandbüchern. Dennoch ist für die jeweilige Klasse in ihrem jeweiligen Entwicklungs- und Lernstand stets eine Adaption nötig: Sie sollten die darin enthaltenen pädagogischen und didaktischen (Vor-) Entscheidungen nochmals für sich nachvollziehen.

Exemplarisch arbeiten kann man übrigens nicht nur durch die Auswahl des Themas, sondern auch mit den ausgewählten Elementen (Texte, Medien, Aufgaben u. a.). Dazu mehr in den Kapitel 4.3 und 4.4 der didaktischen Analyse.

Machen wir uns aber nichts vor: Bei bestimmten Themen finden Sie wenig oder nichts, das exemplarisch für das große Ganze steht. Nicht immer hat man Enten und Forellen oder einen bestimmten Vulkan oder ein ausgewähltes Gedicht, die Stellvertreter für die ganze Gattung sein können. Manche Themen sind ganz einfach elementare Wissensbestände und müssen behandelt werden. Bei ihnen greifen die beiden nächsten Leitfragen.

**Beispiel 4.1 zur Exemplarität**

**Thema: Die kompetenzerweiternden Vorteile des handlungsorientierten Unterrichts**

*Der hier zu erkennende pädagogische Ansatz ist nicht nur ein wichtiger Teilaspekt des handlungsorientierten Unterrichts, sondern steht exemplarisch für die freie Persönlichkeitsentwicklung und Individualisierung der SuS, welches unter anderem eines der ausgegebenen Ziele dieser Unterrichtsform ist. Dies wird durch die Vereinigung von körperlichen und geistigen Aktivitäten erreicht, also dem Zusammenrücken von Theorie und Praxis, wodurch die SuS ein neues Verhältnis von Lernen und Arbeiten erkennen sollen. [...]*

*Die ausgewählten Methoden sollen weiterhin exemplarisch die kompetenzerweiternden Vorteile des handlungsorientierten Unterrichts verdeutlichen, da sie von den Studierenden in allen Fächern eingesetzt werden können. Die ABC-Methode (M2) sowie die Domino-Methode (M3) beispielsweise eignen sich besonders gut zur aktiven und intensiven Wiederholung von Themen.*

Tamara C., Benedikt K., Tessa M., Universität Trier 2017

### 4.2.2 Gegenwarts- und Zukunftsbedeutung des Themas

Zur **Gegenwartsbedeutung** wird gefragt, welche Bedeutung das Thema bereits für die Lernenden hat oder welche es haben sollte; zur **Zukunftsbedeutung**, worin die Bedeutung für ihre Zukunft ist.

Die Frage zielt nicht nur auf Faktenwissen um des Wissens willen, sondern sucht einen Bezug zum Alltag im Vorwissen der Lernenden, dem **Lebensweltbezug**, bezogen auf die Reife und das Verständnis der jeweiligen Altersgruppe. Einer 5. Klasse wird man allein deshalb schon andere Themen darbieten als Studierenden. Nun wird ein 6. Klässler sagen: „Was interessiert mich die Bruchrechnung? Meine Pizza kann ich auch so mit meinen 3 Geschwistern gerecht teilen.“ Und ein Studierender zeigt vielleicht keinerlei Interesse an einer Darstellung des Privatschulwesens, weil er selbst später nur auf einer staatlichen Schule unterrichten will. Es hat nicht alles einen spontanen Lebensweltbezug.

Es gibt folglich Themen, die weder aktuell noch spannend scheinen - die aber trotzdem behandelt werden müssen, weil die Zielgruppe darüber Bescheid wissen muss. Zum Beispiel, weil ohne die Bruchrechnung die Mathematik der Mittel- und Oberstufe zum Desaster wird oder ohne literarische Fachbegriffe die Abitur-Arbeit nicht gelingen wird oder in den Fremdsprachen ohne die Einführung des Perfekts kein erweitertes Textverständnis möglich wäre.

Im o. g. Beispiel 'Kompetenzerwerb durch Gruppenarbeit` wäre festzuhalten, dass sich (bzgl. der Gegenwartsbedeutung) Gruppenarbeit in fast allen Bereichen von Forschung, Wirtschaft und Verwaltung sowie in der Lehre findet; im politischen Bereich stellt sie einen Grundpfeiler der Demokratie dar. Im Unterricht ist sie eine der vier Sozialformen und Allgemeingut. Die Professionalisierung der Lehramtsstudierenden erfordert die Fähigkeit, Gruppenarbeit, und hier speziell die Kommunikationsfähigkeit der Lernenden immer wieder zu trainieren.

Diese Fähigkeit zu effektiver Gruppenarbeit durch gelingende Kommunikation wird (bzgl. der Zukunftsbedeutung) sowohl für die Schulkarriere als auch für den späteren Beruf förderlich sein. Viele Firmen und Behörden fordern von ihren Bewerbern explizit Teamfähigkeit.

Bei den meisten Lernenden stammen die Kenntnisse aus unsicheren Quellen, beruhen auf guten oder schlechten Erfahrungen, sind nicht systematisiert und sind eher subjektiv und marginal zu nennen. Häufig ist das Thema sogar völlig unbekannt. Für den Unterrichtsentwurf fragen Sie sich also zweierlei:

1. Was wissen die Lernenden bereits (einschließlich Halbwissen, Einstellungen und Vorurteilen).
2. Was müssen die Lernenden zwingend verstehen, was muss demnach gründlich behandelt werden?

Diese Fragen beziehen also die anthropologisch-psychologischen und die soziokulturellen Voraussetzungen des Unterrichts ein. Im Übrigen bleibt die Zeitgeschichte nicht stehen, d. h., Themen müssen immer wieder neu beleuchtet werden – selbst in Mathematik.

> *Muß also die auf dieses Thema gerichtete Ausgangs[...]- Fragestellung erst geweckt werden – vielleicht durch Erschütterung scheinbarer Selbstverständlichkeiten –, oder kann sie als lebendig vorausgesetzt werden? [...] Von welchen Aspekten aus haben die [Lernenden] bereits [Kenntnis vom] Thema, welche sind ihnen noch fremd?*
>
> Klafki in Roth/Blumenthal 1964, S .49

Es ist – nicht nur bei Schülern – vielfach zu beobachten, dass Inhalte allzu schnell und oberflächlich abgetan werden: „Kenn ich“ – „Weiß ich“ – „Kann ich“. Fragt man genauer nach, wird das Halbwissen offensichtlich. **Lehrer müssen sich immer um Vertiefung bemühen**, also um weitergehende Klärung des scheinbar Selbstverständlichen. Dies gilt auch für Ihre UE.

Vielfach fällt es schwer, zwischen Gegenwarts- und Zukunftsbedeutung zu unterscheiden. Eigentlich ist das nicht schwer – manchmal muss man seinen Text nur genau aufteilen, da die meisten von uns zukunftsorientiert denken. Bzgl. der **Zukunftsbedeutung** geht es um eine verantwortete Entscheidung, ob dieses Thema in 10 oder 15 Jahren für die heute Lernenden noch von Wert sein wird.

Für Ihren Unterrichtsentwurf sollte die Frage nicht ausschließlich aus dem persönlichen Interesse heraus oder rein utilitaristisch beantwortet werden im Sinne von „Brauche ich das?“. Es gibt didaktische Prinzipien (z. B. Schülerorientierung, Lebensweltbezug) und pädagogische Leitlinien (z. B. Kompetenzerwerb, Erziehung zur Selbständigkeit), die seit vielen Jahrzehnten gültig sind und es wohl noch lange bleiben werden. Auch **tagesaktuelle Themen** entziehen sich prinzipiell nicht einer solchen Fragestellung, da Sie ja (z. B. gegenüber Eltern) verantworten müssen, warum Sie das neueste Lied eines Rappers durchnehmen oder warum Sie dieses oder jenes Jugendbuch lesen möchten. Im Unterrichtsentwurf ist es Ihre Aufgabe, das ausgewählte Thema in dieser Hinsicht zu legitimieren.

Ist der Zukunftsbezug Ihrer Zielgruppe einsichtig, kann man darauf verweisen – das ist in der Universität in der Regel der Fall – muss aber nicht ständig hervorgehoben werden. In der Schule bleibt er den Schülern öfter (vorläufig) verborgen; dann hilft mehr eine gute Beziehung zur Klasse als die angestrengte Überzeugungsarbeit. Aber an irgendeiner Stelle der Unterrichtseinheit dient es der unerlässlichen **Verknüpfung des Gelernten** im Gehirn, wenn Sie die (fachliche, fach- oder fächerübergreifende) Bedeutung des Themas für die Zukunft verdeutlichen. **Nur so wird Lernen nachhaltig.**

**Beispiel 4.2 zur Gegenwarts- und Zukunftsbedeutung**

**Thema: Der Einfluss der Körpersprache auf gelungenen Frontalunterricht**

*Die Bedeutung des Themas erschließt sich aus dem momentanen Betätigungsfeld der Studierenden. In nahezu allen Veranstaltungen müssen Referate und Vorträge gehalten werden. Frontal unterrichten in der Schule und Referate präsentieren an der Universität sind zwar zwei völlig unterschiedliche Formen der Wissensvermittlung, können jedoch insofern verglichen werden, als bei beiden der Fokus auf dem Vermittelnden liegt. Daher ist es für die Studierenden bereits heute äußerst wichtig, die Effekte ihrer nonverbalen Mitteilungen via Körpersprache zu verstehen und somit ihre Körpersprache bewusst einzusetzen. Zwar ist vielen Studierenden die Wichtigkeit der Körpersprache und die damit verbundene Selbstdarstellung durchaus bewusst, wird aber innerhalb des Studiums nur selten behandelt. Wenn der sinnvolle Einsatz der Körpersprache bereits während der universitären Laufbahn regelmäßig trainiert wird, können die angehenden Lehrkräfte diese Fähigkeit während des Referendariats und später gezielt einsetzen.*

David B., Lukas L., Aline M., Universität Trier 2017

**Checkliste zur Legitimierung**

- Welchen größeren Sinn oder Sachzusammenhang erschließt dieses Thema?
- Gibt es andere Unterrichtselemente, die beispielhaft, repräsentativ sind?
- Ist der exemplarische Charakter hinreichend für das Ganze?
- Ist das Thema aktuell?
- Kommt es im Leben der Lernenden bereits vor?
- Habe ich die Erfahrungen und Kenntnisse der Lernenden bedacht?
- Sind mir ihre Wissenslücken oder Vorurteile bekannt?
- Warum müsste es behandelt werden?
- Welchen Bildungswert hat das Thema für diese Lerngruppe?
- Habe ich die Relevanz für die Zukunft erläutert?
- Ist diese Relevanz relativ gesichert?
- Ist eine Übereinstimmung mit den Lernzielen gegeben?

## 4.3 Strukturierung des Themas

### 4.3.1 Einleitung

**Ein Thema ist erst ein gutes Unterrichtsthema, wenn es kohärent ist und einer klaren Linie folgt.**

Mit diesem Arbeitsprozess rücken wir nach den legitimierenden Darstellungen in den Kernbereich der Unterrichtsvorbereitung vor. Die Unterrichtseinheit muss **Struktur** haben und „passen". Eine klare Strukturierung des Unterrichtsablaufs findet sich in den bekannten Arbeiten von Jank/Meyer (2002, S.127ff.) oder Helmke (2004, S.42) an der ersten bzw. zweiten Stelle der Unterrichtsqualität. Auch die „Hattie-Studie" findet für „Klarheit der Lehrperson" eine hohe Effektstärke (d=0,75), somit eine gute Wirksamkeit (vgl. Zierer 2014, S. 127).

Eine didaktische Analyse „schneidert" in der Strukturanalyse das Thema auf die Lernenden zu

- mittels der Feststellung der verständnisrelevanten Vorkenntnisse,
- mittels Wahl der Perspektive und Durchdringung der Schichten der Elemente,
- mittels Auswahl geeigneter Unterrichtselemente innerhalb eines Sinnzusammenhangs,
- mittels thematischer Fokussierungen,
- mittels Herstellung passender Aufgaben,
- mittels einer logischen Anordnung der einzelnen Schritte.

Diese Arbeit mündet in der Formulierung der Lernziele. DA und Lernziele (s. Kap. 5) bedingen einander in erheblichem Maße.

### 4.3.2 Vorkenntnisse, Perspektiven, Schichten

Was bedeutet nun Strukturierung genau?

Es beginnt mit der Klärung der notwendigen sachlichen und begrifflichen **Vorkenntnisse** der Lernenden. Ich kann einem 10-Jährigen nicht die Atomphysik erklären, einem 14-Jährigen müssten zur In-vitro-Fertilisation zuerst die biologischen Fakten der Zeugung klar sein und bei einem 25-Jährigen müsste man für die Einkommensteuererklärung geradezu bei null anfangen. Die Herangehensweise an ein Thema erfordert also die Beachtung der fachlichen Voraussetzungen zum Verständnis eines Stoffes. In unserem Beispiel ´Kompetenzerwerb durch Gruppenarbeit` müssen alle Studierenden den Kompetenzbegriff verstehen und differenzieren können, bevor man zum Kompetenz-Erwerb kommen kann.

**Beispiel 4.3 zur Struktur**

*Da wir davon ausgehen, dass unter dem Begriff Neurodidaktik keine besonderen Vorkenntnisse vorhanden sind, wollen wir beim Einstieg einen Denkanstoß geben. Wir benutzen das Bild eines fahruntüchtigen Autos mit der Aussage „Eltern und Lehrer sind die Antriebsmotoren der Lerntätigkeit von Schülern und Studierenden" und der anschließenden Frage „Was passiert, wenn der Motor ausfällt?". Wir rechnen hier mit Antworten, die belegen, dass es nun Zeit wird, selbst die Initiative zu ergreifen und aktiv zu werden.*

Kathrin E., Christiane T., Ruth W., Universität Trier 2013

Weiter geht es mit den verschiedenen **Perspektiven**, unter denen jedes Thema gesehen werden kann. Lassen Sie es mich an einem eingängigen Beispiel erklären, der Weihnachtsgeschichte (Fach Religion oder Ethik), wie viele Perspektiven es da gibt:

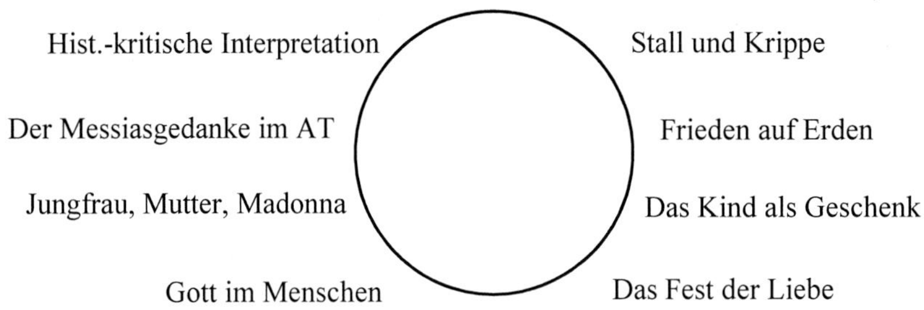


Abb. 4.2: Mögliche Schichten der biblischen Weihnachtsgeschichte

Vielfältig kann man also diese Geschichte lesen, viele thematische Schwerpunkte setzen, was alles kann man von der Asylproblematik über den „Frieden auf Erden" bis zum Konsumverhalten für heute folgern! Und was alles könnte fächerverbindend mit dem Thema von Musik, Kunst oder Geschichte beigetragen werden!

Fast alle Elemente (Texte, Bilder, Filme u.a.) weisen eine **Schichtung** auf: an der Oberfläche bietet sich ein schnelles Verständnis an, die Tiefenstruktur erschließt sich erst beim weiteren Nachforschen. Schließlich hat ja alles eine innere Tendenz, ist von jemandem erdacht und „gemacht", der mit seiner Aussage eine Intention verfolgt, die es zu durchschauen gilt. Mangelnde Sorgfalt bei dieser Durchleuchtung der Tiefenstruktur hat so manchem Kandidaten im Vorbereitungsdienst die gute Note verdorben. Beim o.g. ´Fest der Liebe` muss vielleicht nicht der Begriff ´Fest`, sicherlich aber der Begriff ´Liebe` deutlich geklärt werden, damit keine Missverständnisse entstehen.

Innerhalb der didaktischen Analyse sind die Ausführungen zur Struktur die umfangreichsten. Das liegt daran, dass wirklich vieles geklärt werden muss – auch für den Lesenden, der anhand Ihrer Ausführungen die Unterrichtseinheit **gedanklich nachvollziehen** können soll. All diese Momente hängen mit der im folgenden Kapitel beschriebenen Auswahl der Unterrichtselemente zusammen.

### 4.3.3 Auswahl der Unterrichtselemente

Dieser Arbeitsschritt entfällt ganz oder teilweise, wenn der Unterrichtsstoff bereits vorgegeben ist (z. B. ein Sachtext, eine Kurzgeschichte, eine Formel oder ein Kapitel aus dem Arbeitsbuch). Dann wird es nötig sein, die didaktische Entscheidung der Lehrbuchautoren oder des Fachlehrers oder Fachleiters nachvollziehen zu können.

Oft müssen Sie jedoch zum Thema selbst recherchieren.

**Mit dem Thema hat man noch nicht die einzelnen Elemente (Texte u. a.) gefunden, mit deren Hilfe das Stundenziel erreicht werden soll.**

In einem ersten Schritt geht es dann – unter Berücksichtigung der o. g. Legitimierung - um die passenden Unterrichtselemente, seien es Texte, Medien wie z. B. Fotos, Bilder oder Karikaturen, Tafelbilder, Rollenspiele oder Aufgaben.

> ☞ **Beim Weiterarbeiten werden Sie merken, dass zwischen allen Teilen eines Unterrichtsentwurfs Implikationen bestehen: zwischen der didaktischen Analyse und den Entscheidungen für Lernziele, Methoden und Medien muss ein begründeter Zusammenhang bestehen. Man schreibt getrennt- aber arbeitet sich vernetzt voran.**
>
> Vielleicht lesen Sie auch noch einmal Kapitel 1.

Geeignete Elemente zu finden, ist mitunter nicht leicht. Insbesondere dann, wenn Sie eine Unterrichtsreihe selbst planen oder wenn Ihnen lediglich ein grober Inhalt vorgegeben ist, müssen Sie Quellen, Materialien, Medien usw. finden. Das ist häufig verwirrend und endet damit, dass Sie sich irgendwann entscheiden, obwohl Ihnen bewusst ist, dass es noch bessere Elemente geben könnte.

Liegt Ihnen – wie bspw. bei einer Lektüre – der Text vor, muss er genau in den Blick genommen werden. Welche Stellen werden herausgesucht – Personen, Situationen, Konflikte konkretisieren sich oft in besonderen Szenen? Welche Stellen werden bei einem Sachtext als bedeutsam hervorgehoben und problematisiert, welche kann man beiseitelassen? Vorsicht: Oft finden sich in den Texten viel mehr Informationen, als Sie auf den ersten Blick sehen – das beginnt bei den Fremdwörtern oder Fachbegriffen und endet bei unscharf benutzten und nicht geklärten Begriffen. (s. Kap. 4.3.6)

Beachten Sie bei Verfremdungen oder Negativ-Beispielen zur Kontrastierung, dass die richtigen Wege, Texte, (Auf)Lösungen in derselben Stunde gegeben werden müssen. Nichts Falsches darf stehenbleiben!

> ☞ **Die Inhalte aller (!) Elemente werden schriftlich vorgestellt.** Behandeln Sie wirklich alle Elemente, auch die, die Ihnen selbstverständlich erscheinen, und begründen Sie, *warum* sie sie für die Lerngruppe gewählt haben.

**Beispiel 4.4 zur Struktur**

**Thema: „Die können sollen, müssen auch wollen dürfen". Kompetenzerweiterung durch Projektunterricht**

*Dieses Zitat wird anschließend auf den schulischen Kontext bezogen, wobei es die Funktion einer Provokation übernimmt, da es deutlich zu machen versucht, dass ohne Einbringen des eigenen Willens und Ergreifen von Eigeninitiative nur geringer Lernerfolg möglich ist. Über diese Erkenntnis wird dann zur Projektmethode übergeleitet. Nach der Vermittlung der wesentlichen Eigenschaften und Phasen des Projektunterrichts wird zum eigentlichen Themenschwerpunkt der Stunde hingeleitet. Aus den bisherigen Informationen lassen sich Vorteile herausarbeiten, die durch Bezugnahme auf die damit einhergehenden Kompetenzerweiterungen deutlich machen, worin die bildungsrelevanten Unterschiede zum Frontalunterricht liegen und auf welche Lerneffekte dies auf die SuS hat.*

Ines B., Mike D., Universität Trier 2017

## 4.3.4 Thematische Schwerpunkte

Mit der Auswahl der Elemente und Aufgaben haben Sie die **thematischen Schwerpunkte** (TS) der Unterrichtseinheit gefunden. Es kann sich um einen einzigen für eine ganze Stunde handeln; in der Regel werden es zwei bis vier sein. Die **Anordnung dieser Elemente** korrespondiert mit dem methodischen Gang (s. Kap. 7.2): es muss eine innere und äußere Logik in Auswahl und Abfolge hergestellt werden. Eins soll ins andere übergehen. Eventuell erweisen sich Texte oder Elemente als nicht passungsgenau; dann sind andere zu suchen.

Dies wiederum **korrespondiert mit der Anordnung und Progression der Lernziele** (s. Kap. 5.7 und 5.8). Hat man Schwierigkeiten mit den Lernzielen, schaut man nochmals diesen Teil der didaktischen Analyse an. Die Ordnung der thematischen Schwerpunkte bedeutet auch immer, eine Perspektive, eine eigene Sicht der Dinge einzunehmen. Seien Sie sich bewusst, dass es auch andere geben kann.

Vorsicht: Sollten Sie „Vorteile von X" oder „Chancen von Y" mit 7, 8, 9 oder mehr Einzelpunkten bearbeiten wollen, weiten sich bei anspruchsvoller Thematik in gleicher Weise die thematischen Schwerpunkte – es wird zu viel, zu oberflächlich und damit zu wenig behalten.

**Überprüfen Sie die Menge: haben Sie mehr, wird weniger behalten!**

**Beispiel 4.5 zur Struktur**

**Thema: Planung eines Projektunterrichts**

*In dieser Stunde soll der thematische Schwerpunkt nur auf dessen Phasen liegen. Wir haben dazu für die 7 Phasen Texte aus dem Buch von Frank Müller ausgewählt, wobei der Text zur 2.und 3.Phase gekürzt wurde, um annähernd gleiche Bearbeitungszeiten zu gewährleisten. Der Inhalt ist in der Sachanalyse dargestellt. Die Texte sind leicht lesbar und beschreiben pragmatisch das Vorgehen mit der Lerngruppe, sie sind an der Praxis orientiert und geben Tipps für Lehrende. Unser Fokus liegt besonders auf Phase 4 (Projekte durchführen und begleiten), da es hierbei um den zeitlich längsten Abschnitt in der Projektarbeit geht.*

Yvonne J./Barbara F., Universität Trier 2017

### 4.3.5 Aufgaben und Erwartungshorizonte

Viele Stunden beginnen mit einem Brainstorming. Das ist sekundär eine *methodische Entscheidung*. Der Einstieg könnte ja auch mit einem stummen Schreibgespräch oder einem Partnerinterview erfolgen. Der Inhalt der Aufgabe, die mittels der jeweiligen Methode gelöst werden soll, ist eine didaktische Entscheidung.

Insofern ist es grundsätzlich sinnvoll, **didaktische von methodischen Entscheidungen zu trennen**. Zwei andere Beispiele: Einen Lehrervortrag zu halten, ist eine methodische Entscheidung, sein Inhalt eine didaktische; ein Rollenspiel durchzuführen eine methodische, der Plot eine didaktische.

Die Aufgaben konkretisieren sich in der Regel in Arbeitsanweisungen oder in Fragen zur Problematisierung und Klärung eines Sachverhalts.

Es empfiehlt sich dringend einen **Erwartungshorizont** zu schreiben. Dies zwingt zum genauen *didaktischen Blick*, ob das Ergebnis mithilfe der gestellten Aufgabe mit dem Ziel übereinstimmen kann. Versetzen Sie sich in die Sicht möglichst vieler Lernender, um Missverständnisse und Fehlwege auszuschließen. Ist ein Erwartungshorizont mit wenigen Zeilen beschrieben, gehört er in die didaktische Analyse; ansonsten in den Anhang.

**Auch das geplante Tafelbild ist in einem Erwartungshorizont abzubilden.**

**Beispiel 4.6 zum Erwartungshorizont**

**Thema: Konfliktlösung mit Hilfe des Rollenspiels**

*(Aufgabe: Welche Ansätze zur Konfliktlösung ergeben sich aus dem Text?)*

- *Erlernen von Sprach- und Kommunikationsfähigkeiten*
- *Neue Rollen erlernen*
- *Stärkung des Bewusstseins der eigenen Rolle*
- *Sichtweisen anderer Menschen besser verstehen*
- *Erlernen von notwendigen und wünschenswerten Verhaltensweisen*
- *Änderung von Einstellung und Ausdrucksverhalten*
- *Verständnis und Veränderung durch wirkliche Erfahrung*
- *Zugang zu tatsächlicher Ohnmacht und Diskriminierung finden*
- *Erfolgreiche Bewältigung von Unfassbarkeiten*

Kira G., Katharina H., Raphaela K., Universität Trier 2017

### 4.3.6 Verstehensschwierigkeiten und Alternativen

Wenn Sie sich in die Lernenden hineinversetzen, werden Sie sich **Schwierigkeiten im Lernprozess** vorstellen können. Je weiter Sie im Beruf schreiten, umso mehr wird Ihnen die Routine typische Probleme bewusstmachen. Als Novize staunt man manchmal, wenn sich bei bestimmten Begriffen oder Formulierungen bei den Lernenden kein Verständnis einstellen will. Wer Nachhilfe gibt, weiß um solche Lernhindernisse und Blockaden und lernt Lösungsstrategien. In vielen Fällen helfen Wiederholungen, Beispiele oder weitere Erläuterungen.

Gut ist, wenn Sie für solche Fälle **Alternativen** zur Hand haben, um zum Ziel zu gelangen. Eine klare Sprache und eindeutig definierte Arbeitsanweisungen sind unumgänglich, um Missverständnisse und Verstehensprobleme zu meistern.

Zuletzt muss ein **logischer Zusammenhang** zwischen allen Teilen und Elementen bestehen. Kein Verwirrendes, Wegführendes, Fremdes darf die Konzentration auf das Thema stören. Die Abfolge der Schritte muss erhellend wirken, weshalb man sich auf wenige thematische Schwerpunkte (s.o.) beschränkt.

*NB: Die vorgenannten Schritte der Strukturanalyse, die hier aus Lehrgründen sukzessiv erklärt werden, werden im schriftlichen Unterrichtsentwurf mit mehr oder weniger starker Gewichtung in einen Gesamttext integriert und nicht isoliert nacheinander abgearbeitet. Die gedankliche Durchdringung ist wichtig, nicht die summative Auflistung der einzelnen Kriterien.*

## 4.4 Transformierung des Themas

**Ein Thema ist erst ein gutes Thema, wenn es für die Lernenden fassbar ist.**

Die letzte Leitfrage muss die nach der **Zugänglichkeit** der Elemente für die Lernenden sein. Welche besonderen Fälle, Personen, Beispiele, Bilder, Filme oder Texte bzw. Textteile sind für die jeweilige Lerngruppe fassbar, interessant, anschaulich – wie könnten abstrakte Begriffe, Formeln u.a. es werden?

Sie alle haben erlebt, dass jemand 'über die Köpfe hinweg` erklärt, sich in seinem Spezialistentum wenig darum schert, ob Sie wirklich alles verstehen. Manche Fachmenschen kennen Didaktik nur vom Hörensagen. Um dies zu vermeiden, versuchen wir Verstehenshilfen zu geben, Brücken zu bauen – auch Eselsbrücken –, sei es durch Verlangsamung, Veranschaulichung durch Beispiele oder den Einsatz von Hilfsmitteln. Auch die Einbettung der Thematik in kleine Geschichten oder Anekdoten u. ä. hilft.

> ☞ Suchen Sie, wo es möglich ist, nach Veranschaulichungen. **Lehrern ist wichtig, dass ihre Lerngruppe wirklich etwas lernt, dass sie begreift.**

**Beispiel 4.7 zur Zugänglichkeit**

**Thema: Heterogenität: binnendifferenzierte Gruppenarbeit**

*Wir verwenden die Karikatur von Hans Traxler (M 1), auf der eine Reihe unterschiedlicher Tiere zu sehen sind, darunter ein Fisch im Glas, ein Elefant und ein Affe, die als Prüfungsaufgabe auf einen Baum klettern sollen. Die Studierenden sollen die Tiere auf die verschiedenen Schülerbegabungen und Persönlichkeiten beziehen, die in Schulen anzutreffen sind. Durch diesen Transfer soll es ihnen möglich werden die Leitfrage der UE zu problematisieren: „Wie kann man in heterogenen Klassen jedem einzelnen möglichst gerecht werden?"*

Lukas B., Franca B., Nils S., Universität Trier 2017

**Wie ersichtlich ist, wird hier auch der Medieneinsatz bedacht. Über die Passung der Medien wird weiter unten geschrieben. (s. Kapitel 8)**

Mit der Zugänglichkeit suchen Sie den bestmöglichen Zugang zum Verstehen zu erreichen. Das Thema ist vielleicht für einen Teil der Lernenden interessant, die meisten können damit wenig anfangen. Vielfach werden Begrifflichkeiten vorausgesetzt (z. B. Fremdwörter in einem Text) oder nach kurzer Definition weiterverwandt (z. B. der Begriff „Kultur"), ohne dass geklärt wurde, ob alle darunter das Gleiche verstehen. Dass die ganze Unterrichtseinheit dann wenig effektiv war, merken Sie dann spätestens an ‚seltsamen' Rückfragen, ganz anderen Ergebnissen der Erarbeitung oder zuletzt in der Sicherung. Es fehlte ganz einfach der Zugang zur Sache, es wird oberflächlich darüber hinweggegangen, ohne dass die **Fassbarkeit des Inhaltes** genügend beachtet wurde. Der Begriff ist nicht wirklich ins *geistige Eigentum* der Lernenden übergegangen.

Der Schweizer Pädagoge Heinrich Pestalozzi fand dafür die Sentenz *„Begriffe ohne Anschauung sind leer."*

☞ **Versetzen Sie sich stets in die Lage eines Unwissenden!**

Natürlich können Oberstufenschüler oder Studierende mit schwierigen Texten anders umgehen als jüngere Lernende; also brauchen sie auch mehr oder weniger Verstehenshilfe. Fotos, Bilder oder Filme, auch aus dem Netz – und evtl. sogar selbstgedrehte Smartphone-Filme – liefern grundsätzlich eine gute Zugänglichkeit, da mehrere Eingangskanäle im Gehirn aktiviert werden. Forschungen haben erwiesen, dass ein höherer Grad an Anschaulichkeit eine höhere Behaltensleistung erzeugt[2]. Modelle oder Experimente wirken noch nachhaltiger, sind jedoch nicht für alle Fächer und stets verfügbar. Menschen wie z. B. Zeitzeugen oder Autoren, Politiker oder Experten können eine hervorragende Zugänglichkeit liefern.

Sie können aber auch ein Beispiel wählen, einen Fall konstruieren, einen subjektiven Text, ein provokantes Zitat verwenden, eine Hypothese aufstellen oder eine Karikatur oder Abbildung zeigen. Verblüffende Wirkung erzielt immer wieder die heutzutage stark vernachlässigte Form des eingeübten Erzählens. Da wir es phylogenetisch Jahrtausende erfahren haben, wirkt es bei Kindern wie bei Erwachsenen. Nahezu jede Thematik lässt sich in einer (erfundenen) Erzählung einkleiden.

[2] vgl. Peterßen, 1994, Anschaulich unterrichten

Neben der Auswahl geht es auch um eine **zweite didaktische Reduktion**. Ein langer oder schwerer Text kann die Lernenden überfordern, weshalb er gekürzt oder nur als konzentrierter Auszug gelesen werden kann, ohne dass die Aussage verfälscht wird. Für Jüngere müsste er vereinfacht neu geschrieben werden. Hier hilft gelegentlich die eigene Erfindung von Texten, Fällen, Beispielen. Bedenken Sie die Heterogenität der Lernenden, ob an Schule oder Universität.

Bei einer Lektüre gilt es, die für die Lernziele wichtigen Stellen hervorzuheben, um sie zu vertiefen. Beim Einsatz eines Lehrwerks wird man die Stellen markieren, die intensiver behandelt werden sollen als andere.

Ein Rollenspiel ohne Rollenbiografie wird willkürlicher ausfallen als eines mit Rollenkarten; ein Foto mit Dutzenden Details wird weniger zum Ziel führen als ein Ausschnitt; eine Folie mit einer kompletten Mindmap wird die Konzentration auf die wichtigsten Stellen erschweren.

☞ **Prinzipiell gilt: Immer, wo es schwierig für die jeweiligen Lernenden mit ihrem Vorwissen und ihrer Verstehensfähigkeit wird, arbeitet man mit Medien und Beispielen, erarbeitet man länger und tiefer, schiebt Übungen und Wiederholungen ein, um nachhaltiges Wissen zu sichern.**

Übrigens: Auch das **Tafelbild** ist eine Lernhilfe und dient der Zugänglichkeit. (s. Kap 8)

**Checkliste zur Strukturierung und Transformierung**

- Sind die Vorkenntnisse der Lernenden geklärt?
- Habe ich die Tiefenstruktur der Thematik erfasst?
- Sind alle Unterrichtselemente im Text genannt und erläutert?
- Welche Kürzungen, Veränderungen, Verfremdungen habe ich vorgenommen?
- Habe ich mich auf wenige thematische Schwerpunkte beschränkt?
- Ist die Abfolge dieser Schwerpunkte in einer gedanklich nachvollziehbaren Ordnung?
- Sind Erwartungshorizonte im Text integriert oder im Anhang (z. B. Tafelbild)?
- Habe ich alle Aufgaben beschrieben?
- Können die Aufgaben in der vorgesehenen Zeitspanne bewältigt werden?
- Wo sind Schwierigkeiten zu erwarten? Welcher Art?
- Sind Alternativelemente (in Auswahl) genannt?
- Sind Möglichkeiten zur Differenzierung erfasst? (vgl. Kapitel 10)
- Ist das Thema durch meine Transformierung fassbar, begreifbar, anschaulich geworden?
- Habe ich Beispiele oder Muster eingesetzt?
- Sind die Elemente auf die lernpsychologische Lage der Lerngruppe abgestimmt?
- Sind die medialen Elemente passungsgenau zum jeweiligen thematischen Schwerpunkt?

# 5. Kompetenzen und Lernziele

## 5.1 Einleitung

Durch den Wandel der Lehr-Lernkultur weitet sich der Blick bei der Unterrichtsplanung von der Konzentration auf die fachlichen Inhalte hin auf die Entwicklung von Kompetenzen, von Fähigkeiten und Fertigkeiten. Manche sehen in dieser Entwicklung gar einen Paradigmenwechsel. Kompetenzen (ein Begriff, der in seiner Vieldeutigkeit unterschiedliche Definitionen erfährt) stellen insgesamt eine Verbindung zwischen Wissen und Können her, sie zielen auf die Anwendung des Gelernten in anderen Situationen und bezeichnen Fähigkeiten und Fertigkeiten, in verschiedenen Kontexten Probleme lösen zu können.

> *Sowohl in den Naturwissenschaften (z. B. in der Biologie), als auch in den Geisteswissenschaften (z. B. in der Erziehungswissenschaft und Kommunikationswissenschaft) bezeichnet der Begriff „Kompetenz" eine auf spezifische Kontexte gerichtete Selbstorganisationsfähigkeit. Im Diskurs der Disziplinen Psychologie, Erziehungswissenschaften, Soziologie, Kommunikationswissenschaft und Wirtschaftswissenschaft wird der Kompetenzbegriff* ***zur Beschreibung von Problemlösungspotenzialen oder selbstorganisativ gestalteten Problemlösungen auf individueller oder überindividueller Ebene genutzt****. (Hervorh. im Original)*
>
> Brohm 2009, S. 15

Grundsätzlich zielen die Kompetenzbereiche **Wissen – Verstehen – Anwenden** auf Selbständigkeit und Mündigkeit der Lernenden. Während Kompetenzen auf eine koordinierte Anwendung verschiedener Einzelleistungen in lebensweltlichen Bezügen der Lernenden ausgerichtet sind, fokussieren Lernziele einzelne Wissens-, Verstehens- oder Könnenselemente, die aufeinander aufbauend für jede einzelne Unterrichtsstunde geplant werden und kurzfristig erreichbar sind. Lernziele und Kompetenzorientierung sind keine Gegensätze, sie bedingen einander.

☞ **Kompetenzen können als Dispositionen nur langfristig aufgebaut werden.**

Für Ihren Unterrichtseinheit sollen Sie zwar lediglich eine Einzelstunde konzipieren und durchführen. Dennoch müssen Sie im Entwurf fachspezifische Kompetenzen benennen – wie sie auch in den Lehrplänen und Bildungsstandards vorgegeben sind –, was Sie aber nicht davon befreit, die Einzelstunden konsequent nach Lernzielen (LZZ) aufzubauen.[3]

> *Lernziele sind als Zwischenschritte auf dem längeren Weg des Kompetenzaufbaus zu verstehen. Indem ganz bestimmte, sehr konkrete und überprüfbare Ergebnisse angestrebt werden, wird ein Beitrag zur langfristigen Förderung einer Kompetenz erreicht.*
>
> Staatliches Studienseminar für das Lehramt an Gymnasien Trier, unveröffentlichtes Manuskript

Da die Kompetenzen fachspezifisch ausgerichtet sind, macht es wenig Sinn, hier alle Fächer zur Sprache kommen zu lassen. Es sei an die Fachdidaktiken verwiesen.

[3] Sinnvoll ist eine Zuordnung Ihrer LZZ zu den vorher genannten Kompetenzbereichen. Nähere Informationen gibt Ihnen Ihre Seminarleitung.

## 5.2 Der Sinn von Lernzielen

So richtig es ist, dass eine gründliche Analyse das A und O ist, so wichtig ist es, dass die Lernziele Start und Ziel zeigen. Denn *„wenn man nicht weiß, wohin man will, muss man sich nicht wundern, wenn man nirgendwo ankommt." (Mager 1965)*

Sie haben schließlich in Ihrer ersten Fahrstunde nicht einfach Gas gegeben, sondern haben die Pedale kennengelernt, danach die Feinabstimmung zwischen Kupplung und Gaspedal (auch „Hoppeln" genannt), schließlich das Kuppeln und Weiterschalten usw.

Ihr Fahrlehrer hatte also einen exakten Plan, wie er Ihnen was beibringt. Und er hatte für jede Fahrstunde mindestens ein größeres Ziel (Stundenziel): Einparken können, nachts fahren können, auf der Autobahn mit erhöhter Geschwindigkeit fahren können u. a. In kleineren Schritten hat er Ihnen das Instrumentarium zur Beherrschung der Technik dann beigebracht (Feinziele).

Metaphorisch gesprochen: Man braucht einen Plan, wie am Ende das Haus aussehen soll, anstatt nur Stein auf Stein zu legen. Unterricht soll stets, auch dann, wenn er einmal unvorbereitet gehalten werden muss, zielgerichtet sein, um nicht *irgendwo* oder *nirgendwo* anzukommen. Eine klare **Struktur** und **Progression** sind wesentliche Elemente guten Unterrichts. Nichts ist schlimmer als eine zerfahrene Stunde, in der nicht zu erkennen ist, worauf sie denn hinauswill. Die Formulierung von Lernzielen (LZZ; Einzahl LZ) garantiert – oder soll garantieren –, dass man wirklich das erreicht, was man sich vorgenommen hat. Sie sind quasi das „Navi" des Unterrichts.

Ich orientiere mich in diesem Kapitel an der lernzielorientierten Didaktik. Aber auch der Protagonist der bildungstheoretischen Didaktik, Wolfgang Klafki, vertritt in seiner Weiterentwicklung zur kritisch-konstruktiven Didaktik die These vom **Primat der Zielsetzung.**

Innerhalb der vier Entscheidungsfelder der lerntheoretischen Didaktik (s. Kap. 7) nehmen die Lernziele keine herausragende Stelle ein. Der strenge Implikationenzusammenhang der vier Felder Ziele, Inhalte, Methoden und Medien bleibt gewahrt, was heute didaktischer Konsens ist. Da sich jedoch die in der didaktischen Analyse gefällten Entscheidungen in den Lernzielen konkretisieren, lässt sich durchaus von einer *Priorität* der Lernziele sprechen.

**☞ Sie sollten der exakten Definition der (Kompetenzen und) Lernziele ein hohes Gewicht beilegen. Für den Leser Ihres Unterrichtsentwurfs zeigt sich Ihre gedankliche Durchdringung mit einem Blick auf diese Ausarbeitung.**

## 5.3 Definition von Lernzielen

**Lernziele** geben an, was die Studierenden am Ende des Lernprozesses **neu - mehr - besser - anders** wissen, verstehen und anwenden können. Ein **Lernziel** benennt also einen veränderten Zustand oder Verhalten eines Menschen, die durch den Unterricht bewirkt werden sollen. Oder zumindest die Disposition dazu. **Lernziele** beschreiben Absichten zur Veränderung von Verhaltensdispositionen.

**Beispiel 5.1 (Französisch-Unterricht)**

Die Schülerinnen und Schüler (SuS) …

1. kennen die 5 neuen Vokabeln X1 bis X5.
2. wenden 5 Vokabeln im Kontext eines Rollenspiels (Marktszene) an.

**Beispiel 5.2 (Thema: „Kompetenzerwerb durch Gruppenarbeit")**

Die Studierenden …

1. analysieren mit Hilfe von XX die Arbeitsweise einer Bank und finden Kommunikation und Kooperation als bestimmende Faktoren heraus.
2. erkennen als Bedingungen gelingender Kooperation die Kommunikationselemente Zuhören, Argumentieren u. a., indem sie die Entstehung eines Industrieprojektes nachverfolgen.

Sie antizipieren also in einem Lernziel, mit welchem Inhalt oder welchen Aufgaben Sie mehr, andere, neue Kenntnisse oder neue, andere, bessere Anwendungsformen bei den Lernenden am Ende der Unterrichtsstunde beobachten können oder sogar in einem Test messen können.

## 5.4 Lernziel-Komponenten

Lernziele sind wie „Zwei-Komponentenkleber“: Sie taugen nur, wenn beide Komponenten benutzt werden.

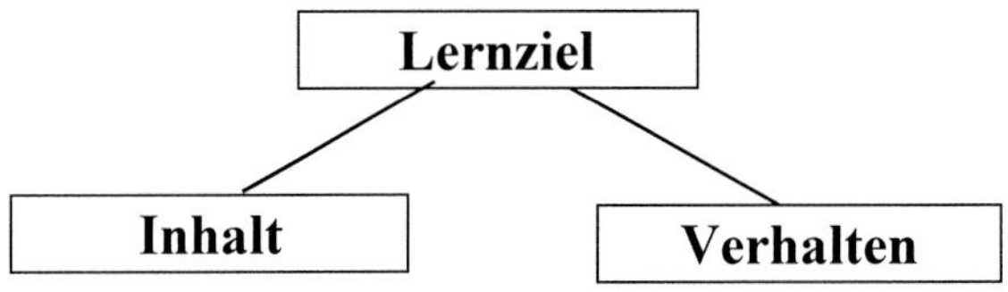


Abb. 5.1: Die beiden Komponenten von Lernzielformulierungen

Lernziele haben eine **Inhalts-** und eine **Verhaltenskomponente.** Sie bleiben also nicht vage und abstrakt, sondern benennen konkret, was **(Inhalt)** mit welchen Tätigkeiten **(Verhalten)** zuletzt als Lernergebnis stehen soll. Die Verhaltenskomponente zeigt den beobachtbaren Lernzuwachs an, sie ist also ein Indikator. Von Lernerfolg kann man nämlich nur sprechen, wenn man benennt, woran dieser festgemacht werden kann.

Nach der „reinen Lehre“ sollen diese Verhaltensänderungen messbar (**„operationalisiert“**) sein, d. h., es sind wie in *Beispiel 5.4* Tätigkeiten (Operationen) anzugeben, an denen der Lernerfolg erkannt werden kann.[4]

**Beispiel 5.3** (nicht operationalisiert)

Die SuS…

…können mit einem amerikanischen Gastschüler ein Interview über die High-School führen.

**Beispiel 5.4** (operationalisiert)

Die SuS…

…führen ein Interview mit einem amerikanischen Gastschüler über Deutschland und verwenden dabei mindestens 7 der 13 neuen Vokabeln aus Lektion 8.

Das ist für Erarbeitungen auf den Stufen Kenntnis und Verstehen auch durchaus sinnvoll; für hochwertige Unterrichtsgespräche, beispielsweise in der Oberstufe, ist das teilweise nicht möglich. Nicht alles ist messbar, eine Einteilung in „erreicht“ und „nicht erreicht“ als vorrangiges Prinzip wäre sogar kontraproduktiv. Das sollte Ihnen keine Entschuldigung sein, denn die relativ klaren Zusammenhänge Ihrer Themen sind für eine Lehrprobe oder Hospitation sehr wohl operationalisierbar. Beschreiben Sie also **Inhalt** und **Verhalten** so eindeutig wie möglich und somit, was die Lernenden nach der Unterrichtseinheit **neu - mehr - besser - anders** können, so dass es überprüfbar ist.

[4] Beide Beispiele vgl. Meyer, Hilbert: Didaktische Modelle, Frankfurt $^{3}$1994, S. 302.

## 5.5 Formulierung von Lernzielen

Formuliert wird immer in Sätzen. Die Einzelziele werden nummeriert und als Ziffern in den Verlaufsplan übernommen. Da **(kognitive) Lernziele** ein beobachtbares Verhalten beschreiben, ist das Schlüsselwort immer ein (Aktiv-)Verb. Benutzen Sie für diese Lernzieldimension ausschließlich sachliche und klar definierende Verben.

| ☹ | ☺ |
|---|---|
| glauben,<br>vertraut sein mit,<br>interessiert sein an,<br>sensibilisiert sein für,<br>beherzigen,<br>würdigen…<br>→ schwammige, uneindeutige Verben sind zu vermeiden! | **Kenntnisse:** nennen, beschreiben, berichten, zuordnen, vergleichen, zusammenfassen, unterscheiden<br>**Verstehen:** erklären, erläutern, darstellen, verstehen, interpretieren, abstrahieren, einordnen, erarbeiten<br>**Anwenden:** übertragen, vergleichen, erproben, überprüfen, analysieren |

Beispiele 5.5 zu den Verben in kognitiven Lernzielen

In der Ausbildung zeigt sich, dass Novizen gerade mit den LZZ erhebliche Schwierigkeiten haben. Zugegeben: Um LZZ muss man sich wirklich bemühen, obwohl es nur ein paar Sätze sind.

Überprüfen Sie Ihre bisherigen Kenntnisse im folgenden Test. (Tipp: Die Auto-Typen-Aufgabe ist ein „pädagogischer Doppeldecker", wenn sie gleichzeitig methodisch als GA erfolgt.)

| **Der Lernziel-Fitness-Test**<br>**Thema: „Kompetenzerwerb durch Gruppenarbeit"** | | |
|---|---|---|
| **Die Lernenden** | **Gut** | **unpassend/zu vage** |
| • kennen Gruppenarbeit. | ☐ | ☐ |
| • erkennen die Bedeutung von GA als Karrierevorbereitung für ihre Schüler. | ☐ | ☐ |
| • sind wirklich interessiert an GA und finden sie gut. | ☐ | ☐ |
| • kennen den Begriff ‚Schlüsselkompetenz'. | ☐ | ☐ |
| • erläutern den Begriff Sozialkompetenz, indem sie mindestens 3 Teilkompetenzen (Kommunikationsfähigkeit, Argumentationsfähigkeit u. a.) verwenden. | ☐ | ☐ |
| • verstehen ihre pädagogische Aufgabe in der Erziehung zu Sozialkompetenz. | ☐ | ☐ |
| • diskutieren ganz offen über GA. | ☐ | ☐ |
| • vergleichen GA und FU mittels einer thematischen Eignungstabelle (Sachthema, Problemthema, Zeitfaktor u. a.). | ☐ | ☐ |
| • ordnen in GA verschiedene Auto-Typen 1-3 in ein Eignungsprofil für Studierende (Anschaffung, Treibstoff, Reparatur u. a.) ein. | ☐ | ☐ |
| • setzen sich tiefgehend mit dem Begriff GA auseinander. | ☐ | ☐ |
| • verstehen kommunikative Kompetenz (Reden, Zuhören, Argumentieren u. a.) als Bedingungen sozialer Kompetenz. | ☐ | ☐ |
| • wissen, dass es effektive und weniger effektive GA gibt. | ☐ | ☐ |
| • beschreiben menschliche Störfaktoren für weniger effektive GA (z. B. Trittbrettfahrer, Alphatiere, Kompromisslose). | ☐ | ☐ |
| • erproben in der Sitzung GA, indem sie einen Text analysieren. | ☐ | ☐ |
| • beschreiben die Aufgaben der LP bei GA mit Einführung, Hilfestellung, Interventionen, Bewertung. | ☐ | ☐ |

Tafel 5.1: Muster von Lernzielformulierungen

## 5.6 Planung von Lernzielen

Je besser Sie planen, umso **flexibler** sind Sie im Verlauf des Unterrichts. Eigentlich ein Widerspruch: Je besser geplant wird, umso flexibler ist man? Tatsächlich geschieht im Verlauf des Unterrichts ja viel mehr, als man sich ausgedacht (antizipiert) hat. Da verliert man schon mal sein Ziel aus den Augen. Lernziele dürfen als Orientierung und Ziel ruhig vorne auf dem Tisch liegen, um Ihnen immer mal wieder ins Bewusstsein gerufen zu werden.

**Beispiel 5.6 (Vermeidung von vom Ziel wegführenden Nebenthemen)**

Wenn Student Peter bei der Behandlung des Lehrplans der Waldorf-Pädagogik seine kritisch-philosophischen Anmerkungen zur Weltschau im Atlantis-Mythos kommuniziert (am liebsten sehr ausführlich!), dann muss Peter leider *gebremst* werden (s. u.), sonst kriegen Sie die Kurve nicht mehr! Das ist auch legitim, denn schließlich sollen die übrigen 29 Teilnehmer mit dem von Ihnen geplanten Lerngewinn den Raum verlassen.

**Beispiel 5.7 (Hereinnahme wichtiger Nebenthemen)**

Andererseits kann Isabells Frage, ob die Anthroposophie im Unterricht der Waldorfschule erkennbar sei, nicht übergangen werden. Also wird ein Umweg gegangen – für ca. 3 Minuten, nicht mehr! Das Ziel bleibt jedoch klar vor Augen.

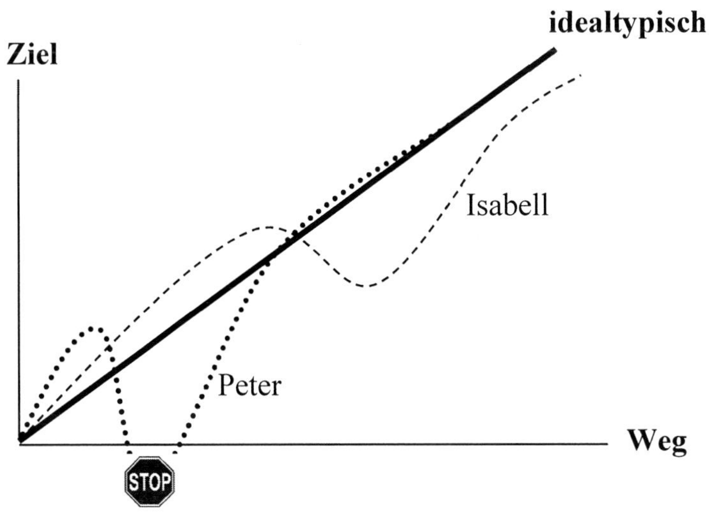


Abb. 5.2 Der idealtypische Weg zur Erreichung von Lernzielen

Es wird klar,

> *dass Lernziele die Quintessenz aus Sachanalyse und didaktischer Analyse darstellen und dass man sich durch die Formulierung von Lernzielen*
>
> *a) Klarheit über die didaktischen Schwerpunkte des Unterrichts verschafft,*
>
> *b) Rechenschaft gibt über die eigenen Lehrabsichten (heuristische Funktion),*
>
> *c) den Lernprozess stringent nach lernpsychologischen Gesichtspunkten strukturiert.*
>
> Staatliches Studienseminar für das Lehramt an Gymnasien Trier, unveröffentlichtes Manuskript

## 5.7 Anordnung der Lernziele

Lernvorgänge werden also geplant – jedenfalls in aller Regel. Suboptimal ist es, beim Betreten des Klassenraumes in einer **„Türschwellen-didaktik"** seine Stunde zu entwerfen. Insbesondere für „Schaustunden" werden Sie nicht dem lieben Gott vertrauen. In die Planung muss Ordnung gebracht werden.

LZ 1 steht nicht ohne Grund vor LZ 2 usw. Diese Folge kann sachlich-logisch bestimmt sein, z. B. Definition zuerst, Grundlage vor Teilaspekt oder didaktisch-logisch begründet sein, z. B. Phänomen vor Analyse, Beispiel vor Verallgemeinerung oder umgekehrt: Allgemeines vor Beispielen.

**Die Reihenfolge von LZZ legt eine logische Folge von Inhalt und Verhalten fest.**

Wie in der Fahrstunde muss es aber eine für die gesamte Stunde geltende Zielsetzung geben. In einer Unterrichtseinheit sprechen wir in der Regel von einem **Stundenziel** als Grobziel (**übergeordnetes Lernziel (ÜLZ)** und den einzelnen Teilzielen/Feinzielen, kurz **Lernziele** genannt.

**Beispiel 5.8 eines ÜLZ**

**Thema: „Kompetenzerwerb durch Gruppenarbeit"**

Die Studierenden verstehen das Erreichen von Sozialkompetenz in ihrer positiven Bedeutung für die Laufbahn der Schüler.

Das **ÜLZ** ist ein „Erkenntnisziel", es ist abstrakt und steht über den einzelnen **Lernzielen** quasi als zusammenfassendes Gesamtergebnis der Unterrichtseinheit. Es sind noch Zwischenschritte vorzusehen, die die Zielerreichung ermöglichen: Das sind die **Lernziele**, die mit Ziffern versehen werden. Eine Doppelung des ÜLZ in den Lernzielen (Teilzielen) darf nicht vorkommen. Eine geringere Durchdringung als in den einzelnen Lernzielen entspricht nicht der Intention des ÜLZ, das auf einer höheren Ebene angesiedelt ist.

☞ Es gibt also eine Hierarchie (in der Komplexität, nicht in der Wertigkeit!):

**Richtziel:** z. B. Fahren können/historisches Bewusstsein schaffen

**Grobziel (ÜLZ):** z. B. Einparken können/Bedingungen der Entstehung der Französischen Revolution verstehen

**Feinziele 1, 2, 3:** z. B. Blinker setzen, parallel anhalten, rückwärtsfahren, an festgelegtem Punkt Lenkrad einschlagen usw./Verhältnisse der Zeit, Personen, Schritte der Vorbereitung des 14.7.1789 usw.

Wir beschränken uns in den UE meistens auf **kognitive Lernziele**. Das ist zwar artifiziell, aber ein für Prüfungszwecke transparenter Weg.

**Vergessen wir nie: Jede Kommunikation hat einen Inhalts- und einen Beziehungsaspekt.**

Natürlich spielen affektive (emotionale) Ziele in jeder Art von Lehren und Lernen eine Rolle und selbstverständlich muss man ein Plakat auch korrekt beschriften können (psychomotorisch/pragmatisch): Ersteres ist jedoch nicht messbar oder kontrollierbar und auf Letzteres wollen wir keine Zeit verschwenden. (Die Struktur eines Plakates spielt dagegen wohl eine Rolle.) Daneben gibt es noch soziale und methodische Ziele, die in der Schule bedeutsamer sind als in der Universität.

## 5.8 Progression der Lernziele

Die Progression bezeichnet zum einen inhaltlich den thematischen Fortschritt, zum anderen bezeichnet sie das Niveau der Lernziele. Die grundlegenden **Niveaustufen** sind:

**Kenntnis – Verstehen – Anwendung**

(nach Bloom 1972)

oder

**Reproduktion – Reorganisation – Transfer – Problemlösen**

(Deutscher Bildungsrat 1974)

Wenn Sie die ganze Stunde über auf der Stufe der Kenntnisse, also des Wissens bleiben, fordern Sie die Lernenden kaum heraus, ihren „Grips" anzustrengen, weil es bloß um Rezipieren und Reproduzieren geht. Die **Lernziele** sollen möglichst eine Erfüllung des Themas über die drei Stufen hinweg in dieser Reihenfolge herstellen. Anwendung und Transfer sind stets anzustreben.

## 5.9 Der Zeitfaktor

Bei all dem ist zu beachten, dass nur 45 Minuten zur Verfügung stehen. 10 Lernziele können nicht erreicht werden: es wäre ein „Vorbeirauschen" wie auf der Autobahn. Wer soll das **behalten** und wie wollen Sie das **erarbeiten** und **vertiefen** können? Wir beschränken uns in aller Regel auf 3 – 5 Lernziele und ein ÜLZ.

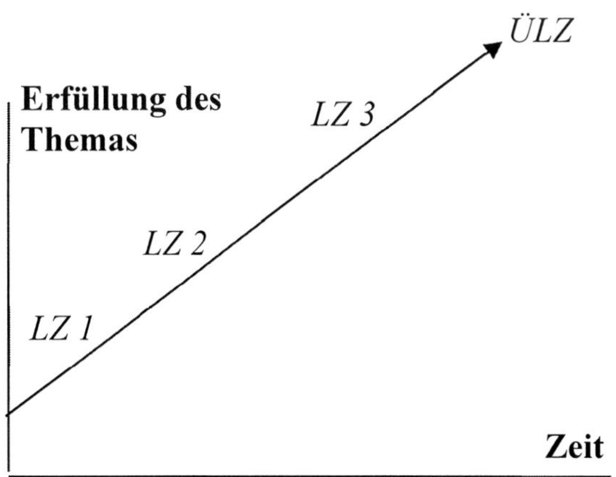


Abb. 5.3: Die Erreichung des übergeordneten Lernziels

☞ **Aus diesem Grund begleitet die Formulierung von Lernzielen die Arbeit am Unterrichtsentwurf von Anfang an – manchmal wird einem erst bei fortschreitender Erarbeitung klarer, wohin man eigentlich will oder sollte. Schreiben Sie also Ihre Lernziele immer wieder um und präzisieren Sie sie, wenn es erforderlich ist.**

**Checkliste zu den Lernzielen**

- Sind mir die fachspezifischen Kompetenzbereiche in den Bildungsstandards bekannt?
- Kann ich die Schritte meines Entwurfs den verschiedenen Kompetenzen zuordnen?
- Gehen meine Lernziele über die unterste Kompetenzstufe hinaus?
- Habe ich den Lernzielen eine Inhalts- und eine Verhaltenskomponente gegeben?
- Sind meine dazu benutzten Verben eindeutig und klar?
- Gibt es in der Anordnung der Lernziele eine Progression mit schlüssiger Logik?
- Sind diese Ziele realistischerweise mit dieser Lerngruppe zu erreichen?
- Reicht mein ÜLZ weiter als die Teilziele?

*NB: Die Lernziele/Kompetenzstufen werden in manchen Seminaren an den Anfang eines Unterrichtsentwurfs gestellt. Dies entspricht der These vom „Primat der Ziele“ vor den Inhalten, Methoden und Medien der kritisch-konstruktiven Didaktik. Letztlich löst eine solche Vorrangstellung nicht die vom 'Berliner Modell` der Didaktik (Heimann/Otto/Schulz) festgehaltene Interdependenz, aus der sich der Implikationenzusammenhang der vernetzten Planung ergibt. (vgl. Kap 1) Aus lehrpraktischen Gründen finden sie sich hier nach der Sachanalyse und der didaktischen Analyse.*

# 6. Lehren und Lernen

## 6.1 Unterrichten und Belehren

**Unterricht wird gelingen, wenn Sie Lehren und Lernen gemeinsam sehen.**

Die bisherigen Ausführungen zur Sache und zur Didaktik gelten in jeder Lehr-Lern-Situation, ob in der Fahrschule oder der Universität, ob in der Nachhilfe oder in einem Vortrag. Für Lehrpersonen an Schulen gelten jedoch weitere Merkmale eines gelingenden Lernarrangements. Ich erkläre es am Bild des *didaktischen Dreiecks*. Das didaktische Dreieck veranschaulicht die **Beziehungen** zwischen dem Lehrenden, dem Lernenden und der Sache. Dabei werden, je nach Bildungseinrichtung, unterschiedliche Seiten hervorgehoben. Die Sache ist in der Regel an der Universität komplexer als in der Schule. Einem Erwachsenen traut man zudem zu, viel Stoff in geringer Zeit aufzunehmen – notfalls in der Nachbereitung. Ein guter Dozent bereitet zum Beispiel für eine Vorlesung den Stoff hochschuldidaktisch auf, aber er wird Sie kaum beim Lernen begleiten.

Das didaktische Dreieck in der Universität hat den Akzent auf der linken Seite:

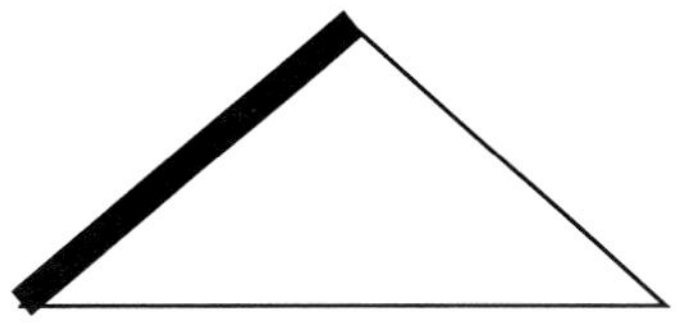


Abb. 6.1: Die Betonung der Sach-Dozenten-Seite im didaktischen Dreieck

In der Schule geht es aber immer um die Verantwortung fürs Lernen der Schüler, z. B. um Lernhemmnisse und **Lernhilfen**, um Aufgaben und Kontrolle, um die permanente Rückversicherung, ob ein Schüler die Sache wirklich „kapiert" hat[5], um die Wiederholung, die man wegen der Schwächeren bietet, um die Herausforderung für die Stärkeren.

Das didaktische Dreieck in der Schule hat den Akzent auf der unteren Seite:

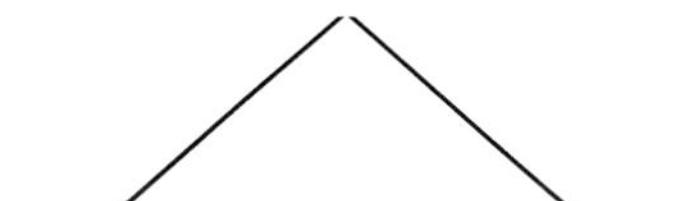


Abb. 6.2.: Die Betonung der Sach-Schüler-Seite im didaktischen Dreieck

Während also der Dozent in der Vorlesung die Sache erklärt, versuchen Sie als Lehrperson im Wesentlichen, die Schüler selbst auf die Sache kommen zu lassen, was Erklärungen schwieriger Sachverhalte und Kurzvorträge zur Ein- und Weiterführung nicht ausschließt. Lehren **und** Lernen können im Unterricht nicht getrennt werden.

[5] Vgl. die Ergebnisse zum „Feedback" in der Hattie-Studie. (Hattie, John : Visible Learning. A synthesis of over 800 meta-analyses relating to achievement, London/New York 2009. Dt. Ausgabe: Literaturverzeichnis) Kurz zusammengefasst bei Zierer, Klaus: Hattie für gestresste Lehrer, Baltmannsweiler 2014, S. 64ff.

☞ **Der Unterschied zwischen Unterricht und einer Vorlesung ist fundamental: Unterrichten verbindet Lehren unlösbar mit Lernen.**

Das ist gerade das Besondere am Unterrichten, dass immer **Interaktion und Kommunikation** betrieben wird, selbst in Stillarbeit. Schüler sind im Unterricht nicht nur Rezipienten, sondern werden auch ständig als aktive Produzenten gefordert.

- **Interaktion** geschieht zum Beispiel durch Melden und Drannehmen, einen Arbeitsauftrag hören und befolgen, ein gemeinsames Tafelbild erstellen usw.
- **Kommunikation** geschieht nonverbal zum Beispiel durch Kopfschütteln, den erhobenen Finger, Lächeln oder Hochziehen der Augenbrauen, durch Betonungen und Pausen. Kommunikation geschieht natürlich auch verbal in allen möglichen Variationen zwischen Flüstern und Brüllen (was gelegentlich im Schulkontext auch sein muss, aber an der Universität unpassend wäre). Die **Körpersprache** spielt eine gewichtige Rolle, weshalb ihr ein eigenes Kapitel in diesem Leitfaden gewidmet ist.

Diese Elemente scheinen an der Universität eher sekundär zu sein und werden seltener genutzt als in einem lebendigen, aktivierenden Unterrichtsarrangement. Lehrer sind intensivere **Lernhelfer** als Dozenten. Ein didaktisch noch so ausgezeichneter Dozent muss nicht zwangsläufig ein guter Lehrer (im schulischen Sinn) sein. Eine wesentliche Rolle spielt die **Beziehungskultur**, die naturgemäß an Schulen anders aussieht als an Universitäten.

Wenn also erhebliche Mengen von Stoff durchgenommen werden, ohne dass eine **Erarbeitung** mit den Schülern oder gar eine **Vertiefung** mit Anwendung und Übung geleistet wird (von einer Sicherung kann dann i. d. R. aus Zeitgründen auch keine Rede mehr sein), schreibt kaum ein Schüler eine gute Klassenarbeit. Das Wissen wurde nicht nachhaltig vernetzt und es bleibt nichts „hängen“. Schüler mit schneller Auffassungsgabe und gutem (Kurzzeit-) Gedächtnis sind klar im Vorteil; diese sind aber in einer heterogenen Schulklasse in der Minderheit. Im Übrigen müssen die Schüler lernen wollen bzw. dazu motiviert werden. Das kennen Sie aus dem Nachhilfeunterricht: Sie können lehren – lernen müssen die Schüler es aber selbst.

☞ **Lernen kann man nicht „machen“.**

## 6.2 Folgerungen für den Unterricht

Entwerfen Sie Ihren Unterricht als eine **Unterrichts**einheit (LLE)[6] für die Lernenden und nicht als eine **Lehr**einheit! Nehmen Sie als Gegenbild zum Unterricht die Merkmale eines häufig praktizierten Referat-Stils: Referent steht hinterm Pult – Augen kleben am Manuskript – ablesend, somit kein Blickkontakt – monotoner Sprechduktus – bei PowerPoint 50 Folien... Versuchen Sie unbedingt diesen Stil der „Stoffhuberei“ zu vermeiden und zu einem *Unterrichtsarrangement* zu gelangen, in dem **Interaktion** und **Kommunikation** ein Wechselspiel zwischen Ihnen und den Lernenden beschreiben. Lassen Sie diese immer wieder arbeiten, statt dass Sie selbst alles tun – das macht den Unterschied.

„Bauen“ Sie Ihren Unterrichtsentwurf – je nach Inhalt und Ziel – mal mit mehr konstruktiv-dialogischen Anteilen auf und mal mit mehr instruktiven! Ihr Unterricht soll also keinen universitären Vorlesungs- und Referatmodus abbilden, sondern ein didaktisches Lernarrangement darstellen. Nicht umsonst spricht die moderne Schuldidaktik nicht vom Lehren, sondern von der **Gestaltung von Lernumgebungen**.

**Beispiel 6.1.: So könnte es gehen!**

Erklären Sie ruhig in einem geübten (!) Lehrervortrag mit Veranschaulichungsfolie 10 Minuten einen Sachverhalt. (Die Zuhörer können gelegentlich kurz einbezogen werden: Kontakt halten!) Übergeben Sie dann aber die weitere Erarbeitung in die Eigenverantwortung der Lernenden. Sichern Sie zuletzt im klassischen Frontalunterricht die Ergebnisse mit Tafel oder Folie.

**Beispiel 6.2: Aber auch so könnte es gehen!**

Sammeln Sie in einem stummen Schreibgespräch zum Thema möglichst viele Informationen, gliedern Sie gemeinsam mit den Lernenden die gefundenen Aspekte, ergänzen und lassen mit Texten weiterarbeiten.

**Beispiel 6.3: So könnte es auch gehen!**

Führen Sie einen kleinen (informativen, provokativen, problematisierenden) Film vor – vorher haben Sie verschiedene Beobachtungsaufträge verteilt. Die Film-Auswahl allein ist schon eine Kunst; sie entscheidet über den weiteren Weg! Arbeiten Sie die Beobachtungsaufträge Stück für Stück im Frontalunterricht (gelenktes Verfahren) durch.

**Beispiel 6.4: Und warum nicht so?**

Führen Sie ein Rollenspiel vor, das die Problematik aufzeigt. Lassen Sie danach...

☞ **Wer diesen Unterschied zwischen Unterrichten und Belehren verstanden und verinnerlicht hat, dem ist es gelungen, einen Perspektivwechsel zu vollziehen.**

[6] Die Begriffe Lehr-Lern-Einheit (LLE) und Unterrichtseinheit (UE) sind hier austauschbar. Die Begriffe zielen auf unterschiedliche Zielgruppen.

Der **Perspektivwechsel** ist fundamental. Ab diesem Zeitpunkt wird man wirklich zum Lehrer, weil man alles mit den Augen von Lernenden zu sehen gelernt hat. **Sie planen fortan Unterricht entlang dem Denken der Lernenden.** Leider schaltet man nicht vom Schülersein in die Lehrersicht um wie im Fernsehen. Aber keine Angst: Man lernt es Schritt für Schritt – man muss es nur wollen.

☞ **Drei elementare Prinzipien** sollten dabei sowohl für die UE im Studium als auch für Ihre zukünftige Arbeit mit Schülern handlungsleitend zur Gestaltung effektiven Unterrichts sein:

1. Pädagogisch muss die *Beziehung* zwischen Lehrer und Lernenden stimmen.
2. Didaktisch muss es immer um *Vertiefung* des Themas gehen.
3. Methodisch ist die *Aktivierung* der Lernenden die Hauptsache.

# 7. Die methodische Planung

## 7.1 Die Lehr-Lern-Prozessplanung

**Unterricht wird gelingen, wenn er *Methode* hat.**

> *Wenn der Lehrer schon nicht schöpferisch sein kann, so sollte er doch mindestens intelligent sein, und wenn nicht das, so methodisch. Ist er aber in seinem Unterricht nicht einmal methodisch, so ist alles vergebens.*
>
> Glöckel 2003, S. 100

Die angemessene Methodenvariation findet sich bei Helmke (2004, S. 42) an dritter Stelle zur Unterrichtsqualität. Vom Griechischen *meta* (nach) und *hodos* bezeichnet Letzteres einen Weg, eine Straße oder eine Reise.

Meist versteht man unter Methoden die verschiedenen Arten der Stoffvermittlung, die Aktionsformen. Also z. B. den Lehrervortrag, das Brainstorming oder Gruppenpuzzle. Die methodische Dimension reicht jedoch weiter. Sie umfasst die gesamte **Lehr-Lern-Prozessplanung**. Darin sucht man auf einer vertikalen zeitlichen Achse eine Abfolge der Elemente und Handlungen (Phasen) und konkretisiert auf einer horizontalen Achse Möglichkeiten dieser Handlungen (Aktionsformen/Sozialformen).

Die methodische Planung betrifft also nicht nur das Methodenrepertoire im klassischen Sinn, sie sucht gleichfalls einen **Spannungsbogen** zu bauen und damit einen Rhythmus in die Stunde zu bringen.

Der bedeutendste Didaktiker des 19. Jahrhunderts, Johann Heinrich Herbart schrieb dazu: *„Langweilig zu sein ist die ärgste Sünde des Unterrichts“*[7]. Lerntheoretisch wird mit dem Anspruch von **Motivation** und wachsender **Autonomie** der Lernenden geplant. Ein Partnerinterview ist spannender als eine Stillarbeit, das Experiment in der Regel interessanter als der Lehrervortrag. Überdies sucht sie die Schüler methodisch zu schulen, sodass sie ihre Methodenkompetenz erweitern; gemäß den Leitlinien der Neuen Lernkultur (s. Kapitel 9) – und zugleich des Schulgesetzes – sollen die Schüler zu wachsender Selbständigkeit geführt werden.

Auch die Passung auf das Ziel hin ist wesentlich: So lernt man in einem Rollenspiel zum Einkaufen wahrscheinlich nachhaltiger die französischen Vokabeln als im üblichen „Quetschen“, in Sozi erzeugt eine vorbereitete Gerichtsverhandlung mehr Vertiefung als der fragend-entwickelnde Unterricht und ein gelenktes Unterrichtsgespräch erklärt schwierige Sachverhalte besser als eine Diskussion usw.

Zu den Unterrichtsmethoden gehören auch die Lehrersprache und insbesondere die Fragetechnik, die wirklich nicht aus dem Handgelenk zu bewältigen ist. Es gibt zur Gestaltung des Unterrichts Hunderte von Techniken (vgl. Meyer 1987, S. 119).

---

[7] Herbart. In: Meyer 1913, S. 3.

Man lernt sie durch Abgucken oder durch die eigene Routine – wenn man nur will!

Last but not least fragen wir heute verstärkt nach möglichen **Differenzierungsmöglichkeiten** (s. Kapitel 10) im Unterricht, die thematisch, vom Ziel her oder eben methodisch orientiert sein können.

Im Ganzen gesehen ist die Unterrichtsmethodik mit einem **Drehbuch** zu vergleichen.

> *Es geht um die Wege zu den Unterrichtszielen, um geeignete Vorgehensweisen (...) Sie verknüpft die Wege, Maßnahmen und Mittel mit anderen Aspekten, vor allem mit den Inhalten, Zwecken und Zielen.*

Bovet/Huwendiek [4]2004, S. 69

☞ **Sie tun gut daran, zuerst die reine Didaktik und darauffolgend erst die Methodik zu erarbeiten. Man glaubt grundsätzlich schnell und gerne, mit der methodischen Planung schon alles im Griff zu haben. Die fehlende tiefer gehende Klärung der Begriffe verschafft einem dann schwierige Momente in der Durchführung der Stunde. Eine zu frühe methodische Festlegung trübt nämlich den Blick und lässt wichtige Einzelelemente oder Stolpersteine übersehen.**

**Zwischen Inhalten, Zielen, Methoden und Medien muss Passung bestehen.**

Im Modell der lerntheoretischen Didaktik, dem *Berliner Modell* haben Heimann, Otto, Schulz diesen **Implikationenzusammenhang** dargestellt. Es zeigt vier **Entscheidungsfelder.** Eine Planung von der Sache her (hier 'Inhalte` genannt) verlangt eine gleichzeitige Beachtung der drei übrigen Entscheidungen; eine Planung vom Methodischen her benötigt Ziele, einen Stoff und Medien usw.

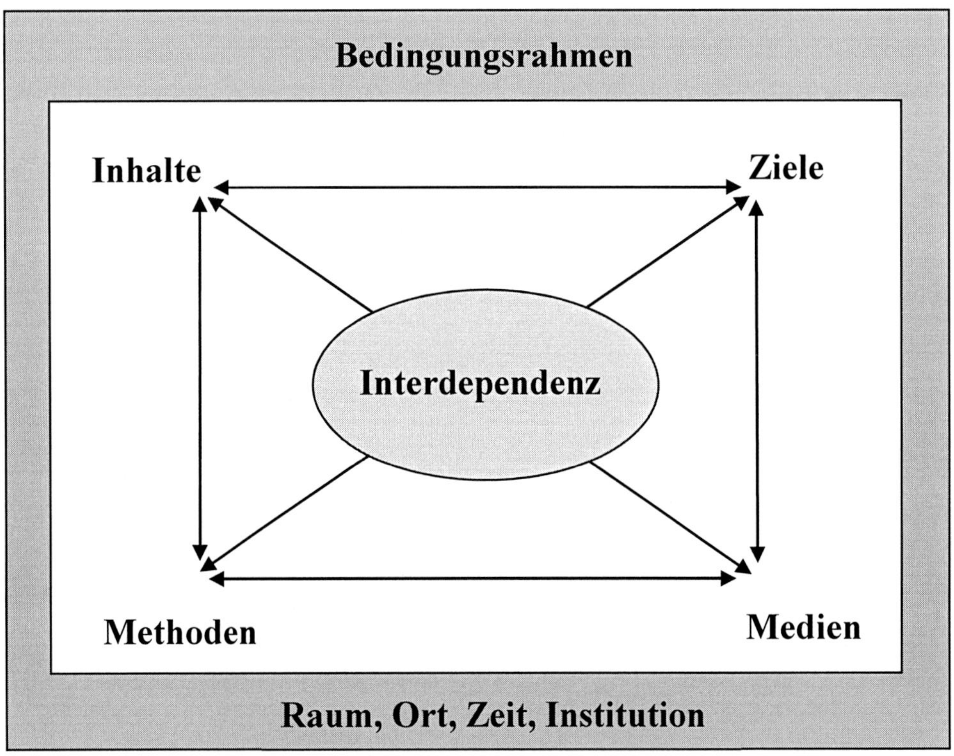


Abb.7.1: Das *„Berliner Modell"* der Didaktik nach Heimann/Otto/ Schulz 1965.

Ich finde immer wieder die Karikatur treffend, in der ein Vater seinem Sohn eine schallende Ohrfeige versetzt und sagt: „Wirst du wohl aufhören, deinen kleinen Bruder zu schlagen!“ Hier passt die Methode nicht zur Aussage, ist kontraproduktiv. Ähnlich im Unterricht: beim Brainstorming sind sofortige sachliche Erläuterungen des Lehrers fehl am Platz; ein Lehrervortrag über die Erfahrungen der Schüler mit sozialen Medien zerstört die Mitarbeit; ein Foto der Totenmaske von Beethoven erhöht nicht das Lernen sinfonischer Gesetze; eine Diskussion über Kommaregeln in der 5. Klasse ist Unsinn usw.

*NB: Die folgenden Schritte, die hier aus Lehrgründen sukzessiv erklärt sind, werden im schriftlichen Unterrichtsentwurf einschließlich der folgenden Kapitel 8-11 in einem Gesamttext integriert und nicht isoliert nacheinander abgearbeitet.*

## 7.2 Der methodische Gang

Wir lassen die methodischen Großformen (z. B. Projektunterricht, Trainingsprogramm, Workshop, Offener Unterricht) außer Acht und behandeln im Folgenden nur den Lehrgang.

Der methodische Gang korrespondiert mit der inneren Logik, wie in der didaktischen Analyse beschrieben. Alle Elemente und Einzelschritte sind in eine Folgerichtigkeit zu bringen. Dabei gibt es verschiedene Wege.

> *Der* ***methodische Gang*** *beschreibt die Prozeßstruktur des Unterrichts. Er ergibt sich aus der Wechselwirkung des methodischen Handelns des Lehrers und der Schüler. Der methodische Gang hat eine äußere, in der zeitlichen Abfolge der Unterrichtsschritte vorliegende und eine innere, aus der Folgerichtigkeit dieser Schritte zu erschließende Seite.*
>
> Meyer 1983, S. 130

David Paul Ausubel favorisierte ein **darstellendes Verfahren**, das die Sache verbal vermittelt. Die Lehreraktivität ist hoch, die Schüler lernen rezeptiv.

Jérôme Bruner favorisierte ein **entdecken-lassendes Verfahren**, das den Lernenden Raum zu selbständiger aktiver Arbeit gibt. Im Alltag werden beide Wege praktiziert, auch innerhalb einer Unterrichtsstunde.

Wichtig sind in beiden Fällen die Anordnungen der Lernwege:

- Vom Einfachen zum Komplizierten
- Vom Konkreten zum Abstrakten (z. B. von einem Fall zur Gesetzmäßigkeit)
- Deduktiv (z. B. durch grundsätzliche Klärung, wonach Beispiele und Anwendungen folgen)
- Induktiv (z. B. indem man mit Einzelheiten wie Beobachtungen oder Erfahrungen zum Allgemeinen gelangt)
- Problemorientiert (z. B. durch Herstellung eines kognitiven Konfliktes, der kreisend oder spiralförmig auf jeweils höherem Niveau erschlossen wird)

(vgl. dazu Meyer, Unterrichtsmethoden II, 2010[13] S. 104ff.)

*Gerade Anfänger im Lehrgeschäft neigen dazu, die Planung des methodischen Ganges mit der Zergliederung des Lehrstoffes in Sacheinheiten zu verwechseln! Die Kunst der rechten Vorbereitung besteht aber gerade darin, die Inszenierung des Unterrichtsthemas so vorzubereiten, daß die Schüler nicht zu Statisten, sondern zu den Hauptdarstellern werden.*

*Der Lehrer sollte für ein ausgewogenes Verhältnis von lehreraktiven, ehr darbietenden und schüleraktiven, der Selbsttätigkeit Raum lassenden Unterrichtsphasen sorgen.*

Meyer [13]2010, S. 111

☞ **Verschaffen Sie sich Klarheit darüber, welchen methodischen Gang Sie wählen!**

Der Pädagogische Psychologe Heinrich Roth hat einmal formuliert, wie er sich gelingenden Unterricht vorstellt.

*„Alle [unterrichtliche] Kunst besteht darin, tote Sachverhalte in lebendige Handlungen rückzuverwandeln, aus denen sie entsprungen sind: Gegenstände in Erfindungen und Entdeckungen, Werke in Schöpfungen, Pläne in Sorgen, Verträge in Beschlüsse, Lösungen in Aufgaben, Phänomene in Urphänomene."*

Meyer [13]2010, S. 134

In der Weise, wie Roth davon spricht, *Gegenstände in Erfindungen und Entdeckungen* rückzuverwandeln, hat Martin Wagenschein, ein Didaktiker der Naturwissenschaften, einmal den Schülern in Fotos das Hochgebirge vorgestellt und die Frage gestellt: Was passiert mit dem Gestein? Diese Frage hat er bis zum Ende, dem Sand im Meer, konsequent weiterverfolgt. Wird denn die Erde eines Tages platt sein? Das Erstaunen der Schüler hat er genutzt, um die Erosion zu behandeln.

Suchen Sie ähnliche Zugänge! Also nicht rekonstruktiv einen Unterrichtsgegenstand vorstellen, sondern die Frage stellen: „Wie könnte man dies oder das handhaben/verstehen/erklären?" – und danach erst die vorgegebene Lösung vorstellen. **Entdeckendes Lernen** ist spannender als die Instruktion, und letztlich besteht alle Lehrkunst darin, vorhandene (Ihnen bekannte) ***Lösungen in Aufgaben*** zu transformieren, ob im FU oder im offenen Lernen. Trennen Sie diese didaktische Entscheidung von einer rein methodischen! Wenn Sie sich beispielsweise in dieser Frage beim Thema „(Über)Leben in der Wüste" exemplarisch auf eine Kakteenart spezialisiert haben, wird die Zugänglichkeit leicht mit einer Darstellung der Trockenheit und Kargheit erreicht. Dies ist zuerst eine didaktische Entscheidung. Die methodische/mediale folgt, indem Sie eine Erzählung eines Verirrten, eine Folge von Bildern, einen Film oder eine Grafik mit Niederschlagsmengen einsetzen – je nach Klasse/Kurs

## 7.3 Aktionsformen

Methoden im üblichen Sinn bezeichnen im landläufigen Sinn die Art und Weise, wie den Menschen ein ´Stoff` vermittelt wird. Mal werden sie in wissenschaftlicher Sprache „Handlungsmuster“, mal „Lehr- und Lernformen“, an anderer Stelle **„Aktionsformen“** genannt, wobei der letzte Begriff am ehesten einleuchtend erscheint.

Grundlegend für die lehrerzentrierte Methodik sind 3 Techniken:

| ***Technik*** | ***Bedeutung*** |
|---|---|
| **Zeigen** | **Hervorheben** |
| **Erklären** | **Verlangsamen** |
| **Fragen** | **Anregen** |

Abb. 7.2: Grundlegende Techniken der Methodik

Damit erschließen sich viele weitere Formen. Die ältesten Lehrformen sind der Vortrag und das Katechisieren, d. h. wörtliches Abfragen. Die neueren Formen nennen sich Kugellager, Aquarium, Gruppenpuzzle oder Zukunftswerkstatt (wobei letzteres eher ein didaktisches Konzept ist, in dem verschiedene Methoden wirksamen werden). **Methodenvielfalt** ist eine Forderung nicht nur der Neuen Lernkultur, sondern auch innere Selbstverpflichtung, wenn man seinen Beruf ernst nimmt. Eine massive Dominanz der Belehrungskultur ist weder professionell noch zeitgemäß. Auch ein Mediziner wird nicht jedem Patienten das gleiche Rezept ausstellen. Beim häufig genutzten **gelenkten Verfahren (g. V.)** bestimmen Sie Anfang, Fortgang und Ende des Unterrichtsverlaufs. Das im Prinzip zweckdienliche Verfahren verführt allerdings insbesondere Novizen zum kleinschrittigen, niveauarmen Frageunterricht, dessen vorrangiges Ziel die Suche nach dem – vorher festgelegten – richtigen Begriff in Konzept oder Tafel-/Folienbild wird.

Insofern fragen Sie sich bei jedem **Inhalt + Ziel**, ob es nicht eine Alternative zum üblichen **g. V.** gibt. Wesentlich spannender, aber auch schwieriger ist das selten anzutreffende **fragend-entwickelnde Verfahren** (f. e. V.), bei dem Sie gemeinsam mit den Lernenden ein Problem entfalten und zu lösen suchen. Es arbeitet mehr mit Impulsen als mit Fragen und erinnert an **Sokrates‘ Hebammenkunst**. Vielleicht gibt Ihnen Ihre Seminarleitung sogar einen Bonus für den **Mut zum Wagnis**.

☞ **Ein ausgeprägtes Methodenrepertoire gehört zur Professionalität.**

**Beispiel 7.1 zu den Aktionsformen (Methodisch variante Arbeitsaufträge)**

*Gruppenarbeit bei Audi bedeutet eigenverantwortlich Arbeitsabläufe zu organisieren. Bereits vor 20 Jahren hat der Hersteller aus Ingolstadt diese damals neue Arbeitsform in der Fertigung eingeführt. Davor gab es in Arbeitsprozessen eine streng hierarchische Gliederung, und Mitarbeiter waren kaum in deren Gestaltung eingebunden. Heute arbeiten die Audi-Mitarbeiter eigenständig in Gruppen, sind für ihre Einheit selbst verantwortlich und in Veränderungsprozesse integriert. Das Konzept der Gruppenarbeit hat sich bei Audi längst bewährt und ist an den Produktionsstandorten inzwischen gelebter Arbeitsalltag.*

***A 1: Stellen Sie eine Tabelle her, in der die alte Arbeitsform der neuen gegenübergestellt wird.*** ***oder***

***A 2: Stellen Sie alle optimierungsrelevanten Vorteile der neuen Arbeitsform in einer Mind Map dar.***

☞ **Nicht alle Methoden sind für alles gut, ein Methodenfeuerwerk zeugt sogar im Gegenteil von Oberflächlichkeit.**

> *Anwärter neigen dazu, die Methode, bzw. die spektakuläre Aktion, im Mittelpunkt ihrer Stundenplanung zu sehen. Notwendige Erarbeitungsphasen, z. B. zur Texterschließung, werden demgegenüber gerne vernachlässigt. Machen Sie deutlich, dass es zuförderst um die Organisation von Bildungsprozessen und Inhalten geht, in denen die Aktion zwar ihren Platz hat, aber nicht im Vordergrund der Planungsüberlegungen stehen darf.*
>
> Staatliches Studienseminar für das Lehramt an Realschulen plus Trier, unveröffentlichtes Manuskript

**Vergessen Sie nicht:**

Lassen Sie arbeiten, erarbeiten Sie nicht alles allein!

Vielleicht kann Ihnen ein uraltes Zitat dabei helfen, den Grundsatz zu beherzigen:

> *Erstes und letztes Ziel [...] soll es sein, die Unterrichtsweise aufzuspüren und zu erkunden, bei welcher die Lehrer weniger zu lehren brauchen, die Schüler dennoch mehr lernen.*
>
> Johann A. Comenius zitiert nach Bovet/Huwendiek 2008, S. 68

## 7.4 Methodenliste

1. Amerikanische Debatte
2. Ampelmethode
3. Aquarium/Fishbowl
4. Bienenkorb/Murmelphase
5. Doppelkreis
6. Bildergeschichte (Comic) herstellen (Folie)
7. Bildteil herausschneiden/Bild aufdecken
8. Blätterlawine
9. Blitzlicht
10. Brainstorming
11. Collage
12. Concept Map
13. Erstellen von Grafik/Tafelbild (in EA, PA)
14. Erstellen von Postern, Broschüren, Katalog, Leitfaden (in GA)
15. Fehlergeschichte schreiben
16. Flugblatt schreiben
17. Fotosequenz mit oder ohne Text (Video)
18. Fragekartei (für PA) entwerfen
19. Gallery Walk
20. Gruppenpuzzle
21. LdL (Lernen durch Lehren)
22. Interview (auf MP3 aufgenommen)
23. Kartenabfrage
24. Erstellen von Grafik/Tafelbild (in EA, PA)
25. Kugellager
26. Lerntempoduett
27. Lied/Gedicht schreiben
28. Lückentexte ausgeben oder herstellen lassen (mit Kontrollblatt)
29. Mind Mapping
30. Multiple-Choice-Abfrage
31. Partnerinterview
32. Partnerpuzzle
33. Place Mat (Tischset)
34. Podiumsdiskussion
35. Pro-Contra-Debatte
36. Quiz
37. Rätsel herstellen/lösen
38. Redekette
39. Rollenspiel (Rollentausch, Rollenrotation)
40. Standbilder
41. (Stummes) Schreibgespräch (in GA)
42. Szenische Darbietung
43. Talk Show entwerfen
44. Text löschen (auf das Wesentliche reduzieren)
45. Text verfremden (andere Perspektive/andere Sprachschicht)
46. Textpuzzle (zerschnittener/umgruppierter Text)
47. Textschluss abschneiden (und erfinden lassen)
48. Think-Pair-Square (Share) (1-2-4/Plenum)
49. Wandzeitung/Wandfries herstellen
50. Zeitungsartikel schreiben (div. Stile)

## 7.5 Phasen

Es ist ja selbstverständlich, dass Sie nicht irgendwo anfangen und dann irgendwie weitermachen: Sie machen sich einen „Plan". Der geht in aller Regel auch zum größten Teil auf; an der Uni mehr als in der Schule, wo noch mehr Bedingungsfaktoren und Interaktionsvielfalt herrschen. Wie über Treppenstufen wollen Sie die Lernenden ja zum Ziel führen und bestimmen die einzelnen Stufen. Selbst wenn Sie das endecken-lassende Verfahren anwenden, liegt es an Ihrer Planung, was und wozu, wann, wie und womit getan wird.
Es geht also nicht vorrangig um eine zeitliche Füllung der 45 Minuten, sondern um eine konsequent-sachlogische Erschließung der **Lernziele** in 45 Minuten. Im Prinzip wird Ihr didaktischer und methodischer Plan in die Zeit übertragen – insofern ist die Zeit die dritte Dimension im didaktischen Dreieck.

**Phasen gliedern die Stunde in einen einsichtigen, nachvollziehbaren Aufbau.**

Neben den üblichen Begriffen **Einstieg – Erarbeitung – Ergebnissicherung** gibt es etliche andere hilfreiche Differenzierungen:

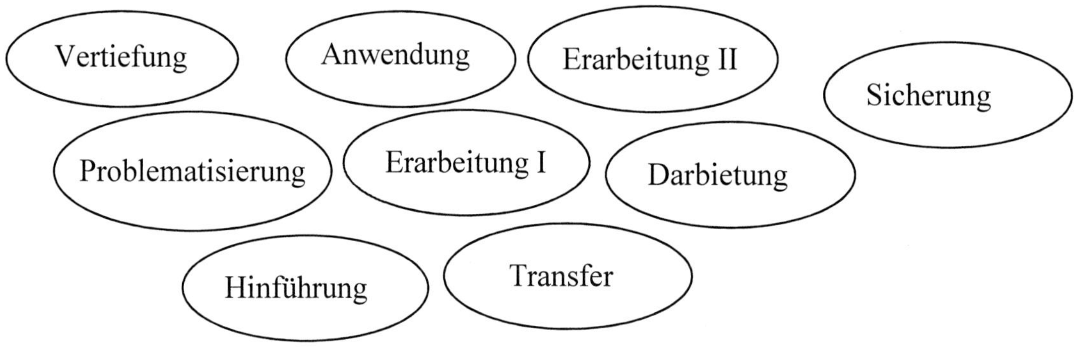


Abb. 7.3: Phasenbezeichnungen

> **Beispiel 7.2 zu den Phasen**
>
> *Nach Auflösung der Methode des „Kugellagers" in der Erarbeitungsphase I beginnt die Sicherungsphase I. Sie wird im gelenkten Verfahren durchgeführt. Drei bis vier Studierende werden aufgefordert, ihre Ergebnisse aus dem „Kugellager" wiederzugeben. Eine weitere Möglichkeit wäre die Verschriftlichung in Partnerarbeit gewesen. Aufgrund von Zeitmangel und der ausführlichen Schlusssicherung II wird darauf verzichtet. Für diese Phase werden 3 Minuten angesetzt. Erarbeitungsphase II besteht aus einer Textarbeit in Einzelarbeit.*
>
> Sherwin K., Alisha L., Sinem G., Universität Trier 2017

Von besonderem Interesse sind die vom Pädagogischen Psychologen Roth formulierten Stufen:[8]

**6 Stufen nach Roth:**

1. Stufe der Motivation
2. Stufe der Schwierigkeit
3. Stufe der Lösung
4. Stufe des Tuns und Ausführens
5. Stufe des Behaltens und Einübens
6. Stufe der Übertragung (Integration/Transfer)

(Die letzten Phasen sind in 45 Minuten i. d. R. nicht zu erreichen.)

**Beispiel 7.3 zu den Phasen**

*Zuletzt kommt die Sicherungsphase, die in der Sozialform Gruppenarbeit durchgeführt werden soll. Die Studierenden werden in Vierer-Gruppen aufgeteilt, die Methode des 'Textpuzzles` wird benutzt, das heißt, es werden Textschnipsel ausgeteilt, und jeder Schnipsel ist entweder mit einer Zahl oder einem Buchstaben versehen. Die Zahl stellt eines der ausgewählten Prinzipien, der Buchstabe die dazu passende These dar. Die Studierenden ordnen nun die Schnipsel einander zu und notieren die Zahl-Buchstaben-Kombination zur späteren Kontrolle.*

*Im Anschluss sollen sie zu jedem Prinzip ein eigenes Beispiel finden, um somit die Prinzipien nochmals zu vertiefen. Der Zeitrahmen beträgt 15 Minuten.*

Lisa Marie L., Sabrina M., Fabian I., Universität Trier 2017

[8] Nachzulesen in: Meyer, Hilbert: Unterrichtsmethoden I: Theorieband, Frankfurt am Main [13]2009, S. 183 ff.

## 7.6 Sozialformen

Die vier Sozialformen benennen die Kooperationsformen zwischen Null und Allen: Einzelarbeit (EA), Partnerarbeit (PA), Gruppenarbeit (GA) und Klassenunterricht – letzterer auch Frontalunterricht (FU) genannt.

Einzelarbeit ist sehr gut zum Differenzieren, aber auch zur intensiven Beschäftigung mit einer Sachlage in Ruhe. In der **konstruktivistischen Didaktik** wird vielfach von EA ausgegangen, um das ganze intelligente und kreative Potential eines Lernenden nicht durch andere Meinungen zu behindern. Partnerarbeit ist für alle Lernende, ob alt oder jung, in der Regel spannender und nur wenig störanfällig. Dies ist eher bei Gruppenarbeiten der Fall, zumal dann, wenn sie ohne Regel und Schema durchgeführt werden. Im Klassenunterricht werden die höchsten Ansprüche an die Lehrperson und ihre Führungsqualität gebraucht. Alle Sozialformen haben ihre Vor- und Nachteile. Eine einzige Form über einen längeren Zeitraum führt zu Ermüdungserscheinungen (vgl. dazu Kapitel 9 zur Neuen Lernkultur).

**Beispiel 7.4 für Sozialformen (in Der Methode 1-2-4)**

*In der darauffolgenden Phase wird die ‚Think-Pair-Share-Methode' angewandt, um die positiven Auswirkungen auf den Lernerfolg herausarbeiten zu lassen. Die Studierenden erhalten hierzu einen schriftlichen Arbeitsauftrag und ein zusätzliches Arbeitsblatt (M 2), auf dem dieselben Informationen wie auf der vorher gezeigten Folie M1 zu finden sind und auf dem die Resultate einzutragen sind. Zunächst arbeitet jeder Studierende den Arbeitsauftrag in Einzelarbeit durch. Danach finden sich je zwei Nachbarn zusammen, um ihre jeweiligen Ideen auszutauschen. Die Erarbeitung in Partnerarbeit regt beide Beteiligte dazu an, weitere positive Lerneffekte zu erschließen, wodurch die Kreativität angeregt und die Qualität der Ergebnisse erhöht wird. Im Anschluss werden die Ergebnisse im Plenum gesammelt. Diese werden dabei auf der Folie gesammelt, sodass jeder Studierenden sie auf seinem Arbeitsblatt ergänzen kann.*

*Statt der ‚Think-Pair-Share-Methode' hätte man auch eine Texterarbeitung in Partner- oder Gruppenarbeit durchführen können, jedoch erschien uns...*

Ines B., Mike D., Universität Trier 2017

## 7.7 Verlaufsplan

Im Folgenden sehen Sie ein Beispiel für das Raster eines Stundenverlaufsplanes *(max. 1 DIN A4 Seite quer).*

| Zeit | Phasen | Inhalte | LZ Kompetenzen | Methoden | Sozial-Formen | Medien | Person |
|---|---|---|---|---|---|---|---|
| | | | | | | | |
| | | | | | | | |

Erläuterungen zum Ausfüllen:

- Die benötigte Zeit in Minuten angeben. (in der Schule Realzeit)
- Die Inhalte sind abstrakt und in wenigen Begriffen zu erfassen; keine erwünschten Verhaltensweisen der Studierenden eintragen, also z. B. nur den Inhalt der Karikatur oder des Textes überschriftartig nominalisiert benennen.
- Die LZZ werden nur mit den Ziffern versehen, die Sie auch in Ihrem Entwurf haben müssen. Kompetenzen einfügen.
- Methoden nicht mit Sozialformen verwechseln; Frontalunterricht (FU) bezeichnet die Sozialform des Klassenunterrichts; wenn Sie etwas im Unterrichtsgespräch erarbeiten, können Sie UG (damit ist das eher offene Gespräch gemeint) oder f. e. V. oder g. V. schreiben; Erschließen eines Textes heißt Texterarbeitung, ein Tafelbild damit herstellen heißt Tafel-Text-Erarbeitung.
- Sozialformen gibt es nur vier: EA, PA, GA und FU.
- Die Medien „Heft“ und „Stift“ setzen wir voraus; die Lehrperson übrigens auch.
- Für Hausaufgaben einen echten Zeitrahmen lassen.

**Beispiel 1: „Kompetenzerwerb durch Gruppenarbeit“**

| Zeit | Phasen | Inhalte | LZ | Methoden | Sozial-formen | Medien | Person |
|---|---|---|---|---|---|---|---|
| 5 min. | Einstieg | Koop. Arbeit in der Bank | 1 | Vortrag | FU | Film | Peter M. |
| 5 min. | Problematisierung | Soz. Komp.<br>Komm. Komp. | 1 | g. V. | FU | | Peter M. |
| 15 min. | Erarbeitung | Notwendigkeit von GA | 2 | Texter-arbeitung | PA | T1/T2<br>Plakate | Conny S. |
| 10 min. | Präsentation | | 2 | StB | FU | Plakate | Conny S. |
| 5 min. | Ergebnis-sicherung I | Soz. Komp. als Bed. f. Erfolg | 3 | Redekette | FU | Ball | Julia N. |
| 5 min. | Ergebnis-Sicherung II | Zusammenfassung | ÜLZ | LV | FU | Tafel<br>Handout | Julia N. |

**Beispiel 2: „Kompetenzerwerb durch Gruppenarbeit“**

| Zeit | Phasen | Inhalte | LZ | Methoden | Sozial-formen | Medien | Person |
|---|---|---|---|---|---|---|---|
| 10 min. | Erarbeitung I | Definition Soz. Komp. | 1 | 1-2-4-Methode | GA | A3-Papier | Hans L. |
| 10 min. | Vertiefung | „ | 2 | g. V. | FU | Tafel | Hans L. |
| 5 min. | Erarbeitung II | Einstellungsgespräch | 3 | Rollenspiel | GA | | Nadja K. |
| 10 min. | Präsentation | „ | 4 | StB | FU | | Nadja K. |
| 10 min. | Ergebnis-sicherung | Gruppenarbeit zur Stärkung der Soz. Komp. Zusammenfassung | ÜLZ | f. e. V. | FU | Folie Handout | Nadja K. |

**Abkürzungsverzeichnis:**

| | |
|---|---|
| *SuS* | Schülerinnen und Schüler |
| *Stud* | Studierende |
| *EA, PA, GA, FU* | Sozialformen |
| *LV* | Lehrervortrag |
| *g. V.* | gelenktes Verfahren: Sie steuern alles |
| *f. e. V.* | fragend-entwickelndes Verfahren: eher wenige Fragen, mehr Impulse; LP nimmt an Entfaltungsprozess teil |
| *UG* | Unterrichtsgespräch |
| *SB* | Schüler- oder Studierenden-Beitrag |
| *StA* | Stillarbeit; ist Methode, keine Sozialform |
| *AB* 1 | Arbeitsblatt 1 (usw.) |
| *A 1* | Arbeitsauftrag/Aufgabe 1 (usw.) |
| *T* 1 | Text 1 (usw.) |
| *M1 /F1* | Medium 1/Folie 1 (usw.) |
| TB | Tafelbild/Folienbild |

**Checkliste zur methodischen Planung**

- Habe ich das Methodenrepertoire für meine Ziele zu Rate gezogen?
- Habe ich einen logisch nachvollziehbaren methodischen Gang erreicht?
- Bildern meine Methoden einen Spannungsbogen zwischen Aktivität und Rezeptivität?
- Besteht Passung zwischen den Inhalten, Zielen Methoden und Medien?
- Sie sie motivierend?
- Können meine Methoden zur Kompetenzentwicklung beitragen?
- Gibt es methodische Differenzierungsformen?
- Ist der Zeitrahmen für den Einsatz meiner Methoden realistisch?
- Sind meine Phasen genannt, ist die Zeit auf 45 Minuten gerechnet?
- Habe ich die Sozialformen sinnvoll variiert und eingesetzt?
- Wie/wo verschriftliche ich die Arbeitsaufträge?

## 8. Medien

Meyer nennt sie „tiefgefrorene Ziel-, Inhalts- und Methodenentscheidungen“ (Meyer 1987: Unterrichtsmethoden Bd. I., S. 150). Der lateinische Begriff „media“ bedeutet Mitte: **Medien sind Mittler**. Man kann nicht immer das Meerschwein mitbringen und schon gar nicht die Eifler Maare ins Klassenzimmer bringen. Aber man kann ein Modell präsentieren oder mit Sand die Krater entstehen lassen (direkte Erfahrungen)[9]. Fotos und Filme gehören zum medialen Standard (theoretische Erfahrungen), weshalb sie auch gern eingesetzt werden, zumal sie in großer Breite verfügbar sind. Bei Goethe ist das schwieriger; da benutzen wir in aller Regel Texte (symbolische Erfahrungen).

**Medien sind Stellvertreter für die Wirklichkeit.**

Medien ermöglichen Menschen, gleichzeitig zu lernen: in Wort *und* Bild, in Text *und* Abbildung usw. Die Wirksamkeit der Medien beruht unter anderem darauf, dass sie helfen, gleichzeitig parallele Lernvorgänge zu ermöglichen: die Denkbewegungen werden erleichtert, im Gehirn verlaufen mehrere Enkodierungen, die auch ein späteres Abrufen erleichtern. Wichtig ist die **Passung**: Medien müssen zu Inhalten und Zielen nahezu konkruent sein, dürfen nicht vom Thema wegführen. Zwischen allen Entscheidungsfeldern herrscht ein strenger **Implikationenzusammenhang**. (Allerdings gibt es auch didaktische Tricks der Verfremdung oder Provokation, die gerade das Gegenteil darstellen.)

Medien erzeugen und lenken die **Aufmerksamkeit** und Lernmotivation, strukturieren den Lernprozess, helfen somit einer vertiefenden Erarbeitung und unterstützen das **Gedächtnis**. Über den Nutzen von Medien muss daher hier auch nicht weiter referiert werden, zumal zumindest Tafel und OHP heute selbstverständlich geworden sind. In vielen Klassenzimmern gibt es inzwischen auch Beamer oder Whiteboards. **Es ist eher vor einer Gefahr zu warnen: der Ausstattung einer Unterrichtsstunde mit übermäßig vielen Medien!** Es kann einem bei den Medien eher noch als bei den Methoden passieren, dass man vor lauter Bäumen zuletzt den Wald nicht mehr sieht.

Denn die Medien vermitteln ja Inhalte. Drei, vier, fünf verschiedene Medien in einer Stunde sind zwar im 21. Jahrhundert normal, doch zum Lernen taugt die Fülle nicht. Jedes Medium hat einen eigenen Gehalt, Hintergrund, Tendenz, die es zu ergründen gilt, will man nicht an der Oberfläche bleiben. Vielleicht sind gerade Schulen die Orte medialer Verlangsamung, um Beeinflussung und Manipulation zu durchschauen und die Lernenden zu kritischen mündigen Persönlichkeiten zu erziehen.

Wenn Sie zu Beginn eine *Folie* auflegen, sollten sie konsequent mit dieser weiterarbeiten oder sie zumindest am Schluss noch einmal thematisieren. Wenn Sie Texte auswählen, sollten diese thematische Konsistenz aufweisen und aufeinander aufbauen. Wenn Sie einen kleinen Film zeigen, sollte in der Regel nicht ein direkt folgender – ein anderes Thema anschneidender – Text erarbeitet werden. Am schlimmsten sind bei PowerPoint-Präsentationen die 55 Folien in 45 Minuten; das ist didaktisches Harakiri.

☞ **Auch hier gilt: Less is more! Ein Leitmedium genügt in aller Regel.**

[9] Vgl. den Erfahrungskegel nach Dale (1954).

Auch dieses Leitmedium kann zu ausführlich sein, es können verschiedene Problembereiche angesprochen werden, die eine Konzentration verhindern. Dasselbe gilt für die Textarbeit. „Texten“ Sie die Lernenden nicht mit Informationen zu, die sie in 10 – 15 Minuten kaum verarbeiten können. (Bei Schülern dauert alles noch viel länger!) Kürzen Sie Ihre Texte auf maximal 1 Seite, je nach Altersstufe mehr oder weniger. Bei problemhaltigen Texten können Sie sich auf einzelne Ausschnitte konzentrieren.

**Vertiefung braucht Zeit!**

Liegt Ihnen eine Grafik, ein Schaubild, ein Foto o.ä. vor, achten Sie auf die **Verringerung der Komplexität**. Sätze wie „Jetzt schauen wir mal nicht auf den Mann im Hintergrund!“ stellen geradezu eine Aufforderung dar, den Hintergrund besonders zu beachten. Allzu viele Details verwirren und verwischen nur die eigentliche Absicht. Im untenstehenden Beispiel werden nur drei der im Internet gefundenen Körperstellungen zur genaueren Analyse benutzt.

**Beispiel 8.1 zu den Medien (Auswahl zur Reduktion der Komplexität)**

David B./Lukas L./Aline M., Universität, Trier 2017

Sie erinnern sich vielleicht noch an Heinrich von Kleists *„Über die allmähliche Verfertigung der Gedanken beim Reden“* (1805). Ein **Tafelbild** (oder Schaubild auf Folie, Whiteboard oder Papier) im Unterrichtsverlauf gemeinsam mit den Lernenden Stück um Stück zu erarbeiten ist überaus wirksam. Durch das Mitdenken wird Konzentration erzeugt, das Mitschreiben ist schon der Beginn einer Sicherung. Die reine Rezeptivität einer Folienpräsentation wird umgangen. Farben und Formen sind hervorragend geeignet, Überschriften und Hervorhebungen zwecks besserer Einspeicherung zu betonen.

Ein überzeugendes Tafelbild zu erstellen ist eine Kunst, die sich zu lernen lohnt, gleich ob Sie eine Folie, ein Flipchart, ein Whiteboard oder eben eine herkömmliche Tafel benutzen.

**☞ Versuchen Sie auch mit halbfertigen Folien oder Tafelbildern zu arbeiten oder lassen Sie die Lernenden solche herstellen.**

Bezüglich der digitalen Medien gelten Chancen und Problematik wie für alle konventionellen Medien auch. Sie werden die elementar wichtige Präsenz von Lehrenden und Lernenden im Klassenzimmer im Kontext von Kommunikation und Interaktion zur Erzielung pädagogischer und didaktischer Effekte nicht aufheben.

**Checkliste zu den Medien**

- Sind meine Medien passend zu Inhalt und Zielen?
- Sind sie anschaulich und fassbar für diese Lerngruppe?
- Sind sie eindeutig?
- Ist eine didaktische Reduktion durch Auswahl, Ausschnitt oder Kürzung erfolgt?
- Erzeugen Sie genügend Aufmerksamkeit und Konzentration?
- Ist der maßvolle Einsatz gewährleistet.
- Habe ich ein Leitmedium, das ich auch in der Schlusssicherung wiederverwenden kann?
- Habe ich ein Tafelbild/Schaubild zur Sicherung erstellt?
- Sind die technischen/praktischen Voraussetzungen gegeben?

# 9. Neue Lernkultur

## 9.1 Einleitung

**Wenn Unterricht die wachsende Selbständigkeit der Lernenden zum Fernziel hat, wird man ohne die *Neue Lernkultur* nicht auskommen.**

Die Unterrichtseinheiten von Anfängern laufen meist nach demselben Muster ab: Einstieg mit einem Brainstorming oder einer Karikatur; Erarbeitung mehrerer Texte in Gruppenarbeit; Präsentation von allen Gruppen als Ergebnissicherung. Diese Vorgehensweise ist der üblichen Erfahrung der meisten Studierenden oder Referendare aus ihrer Schulzeit geschuldet. Die Gruppenarbeit wird als Auflockerung und schülerorientierte Tätigkeit gesehen, die Ergebnissicherung scheint mit den Präsentationen gegeben.

Sicherlich und ohne Zweifel: der klassische Frontalunterricht (FU) hat sein Recht. Aber eben nicht er allein!

Unterrichtsformen an sich sind weder gut noch schlecht, sie müssen passen, herausfordern *und* motivieren, lehrreich *und* interessant sein. Das gelingt nicht mit einer einzigen methodischen Vorgehensweise.

Wenn in zehn solcher Unterrichtseinheiten nahezu dasselbe Muster vorkommt, wenn in sechs Unterrichtsstunden in der Schule jeder Lehrer im FU Höchstleistungen verlangt, wenn in drei Vorlesungen am Tag mit insgesamt einhundert Folien doziert wird, entsteht Monotonie, die der Nachhaltigkeit und Vertiefung der Kenntnisse schadet.

Das muss man für Erwachsene eher akzeptieren, solange nicht mehr Geld für Bildung vorhanden ist. Aber für Schüler ist das entwicklungspsychologisch und lerntheoretisch sicherlich wenig zielführend.

Es geht jedoch nicht darum, den Frontalunterricht abzuschaffen.

## 9.2 Bewährtes bewahren

Sie alle haben grundlegende und weitreichende Erfahrungen mit dem **Frontalunterricht** gemacht. Gelernt haben Sie dabei alle etwas – sonst säßen Sie nicht vor diesem Buch. Viele von Ihnen sind damit auch recht zufrieden gewesen; an der Universität geht es in gleicher Weise weiter – da war das doch eine gute Vorbereitung, oder?

☞ **Frontalunterricht hat sein Recht:**

- wenn man in einer beschränkten Zeit einer größeren Menge von Lernenden etwas vermitteln möchte (Ökonomie),
- wenn man etwas erklären möchte, das über die spontane Verstehensmöglichkeit der Schüler hinausgeht (Heuristik),
- wenn mit der ganzen Klasse etwas erarbeitet und die Intelligenz(en) der ganzen Klasse genutzt werden soll (Potentialerhöhung),
- wenn die methodische Abwechslung von der Schülertätigkeit zur Lehrersteuerung sinnvoll ist (Entlastung oder Sicherung).

Wahrscheinlich merken Sie an Ihren ersten Erfahrungen im Praktikum, wie schwer es ist, einen wirklich durchstrukturierten, flüssigen **Frontalunterricht** zu leiten, der zuletzt auch noch mit einem Tafelbild eine gelungene Sicherung enthält.

**Guten Frontalunterricht zu gestalten ist nicht leicht.**

Allein die Fragetechnik ist eine Kunst. In Verbindung von Sache, Lehrer und Schüler entfaltet sich im FU eine vielfältige multiple **Interaktion** und **Kommunikation**, die nicht überall vorhersehbar und kontrollierbar ist und schnelle Reaktionen Ihrerseits erfordert. Es existieren Studien, denen zufolge die mentale Belastung im FU der eines Piloten gleicht, der seine Maschine landet.

Gudjons[10] unterscheidet sieben didaktische Funktionen des Frontalunterrichts:

- Informieren und darbieten
- Stoff erarbeiten und Lernen vernetzen
- Lern- und Arbeitsmethoden vermitteln
- Entdecken und Problemlösen
- Ergebnisse sichern, üben und wiederholen
- Lehr-/Lernprozesse planen, koordinieren, auswerten
- Klassengemeinschaft fördern

[10] Vgl. Gudjons, Herbert: Frontalunterricht – neu entdeckt. Integration in offene Unterrichtsformen, Bad Heilbrunn ³2011., S. 51ff.

## 9.3 Gründe für die offenen Unterrichtsformen

Schon die Sitzordnung macht in den meisten Gymnasien (wie auch an der Uni) klar, wie gelernt wird – meist **rezeptiv: Sitzen, Zuhören, Mitschreiben**. Dass das auch sein muss, steht außer Frage; allein schon, weil Schüler mit solchen Formen des Lernens genauso konfrontiert werden müssen wie mit offeneren Formen. Nur, was geschieht, wenn das den ganzen Tag, die ganze Woche, den ganzen Monat so geht? **Die Nachhaltigkeit dieser Art zu lernen muss für viele Menschen bestritten werden.**

Versetzen Sie sich in die Lage von Schülern: In der ersten Stunde verlangt die Mathe-Lehrerin ungeteilte Aufmerksamkeit für ihre drei Tafelanschriften, in der zweiten analysiert der Deutsch-Lehrer mit der Klasse eine Romanstelle, in der dritten hält die Geschi-Lehrerin einen einführenden Lehrervortrag über den 30-jährigen Krieg usw. Es ist geradezu selbstredend, dass kein Mensch 6 x 45 Minuten aufmerksam (und interessiert) sein kann (oder will).

Schüler erleben den Unterricht die meiste Zeit rezeptiv, der Redeanteil der Lehrperson ist in aller Regel höher als der der Schüler, fast nie kommen alle Schüler zu Wort. **Methodische Varianz** wäre schon aus motivationalen Gründen geboten, vorrangig jedoch aus der einfachen Erkenntnis, dass man stets da am besten lernt, wo man selbst tätig werden kann.

Aus diesen Gründen haben Didaktiker seit über 100 Jahren Methoden gefunden, mit denen die Schüler stärker in die Erarbeitung der Unterrichtsziele eingebunden werden, beteiligt werden in einem Sinn, der sie betrifft (Lebensweltbezug) und problemorientiert herausfordert (Schülerorientierung). **Individualisierung und Differenzierung** – wenn sie denn mehr als Schlagworte sein sollen – können nur mit Maßnahmen der neuen Lernkultur erreicht werden! (vgl. Kapitel 10)

Für die *Neue Lernkultur* und gegen die übliche „Allzweckwaffe“ **Frontalunterricht** mit Unterrichtsgespräch, sprechen die Nachteile, die letzterer mit sich bringt[11]:

- Lernen im Gleichschritt
- Lehr-Lern-Kurzschluss
- Rezeptivität

Wenn alle in der Klasse alles im gleichen Zeittakt lernen sollen, ist das **Lernen im Gleichschritt**; man nennt es kritisch auch das „Rasenmäherprinzip“. Die Schüler sind aber unterschiedlich in ihrer Auffassungsgabe und ihrem Verstehenszugang (Lernkanäle) sowie ihrem Lerntempo. Und natürlich ist ihre jeweilige Motivations- und Interessenlage immer unterschiedlich. Aber alle sollen dieselben Erkenntnisschritte zur gleichen Zeit durchführen.

Der **Lehr-Lern-Kurzschluss** beruhigt unser Gewissen – und zu einem guten Teil ist er auch überlebensnotwendig. Er besagt, dass wir sehr gerne der Illusion erliegen „Gut gelehrt heißt gut gelernt!“. Wenn wir uns also sehr gut vorbereiten, gelingend erklären oder erarbeiten, haben wir das stolze Gefühl, gute Arbeit geleistet zu haben. Soweit, so gut. Angekommen ist es aber keineswegs bei allen Schülern. Das ist schon allein wegen des verschiedenen Vorwissens bzw. der Fähigkeit, dieses schnell abzurufen, ein Ding der Unmöglichkeit. Was in den Hirnen der Schüler geschieht, kann man nicht sehen. Auch die Messung – z.B. die Hausaufgabenüberprüfung am nächsten Tag – gibt nur bedingt über den individuellen Lernvorgang Bescheid. Hier hat uns die **konstruktivistische Didaktik** auf die Beine geholfen, indem sie deutlich beschrieben hat, dass man Lernen nicht „machen“ kann, sondern jeder

[11] Vgl. Gudjons, Herbert: Frontalunterricht – neu entdeckt. Integration in offene Unterrichtsformen, Bad Heilbrunn [3]2011, S. 27 ff.

Mensch das zu Lernende selbst in seinem Kopf konstruiert – mit allen Mängeln des Zuhörens, Verstehens, Verarbeitens[12].

> *Wir akzeptieren, dass die Bedeutungswelt der Lerner eine andere als die der Lehrer ist, auch wenn sich die Lerner darum bemühen, ihre Lehrer zu verstehen und auch wenn dies in Umkehrung die Lehrer tun. [...] Der Lernerfolg der Schüler besteht nicht in einer Anpassung an die Lehrer oder gar in einer In-eins-Setzung der Bedeutungswelt der Lerner mit der der Lehrer. Vielmehr geht es um die Aushandlung von Bedeutungen (negotiation of meaning), wobei aber jeder der Akteure im Unterrichtsprozess zunächst seine eigene Bedeutungswelt aufbaut. Man kann Schülern nicht dadurch das Denken beibringen, dass man für sie denkt!*
>
> Meyer, Meinert A. 2000, S. 233 f.

Können dadurch selbständige oder kreative, ja sogar demokratisch gebildete Menschen geformt werden? Von den **sozialen und methodischen Kompetenzen** einmal ganz zu schweigen, die man nur lernen kann im Handlungsvollzug. Es geht in der zukünftigen Gesellschaft um selbständige und mündige Persönlichkeiten, die die Herausforderungen eines hochzivilisierten Industrielandes in Verantwortung für Gegenwart und Zukunft anzunehmen fähig sind. „Abnicker“ helfen dabei nicht, die mangelnde Selbständigkeit schadet nur. Vergleichen Sie hierzu einmal Ihr Schulgesetz; in Rheinland-Pfalz steht das in §1.

Die Folgerungen sind offensichtlich. Gudjons, Hamburger Erziehungswissenschaftler und einer der eindringlichsten Vertreter der Neuen Lernkultur, schreibt dazu:

> *Das selbstgesteuerte Lernen baut also auf eine Neugestaltung des Unterrichts in Richtung der Gestaltung von Lernumgebungen. Diese sollen ‚stark‘ sein. Was heißt das? So oft wie möglich stehen im Mittelpunkt des Unterrichts authentische Themen (d. h. lebensnah aus der Wirklichkeit der Schüler und Schülerinnen), realistische Aufgaben und Probleme, die situiert sind (d. h. auf den Lebenskontext bezogen und wenig vorstrukturiert), multiple Kontexte (Probleme, die aus möglichst unterschiedlichen Perspektiven betrachtet werden), kooperative Arbeitsformen (vom reziproken Lernen in Tandems bis zu verschiedenen Arten von Gruppenarbeit) und nicht zuletzt die Förderung der intrinsischen Motivation und der Schülerinteressen.*
>
> Gudjons, Herbert 2006, S. 17

Worum also geht es? Darum, dass Sie möglichst viele dieser Elemente kennen, verstehen und einzuordnen lernen, um sie im späteren Unterricht zielorientiert und angemessen einsetzen zu können. In der letzten verfügbaren empirischen Studie werden folgende Vorteile des offenen Unterrichts erfasst: FU ist anstrengend – für die Lehrer. Und entlastend für die Schüler. FU ist unverzichtbar und wird auch weiterhin, trotz und mit allem Wandel der Lernkultur, seinen angestammten Platz behalten. Bloß muss er (im Wochenmittel) keine 98% der Unterrichtszeit in Anspruch nehmen. Wolfgang Mattes hat zur allgemeinen Orientierung für eine Unterrichtswoche die 50%-Regel aufgestellt[13]. Ihr zufolge sollten nicht mehr als die Hälfte der Unterrichtszeit rein frontal durchgeführt werden. Dies schließt natürlich nicht aus, dass es Phasen in Unterrichtsreihen gibt, in denen die eine oder andere der vier Sozialformen dominiert.

> ☞ **Haben Sie immer wieder den Mut, diese gar nicht so neuen Methoden und Konzepte auszuprobieren.**

[12] Dies ist nur eine Kurzfassung. Wer mehr erfahren möchte: GUDJONS, HERBERT: Frontalunterricht, S. 27 ff.

[13] vgl. Mattes 2011, S. 29.

## 9.4 Hindernisse beim selbstgesteuerten Lernen

**Schüler müssen systematisch auf offene Lernformen vorbereitet werden; je schwächer sie im Lernen sind, umso mehr.**

Wenn Sie einfach mal so, ohne eine Klasse zu kennen, z. B. Gruppenarbeit ausprobieren, werden Sie schnell merken, ob die Schüler (gute) Vorerfahrungen darin haben oder nicht.

> *Lehrer und Schüler beherrschen das lektions- und lehrgangartige, frontale Lehren bzw. das entsprechende Lernen gewissermaßen ‚intravenös'. Wir haben jahrlange Lern- und Lehrerfahrungen, wir beherrschen das frontale 'Sprachspiel'. Die 'neueren' Lehr- und Lernformen müssen jedoch aufgebaut, erworben – und in längerfristigen Bemühungen gefestigt und optimiert werden.*
>
> Gasser [3]2008, S. 17

Ohne Einführung, und zwar schrittweise, in die „neuen" Methoden und Konzepte ist das Scheitern vorprogrammiert – vor allem in Schulen, in denen eine solche Lernkultur nicht herrscht, marginalisiert oder gar stigmatisiert ist.

> *Nicht übersehen werden darf die eher zunehmende ‚Konsumentenhaltung' vieler, vor allem älterer Schülerinnen und Schüler. Sie ziehen ein stärker passives Lernen vor und sind an eigenen, intensiven Lernaktivitäten (Unterrichtsverfahren) gar nicht interessiert.*
>
> *Verhängnisvoll wird die Entwicklung dort, wo Lehrkräfte – sei es resignierend oder aus Bequemlichkeit – diese Haltung akzeptieren und die Lernenden weder durch eine geschickte Motivation noch durch ein gutes Fading zu mehr selbständigen Lernaktivitäten hinführen.*
>
> Dubs [2]2009, S. 350 f.

Insofern ist es wichtig, die Studierenden wie die Schüler immer wieder auf die Ziele des Lernens hinzuweisen und Vereinbarungen zu treffen.

**Guter offener Unterricht ist schwierig.**

Beginnen Sie in der Schule in **kleinen Schritten**, z. B. nicht mit Gruppenarbeit mit fünf Teilnehmern, sondern mit Partnerarbeit; beginnen Sie nicht mit einem Stationenlernen über vier Wochen, sondern mit zwei Mini-Stationen zum Auswählen; beginnen Sie mit einer Doppelstunde (vom folgenden Kollegen erbeten) statt mit einem Projekt von zwei Tagen; beginnen Sie mit einer Auswahl unter zwei Hausaufgaben usw. Auch in der methodischen Planung Ihres Unterrichtsentwurfes sollten Sie davon ausgehen, dass vielfältige Erfahrungen bei den Lernenden nicht vorliegen, sodass Sie einführen und genau erklären müssen, wie was wie lang zu tun ist. **Motivationspsychologisch** gesehen sind Lernergebnisse, die durch offenen Unterricht bewirkt werden, wegen der hohen Selbständigkeit im Prozess neben der sozialen Eingebundenheit von hoher Wirksamkeit, weil sie **Selbstwirksamkeitserfahrungen** ermöglichen.

## Autonomie und Kompetenzerleben ermöglichen:

*Die amerikanischen Motivationspsychologen Deci und Ryan wiesen in zahlreichen Studien seit den 80er-Jahren nach, dass Menschen ein* ***Grundbedürfnis nach Autonomie und Kompetenzerleben*** *haben. Daher hängt auch die Leistungsmotivation unserer Schüler/innen ganz entscheidend davon ab, ob sie sich als selbstbestimmt wahrnehmen. Für den Lernerfolg ist es demzufolge wichtig, die* ***Arbeitsprozesse möglichst frei gestalten zu können****, wobei das Maß der zugestandenen Autonomie (als Selbstregulation) ganz deutlich mit dem Maß der bereits vorhandenen Kompetenzen korreliert:*

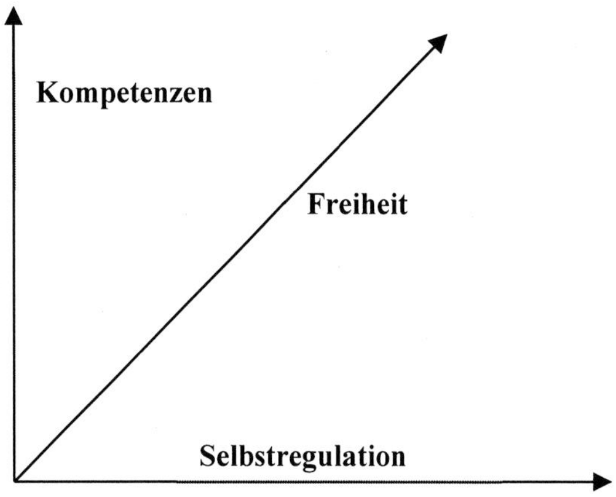


Abb. 9.1: Leistungsmotivation durch Autonomie

Brohm, Michaela: Motivation lernen. Das Trainingsprogramm für die Schule (Praxisband), Weinheim/Basel 2012, S. 17 (Abb.3).

## 10. Differenzierung

Dass die Schulen, und zwar alle Schularten, mit einer **heterogenen Schülerschaft** zu tun haben, dürfte allgemein bekannt sein. Dass relativ wenig oder gar nicht differenziert wird, vor allem in den Gymnasien, ist ebenso bekannt. Die schwierige Diskussion, wann und wieviel zu differenzieren ist, kann hier nicht geführt werden. Wenn Sie aber Differenzierungs- und Individualisierungsmöglichkeiten suchen, so sind sie einfach zu finden. Zwischen adaptivem Frageunterricht, der die jeweiligen Fähigkeiten des Lernenden an das Frageniveau anpasst, über unterschiedliche Hausaufgaben-Stellungen bis zur echten Freiarbeit sind viele Zwischenschritte möglich. So können Sie in den Fremdsprachen mehr oder weniger Vokabelerklärungen beifügen; in den naturwissenschaftlichen Fächern können in gleicher Weise Abbildungen und Modelle mehr oder weniger erläutert sein; in geisteswissenschaftlichen Fächern können mehr oder weniger Hilfsfragen zum Verständnis beitragen.

**Beispiel 10.1 zur Differenzierung**

*In der ersten Erarbeitungsphase lesen die Schülerinnen und Schüler je nach Leistungsniveau das stärker oder weniger stark annotierte dritte Kapitel der Erzählung in Einzelarbeit. [...] Um der Heterogenität der Lerngruppe (s. o.) weiterhin gerecht zu werden, geschieht die Erarbeitung des Leseverstehens differenzierend. Die Aufgabenstellung der leistungsschwächeren Schülerinnen und Schüler zeichnet sich dadurch aus, dass sie durch die allgemeinen Fragen qui?, où? und quoi? eine engere Führung zur Erschließung des Kapitels liefert. In einem Lerntempo-Duett (hier: arrêt de bus) erfolgt eine peer correction: Die Schülerinnen und Schüler vergleichen und korrigieren eigenständig ihre Ergebnisse.*

Helfrich, Caroline, 5. Unterrichtsbesuch Französisch, ZfsL Aachen, Seminar GyGe, 2017

Man kann didaktisch, aber auch methodisch differenzieren. So wäre z. B. die Bearbeitung eines Textes in eher abstrakter und eher konkreter Form möglich, die methodische Gestaltung könnte eher essayistisch oder nacherzählend sein, eher kreativ oder kommunikativ. Die Hausaufgaben können zwei verschiedene Lernwege vorschlagen, unter denen auszuwählen ist. In der *Wochenplanarbeit* oder im *Stationenlernen* lassen sich all die verschiedenen Aufgabentypen leicht kombinieren.

1. *Er [d. i. schülerorientierter Unterricht] verwirklicht innere Differenzierung, die durch das Faktum Heterogenität einzufordern ist.*

2. *Er sichert, dass starke bis hochbegabte Schüler/innen nicht durch einen Gleichtakt, wie er selbst in neu konzipierten frontalen Situationen auftritt, ausgebremst werden, sondern in ihren Lernprozessen individuell und deutlich schneller/ weiter voranschreiten können.*

3. *Er unterstützt schwächere Schüler, Lernleistungen besser zu erbringen und gleichzeitig zunehmend stärker selbstgesteuert arbeiten zu lernen.*

4. *Er setzt die Lehrkraft häufiger frei, sich Einzelnen individuell zuwenden und gezielte Unterstützung anbieten zu können.*

5. *Er unterstützt neben dem Aufbau fachlicher Kompetenzen ebenso den Aufbau methodisch-strategischer, sozialer und persönlicher Kompetenzen.*

*Diese Bilanz motiviert einmal mehr, Vertrauen in schülerorientierte Lernformen zu setzen – so sie kompetent gestaltet werden.*

Höke u. a. 2012, S. 382f.

Natürlich ist das ein Mehr an Vorbereitung. Sammeln Sie jedoch die differenzierenden Texte im PC, wird Ihnen nach einer gewissen Zeit ein Pool an Aufgabenstellungen zur Verfügung stehen, der die Arbeit erleichtert.

Für die Lernenden sind differenzierte Aufgaben Mutmacher. Sie helfen Selbstwirksamkeitserfahrungen zu erzeugen. (vgl. Kapitel 9) Lernende merken, dass sie etwas leisten können, was im Gehirn positive Emotionen erzeugt. Sie ersparen Frustrationen, die aus Über- oder Unterforderung entstehen.

Ein Allheilmittel sind sie allerdings nicht. Schulische, unterrichtliche und pädagogische Strukturen gehören dazu – besonders die Person der Lehrkraft und ihr Wunsch nach Förderung der Lernenden.

**Checkliste zur Differenzierung**

- Ist mir bekannt, welche Lernenden Differenzierungsmaßnahmen benötigen?
- Gibt es inhaltliche Differenzierungsmöglichkeiten?
- Gibt es methodische oder sozialformgemäße Differenzierungsmöglichkeiten?
- Kommen zuletzt die differenzierenden Aufgaben im Klassenkontext wieder zur Sprache?
- Gibt es Wahlmöglichkeiten?
- Gibt es differenzierenden Hausaufgaben (mit Wahlaufgaben)?

# 11. Hinweise zur Durchführung

## 11.1 Unterrichtsqualität

**Die Unterrichtsqualität korrespondiert in vielen Teilen mit der Erstellung eines guten Unterrichtsentwurfs.**

Keinesfalls aber garantiert der gelungene Entwurf eine erfolgreiche Durchführung. Was nutzt ein hervorragender Unterrichtsentwurf, wenn die Performanz nur mäßig ist. Fachwissen und didaktische Kompetenz sind etwas anderes als Handlungskompetenz. Zu viele kommunikative und interaktionale Elemente, zu viele pädagogische und strukturelle Bezüge wie Motivation, Volition, soziales und kulturelles Umfeld der Lernenden beeinflussen den Gang des Unterrichts. Denken Sie z. B. an eine 7. Stunde oder an eine zuvor geschriebene zweistündige Klausur, deren Auswirkungen man nur bedingt in die Analyse einplanen kann. Aber natürlich bahnt eine gute Vorbereitung mit einem gut geschriebenen Entwurf - allein schon durch die innere Sicherheit, die er gibt – gelingenden Unterricht an, ermöglicht ihn sogar. Da etliche **empirische Untersuchungen** zur Unterrichtsqualität vorliegen, können deren Kriterien für die Praxis genutzt werden. Zwei Kataloge seien hier vorgestellt, die schon im Entwurf zu bedenkenden Teile sind hervorgehoben:

10 Gütekriterien des Unterrichts nach Jank/Meyer (2002)

1. **Klare Strukturierung des Unterrichtsablaufes**
2. **Hoher Grad an „echter" Lernzeit der Schüler**
3. **Fachliche Korrektheit**
4. **Klar formulierte und kontrollierte Leistungserwartungen**
5. Erfolgreiche Steuerung der Schüleraufmerksamkeit
6. Lernfreundliche Arbeitsatmosphäre
7. **Methoden-Vielfalt**
8. Regelmäßiges und folgenreiches Schüler-Feed-back
9. **Stimmigkeit und Folgerichtigkeit didaktischer Entscheidungen**
10. **Anbahnung von Mündigkeit**

Bovet/Huwendiek 2004, S. 76

10 Haltungen nach John Hattie

1. **Ich rede über Lernen, nicht über Lehren**
2. **Ich setze Herausforderungen**
3. Ich sehe Lernzeit als harte Arbeit
4. Ich entwickle positive Beziehungen
5. **Ich benutze Dialog anstelle von Monolog**
6. Ich informiere alle über die Sprache des Lernens
7. **Ich bin ein Veränderungsagent**
8. **Ich bin ein Evaluator**
9. Schülerleistungen sind eine Rückmeldung für mich
10. Ich arbeite mit anderen Lehrpersonen zusammen

Zierer 2014, S. 108

Abb.: 11.1: Ergebnisse von empirischen Untersuchungen zur Unterrichtsqualität

## 11.2 Körpersprache

Dies kennen Sie vielleicht aus eigener Erfahrung: Eine Verkäuferin mit muffigem Gesicht kann einem den Einkauf verleiden! Dabei hätte sie vielleicht eine super Beratung geliefert.

> *Habe ich einen Körper oder bin ich mein Körper? Die englische Sprache hat für diese Identität eindeutige Begriffe. „Somebody" ist jemand, „nobody" ist niemand. Ohne Körper keine Existenz und kein Begriff von uns selbst.*
>
> Molcho 2003, S. 20

### 11.2.1 Ist Körpersprache wirklich wichtig?

***Man kann nicht nicht kommunizieren.***

So lautet das erste Axiom von Watzlawick. (Watzlawick u. a. 1985)

Lehrer brauchen sich somit die Frage nicht zu stellen, ob sie ihren Körper in der Garderobe abgeben können: sie **kommunizieren** immer! Wenn sie nicht reden, dann immer noch mit ihrem Körper. Selbst der zurückgezogene Aufenthalt am Fenster, die Arme verschränkt, den Blick immer mal wieder auf den Schulhof gerichtet bei einer Klassenarbeit hat für die schreibenden Schüler Signalcharakter. Wie viel mehr wirkt ein auf die Klasse gerichteter Blick, das Drannehmen mit einer Geste, das Nicken und Kopfschütteln, die hochgezogenen Augenbrauen oder das plötzliche Innehalten aller Bewegungen, wenn es zu laut wird. Routinierte Lehrer dirigieren mit ihrem Körper ganze Schulklassen!

Das hat mit dem zweiten Axiom von Watzlawick zu tun: „Jede **Kommunikation** hat einen Inhalts- und einen Beziehungsaspekt." Natürlich ist fürs Lernen die Sache vorrangig. Dennoch speichert unser Gehirn aber das ganze Drumherum mit, es ist neugierig und will Spannung.

Unser Körper ist so ein **Spannungsmacher** im Unterricht: Er unterstreicht mit Blickkontakt die Eindringlichkeit, er illustriert mit Gesten den Sachverhalt, er führt mit Mienenspiel in Höhen und Tiefen der Dramaturgie des Unterrichts.

**Die Körpersprache ist das Dirigat des Unterrichts.**

Sehen wir uns einen Dirigenten an: Er gibt Tempi, Lautstärke, Dynamik und Einsätze mit seinem ganzen Körper. (Es scheint übrigens gesundheitsfördernd zu sein, denn Dirigenten leben ziemlich lang.)

Und jetzt kommt die **Beziehung** ins Spiel. Wenn sich Orchester und Dirigent nicht mögen, spielen sie die Noten ab; ein Erlebnis wird das nicht. Wenn ein Lehrer seine Klasse nicht mag, verkrampft er, alle Bewegungsabläufe sind unharmonisch, seine Miene ist bitter, seine **Haltung** sucht den festen Standort, er wird seinen Körper nicht befreit agieren lassen. Wenn umgekehrt die Klasse den Lehrer nicht mag, wird sie die entsprechenden Signale verbal und noch viel mehr nonverbal (auch mit paralinguistischen Maßnahmen wie Betonungen, Pausen, Seufzen, Aufstöhnen oder Lachen) senden. Daraufhin geschieht beim Lehrer wieder das vorher Beschriebene: alle Bewegungsabläufe werden unharmonisch ... Freude am Lernen kommt so nicht auf.

**In dem kleinen Büchlein „Das kleine 1 x 1 des Unterrichtens" (Böhmann 2012) finden sich 4 Seiten zur (elementaren) Lehrersprache - dagegen 11 zur Körpersprache!**

Die **Körpersprache** verbessert in aller Regel die Lern- und Behaltensleistungen Ihrer Schüler oder Kommilitonen – in der Universität weniger, in der Schule mehr. Das hat etwas mit unserem Gehirn zu tun[14].

> *Interessanterweise sind Lehrkräften oft viele Techniken intuitiv bewusst. Um sie aber wirkungsvoll und zielorientiert einsetzen zu können, müssen sie systematisiert, reflektiert und geübt werden. Die Arbeit im Klassenzimmer wird dadurch nicht nur leichter, sondern macht Lehrkräften und Schülern (noch mehr) Freude und Spaß.*
>
> Nitsche 2012, S. 12

## 11.2.2 Alles wird interpretiert

Nonverbale **Kommunikation** ist ein in aller Welt gültiges Verständigungsmittel, das uns teilweise von Geburt an mitgegeben ist, dessen Beherrschung wir aber auch im Verlauf des Lebens lernen[15]. Wir glauben im Unterricht an der Sache zu arbeiten und vergessen unseren Körper.

> *Nur gelegentlich wird uns bewusst, in welchem Ausmaß nonverbales Verhalten unsere Wahrnehmung und unser Handeln [...] bestimmt. In Situationen, in denen wir versuchen, uns zu kontrollieren oder beim anderen dessen ‚wahre' Absichten zu erkennen, wird unsere Aufmerksamkeit gelegentlich bewusst auf nonverbales Verhalten gelenkt.*
>
> Rosenbusch/Schober 2000, S. 7

Man sollte sich bewusstmachen, dass Schüler unsere Verhaltensweisen stets interpretieren. (Ob sie wollen oder nicht – das machen sie intuitiv. Haben Sie in Erinnerung, wie schnell die Schüler auf Ihre neue Frisur reagieren?) Eine Laschi-Pose reduziert allein durch die **Haltung** die Bereitschaft der Schüler, sich zu engagieren. Das hat wieder etwas mit den Emotionen und mit Anspannung und „Lern-Lust" zu tun. Und das hat schon wieder mit unserem Gehirn zu tun. Ein für sein Fach oder die Sache **begeisterter und begeisternder Lehrer** reißt die Schüler mit Sprache und Auftreten mit. Die **Körpersprache** ist hier Indiz! Wenn also die Schüler unsere Person stets interpretieren – um wie viel mehr sollten wir das können. Und in der Tat: wir tun es. Einen in sich zusammengesunkenen Körper nehmen wir als belastet oder unglücklich wahr, den lässig die Arme über der Brust kreuzenden, sich im Stuhl zurücklehnenden Oberstufenschüler nehmen wir als vorläufige „Bedrohung" wahr, das zugewandte Gesicht seiner Nachbarin interpretieren wir als Interesse am Fach – je länger Sie im Beruf sind, umso eher und mehr wird dies gelingen. Leider ist es nicht so einfach: Ein Merkmal allein genügt nicht und eine Schnellschuss-Deutung muss nicht richtig sein. Der sich zurücklehnende Schüler, dem wir körpersprachlich Desinteresse unterstellten, erweist sich plötzlich als hellstes Köpfchen, der interessierte Nachbar als unendlicher Schwätzer. Und der ein oder andere, der bloß gelangweilt vor sich hin zu blicken scheint, schreibt zuletzt die beste Note. **Vorsicht vor vorschnellen Interpretationen!**

---

[14] Vgl. Brand, Matthias / Markowitsch, Hans J.: Lernen und Gedächtnis aus neurowissenschaftlicher Perspektive – Konsequenzen für die Gestaltung des Schulunterrichts, in: ULRICH, HERRMANN (Hrsg.): Neurodidaktik. Grundlagen und Vorschläge für gehirngerechtes Lehren und Lernen, Weinheim [2]2009, S. 74.

[15] Vgl. Rosenbusch, Heinz / Schober, Otto (Hrsg.): Körpersprache in der schulischen Erziehung. Pädagogische und fachdidaktische Aspekte nonverbaler Kommunikation, Hohengehren [3]2000, S. 7.

## 11.2.3 Die Elemente der Körpersprache

Dennoch gibt es einige universelle Verhaltensweisen, die relativ eindeutig sind. Wir wenden uns im Folgenden fünf elementaren Ausdrucksmöglichkeiten zu:

**Fünf wichtige Aspekte:**

1. Blickkontakt und Wendung an alle
2. Gestik
3. Mimik
4. Proxemik und Standort
5. Haltung

### 1. Blickkontakt

Die Fahrt im Lift mit anderen Menschen ist so ein Beispiel für Nicht-Nicht-Kommunikation. Zwar gibt es einen knappen Blickkontakt beim Betreten der Kabine, die meisten schauen sich danach jedoch nicht in die Augen, sondern studieren ganz ernsthaft das total interessante Design der Wand. Jeder, der andere länger anschaut, wird als zudringlich befunden; ist man selbst der Angeglotzte, ist einem das peinlich. In Studium und Schule gehört der **Blickkontakt** dagegen zur Beziehungspflege, zur Kontrolle der Lernvorgänge, insbesondere aber der Arbeitshaltung und zur **Wertschätzung** der Person. Menschen, die angeblickt werden, fühlen sich wertvoller. Sie haben überdies eine höhere Meinung von dem, der sie anblickt[16]. Beim Unterricht in der Schule kann darauf gar nicht verzichtet werden. Suchen Sie besonders im Gespräch stets einzelne Lernende fest anzublicken, nicht fahrig, nicht drüber weg, sondern 2-3 Sekunden (zählen Sie: 21, 22, 23). Anfangs ist einem das ganz ungewöhnlich, man hatte nie darauf geachtet.

Beim Unterrichten ist es unabdingbar aus den o. g. Gründen. Nehmen Sie alle mit auf Ihre Reise, beachten Sie die **Wendung an alle**. Es kann nicht angehen, dass Sie sich immer nur in die Mitte orientieren oder - was häufig unbewusst geschieht – zur Fensterseite sprechen. Auch vorne rechts und hinten links sitzen Menschen, die wertgeschätzt werden wollen. Ein Scheibenwischer-Blick ist natürlich zu vermeiden, ein intensives Anstarren hat eher disziplinarischen Effekt.

> *Ratsam ist es ferner, erst zu blicken, dann zu sprechen, den Blick also als Kommunikations-instrument bewusst einzusetzen. Dies gilt vor allem dann, wenn der Lehrer von einem Schüler oder von allen eine Antwort erwartet. Anfänger halten diese Blickpausen oft nicht durch, sondern reden schnell weiter. Antworten die Schüler nicht sogleich, wird eine nächste (ähnliche) Frage nachgeschoben, dann noch eine usw. Der Durchschnittswert der Wartezeit zwischen Lehrerfrage und Schülerantwort liegt bei ca. 0,9 Sekunden! (Gudjons 2007, 65) Damit wird die Chance einer Phase des Innehaltens und der konzentrierten Ruhe vertan!*
>
> Eichler 2008, S. 14

[16] Vgl. Rosenbusch, Heinz / Schober, Otto (Hrsg): Körpersprache in der schulischen Erziehung. Pädagogische und fachdidaktische Aspekte nonverbaler Kommunikation, Hohengehren ³2000, S. 37.

## 2. Gestik

Meist haben Novizen Probleme, was sie mit ihren Händen anfangen sollen, wenn sie vorne stehen. Die stören einen plötzlich ganz ungeheuer, was soll man damit bloß tun? Viele verfallen dann auf die Idee, sie in die Hosentaschen zu stecken oder sie vorm Oberkörper zu kreuzen. Keine gute Idee! Ersteres kann als allzu lässig und flapsig interpretiert werden: tatsächlich neigen Novizen dazu, die sich in ihrer Rolle noch nicht sicher sind, und erzeugen damit eine wenig zielführende „Kumpelhaftigkeit". Letzteres kann als Arroganz oder Desinteresse oder gar Ablehnung interpretiert werden, zumal es eine klassische Barriere darstellt, die Distanz aufbaut. Zuletzt sind da noch die „Kneter und Beter", die die Hände ineinanderlegen und reiben, krampfen oder gar fausten.

Nutzen Sie Ihre Arme und Hände zu einer **illustrierenden Gestik** mit eher weiten, offenen und ruhigen Bewegungen; gehen sie in Richtung der Schüler, sind die Handflächen eher offen (stärker nach oben gerichtet). Haben Sie keine Scheu und beobachten Sie sich einmal selbst, wie geschickt Ihr Körper sinnige Formen und Figuren zum Text (oder zu Ihrem Engagement!) bilden kann. Denn das Gegenteil, die Hände einfach und permanent am Körper herabfallen zu lassen, wird als langweilig und wenig Interesse weckend empfunden, zumal dabei meist der Körper auch noch zusammensinkt.

## 3. Mimik

Eine freundliche Mimik hilft Schülern beim Lernen. Die Rolle der Emotionen ist inzwischen bekannt. Permanentes Lächeln („Dauergrinsen") ist allerdings ebenso nützlich wie der böse Blick – nämlich gar nicht. Der Ausdruck unseres Gesichts und der Augen sind die am wenigsten zu beeinflussenden Komponenten in der **Körpersprache**. Wenn Sie nicht so gut drauf sind, versuchen Sie einen neutralen mimischen Ausdruck – mehr muss nicht sein. Zwang wirkt widersprechend und wird sofort entlarvt.

## 4. Proxemik und Standort

Sie kennen es alle: das Hinterbänklertum. Welche Sitzplätze werden im Hörsaal als erste besetzt? Die hintersten – so war es schon in der Schule. Wo setzt man sich im Wartezimmer hin? In eine Lücke ohne Patienten rechts und links. Die Proxemik beschreibt die Distanzzonen zwischen Menschen. In der Universität pflegen wir die **Ansprachedistanz** (3-4 m). Bei Gruppenarbeiten o. Ä. gehen Sie in nähere Distanzzonen, z. B. in die **persönliche Distanz** (0,6-1,5 m), ohne in die Intimdistanz zu dringen. Darüber muss man nicht mehr sagen. Interessanter sind die Standorte. Wir kennen den **statischen Standort**, der sich vor dem Pult befindet und Autorität ausstrahlt. Bitte vermeiden Sie möglichst den statischen Standort *hinter* dem unbeweglichen Pult; er wirkt wie eine Distanzsperre.

Daneben kennen wir den **dynamischen Standort**, der sich im goldenen Schnitt befindet. Damit ist man einmal den linken und einmal den rechten Lernenden näher. Dann gelingen **Blickkontakt** und Wendung auch besser und Abwechslung macht den Unterricht spannender, insbesondere wenn sie thematische Wechsel auch mit Standortwechsel (dennoch weitersprechen!) verbinden.

## 5. Haltung

Allzu lässige **Haltungen**, gar das Anlehnen an Wand und Tafel, sind einer offenen **Kommunikation** nicht dienlich. Den zusammengesackten Körper erleben wir als schwach, wenig vertrauenswürdig. Warum sollte man ihm zuhören, wenn er selbst scheinbar von seiner Sache nicht überzeugt ist. Eine gewisse Körperspannung ist in diesem Beruf unerlässlich, weshalb fünf Stunden Unterricht auch ziemlich stark ermüden. Genauso wenig hilft den Schülern offensichtliche Dominanz, wenn Sie mit geschwellter Brust und erhobenem Haupt als Oberlehrer auftreten. Das korrespondiert dann in der Regel mit der Sprache. Noch etwas zum Sitzen auf dem Pult. Im Ganzen darauf zu sitzen, ist so eine Sache. Es wird gelegentlich sein Recht haben. Besser ist stets der freie Stand, der Offenheit und Lockerheit signalisiert. Anlehnen kann als Distanzierung (Fluchttendenz) oder als Nonchalance interpretiert werden, die die Zuhörer in ähnliche Beliebigkeitszustände bringen kann. Im Unterricht geht es aber um Konzentration und Aufmerksamkeit, die damit behindert werden.

**Kann man Körpersprache lernen?**

*Ja!*

Sie lernten ja auch korrektes Verhalten im Straßenverkehr. Oder Sie haben ein Instrument zu beherrschen gelernt, das ihren Händen einige Übung abverlangt hat. Wenn sowieso nie nicht kommuniziert wird, warum sollte man sich dieses Mittels nicht zu Erhöhung der Effektivität bedienen – warum sollte man nicht Fehler zu vermeiden lernen?

Wenn Sie einmal für Körpersprache sensibilisiert sind, wird Ihnen bei Ihren Kommilitonen, Mitreferendaren oder Lehrern eine ganze Menge auffallen. Einen Teil kann man auch für sich gebrauchen und umzusetzen versuchen. Vor allem Übersprungshandlungen wie Haare wischen, Nase reiben oder am Arm reiben wird man sich wie das Hände kneten oder mit dem Kuli spielen abgewöhnen, weil Sie schlicht und einfach die Schüler ablenken.

**Muss ich jetzt schauspielern?**

*Nein*, oder besser *Jein!*

Körper, Geist und Seele bilden eine Einheit. Es muss alles im Rahmen Ihrer Gesamtpersönlichkeit bleiben. Sich allerdings zu versteifen auf „Der bin ich und basta!“ ist wenig professionell. Sie lernen doch in der Didaktik auch dazu – eigentlich lernen Lehrer immer!

> ☞ **Körpersprache lässt sich trainieren.**

## 11.3 Humor und Enthusiasmus

Nehmen wir an, Sie möchten einen Fernseher kaufen. Im ersten Geschäft stehen Sie vor einem Gerät, das Ihnen zusagt – und warten... Den neben Ihnen Geräte auspackenden Verkäufer müssen Sie dann schließlich um Beratung bitten, um weitere Informationen zu erhalten. Er gibt sie lustlos, mit verschränkten Armen vorm Körper, schaut über Sie hinweg; scheinbar ist ihm das Auspacken wichtiger. Nach einem Scherz Ihrerseits zuckt er nicht einmal mit der Wimper. Will er nicht oder kann er nicht anders? Keine gute Atmosphäre. Allerdings ist der Preis mit 274 € sensationell. Sie gehen ins zweite Geschäft. Ein freundlich lächelnder Mensch begrüßt Sie, als Sie vorm gleichen Gerät stehen. Er bewegt sich mit lebhaften Gesten, ist Ihnen zugewandt, zeigt die Funktionen; er scheint von dem Modell selbst überzeugt zu sein. Bloß ist der Preis hier 299 €... Wo werden Sie das Gerät kaufen? Richtig: 85 % der Käufer nehmen den Mehrpreis in Kauf wegen der ansteckenden Atmosphäre. Sie werden sich selbst mit dem Preis belügen und irgendeinen Vorteil finden – vielleicht ist an der Charge beim andern Verkäufer ja etwas faul. So ähnlich geht es mit Humor und Enthusiasmus im Unterricht. Sie sind das Salz und der Pfeffer der Interaktion. Natürlich lässt sich alles diätetisch essen, doch erst Salz und Pfeffer geben die Würze, ja heben den Geschmack.

☞ **Humor ist eine Einstellung, zu der man sich gelegentlich selbst motivieren muss.**

Humor entstammt einer grundsätzlichen Bejahung der Welt – mit oder ohne Glauben – sowie der Kinder und Jugendlichen (bzw. erwachsenen Lernenden). **Aufgeschlossenheit** für Neues und Freude am Erfolg der Lernenden schaffen eine Haltung der **Gelassenheit** und lassen selbstkritische Distanz zu. Diese Einstellung zeigt sich weder in Dauerlächeln noch im Witzereißen, es handelt sich um eine Grundhaltung, aus der Enthusiasmus, Liebe zum Fach und Interesse an den Lernenden von selbst wachsen. Die **Begeisterung für sein Fach** wirkt ansteckend. Bedenken Sie, dass viele Lehrer ihr Studienfach wegen ihrer Lehrer gewählt haben.

Enthusiasmus wird nicht spürbar durch Herumspringen, rasantes Tempo oder scheinbar unbändige Begeisterung, ohne dass man innerlich **engagiert** ist.

> *Das Fehlen von jeglichem Enthusiasmus dürfte auf Schülerseite auf Dauer zu Langeweile und Monotonie führen, und ein Höchstmaß an Enthusiasmus könnte zwar vorübergehend als unterhaltsam und ‚spannend' wahrgenommen, im Extremfall jedoch als ...unpassend, ‚uncool' oder peinlich empfunden werden (McKinney, Larkins, Kazelis, Ford, Allen & Davis, 1983).*
>
> Helmke 2003, S. 51

Humor und Enthusiasmus sind Salz-und Pfeffer-Partner, im Gasthaus findet sich das eine nicht ohne das andere. Senf und Zahnstocher lassen wir nur für unsere „Lieblingsklasse" zu. Die Eigenschaften Humor und Enthusiasmus aktivieren die **Aufmerksamkeit** und fördern das **Behalten** von Unterrichtsinhalten. Abgesehen davon, dass Lernende in emotional gelöster Atmosphäre leichter und besser lernen. Zudem entschärfen sie in aller Regel stressvolle Situationen.

## 11.4 Fragetechnik

Erinnern Sie sich an die Darstellung von Lehren und Lernen im Kapitel B: Sie führen den Unterricht *entlang dem Denken der Lernenden.* Wenn Sie für Ihre UE in bestimmten Phasen einen Frageunterricht einsetzen, soll das Gespräch in diesem Sinne eine **Suchbewegung** sein. Sie verraten wenig. **Sie geben Impulse. Auch Fragen sind Impulse – also Denkanstöße.** Dabei gilt die Regel der minimalen Hilfe. Denken Sie an Lew S. Wygotskis, russ. Psychologe (1896-1934), *zone of proximal development.* Wenn Sie mehr sagen müssen, nehmen Sie den Lehrervortrag, der im Übrigen eine Kunst ist, da er strukturiert, lebendig und anschaulich sein soll.

**Funktionen der Lehrerfragen:**

1. Sie führen Aufmerksamkeit und Interesse herbei.
2. Sie dienen der Diagnose und Kontrolle.
3. Sie rufen Fakten in Erinnerung.
4. Sie regen Denkprozesse an.
5. Sie lenken und strukturieren das Lernen.
6. Sie ermöglichen den Ausdruck von Affekten.

nach Dubs [2]2009, S. 45

Die **dialogische Instruktion** ist besonders geeignet, um Wissen zu vernetzen und in größere Zusammenhänge einzuordnen. Leider basiert bei den meisten Menschen die Fiktion, man könne damit alle erreichen

Dass dem nicht so ist, zeigt Ihnen schon allein die Mitarbeit Ihrer Kommilitonen, die erfahrungsgemäß unterschiedlich ausfällt.

Schuld daran sind unter anderem auch langweilige anspruchslose Fragen. Dabei gibt es eine ganze Menge von Fragearten: So unterscheidet man Wissens- und Denkfragen, enge und weite Fragen, konvergente und divergente Fragen**, die je nach Ziel und Zielgruppe variant eingesetzt werden können.** Ihre Fragen sollen kurz und prägnant sein (*9-Wörter-Regel*) – kein Nachschieben von Informationen, keine Verbesserungen, keine zweite oder gar dritte Frage im Nachklapp! **Also: Klarheit statt Verwirrung!** Zeit lassen zum Nachdenken: Zählen Sie ruhig innerlich 21 – 22 – 23, bevor Sie jemanden aufrufen. Die Rückmeldung nicht vergessen. Das kann ein Nicken sein und sollte nicht das *perpetuum mobile* von „Ja“, „Super“, „Genau“ oder „Prima“ sein. Das Weiterverarbeiten der Antwort ist schwierig, man lernt es durch Übung. Denn im Moment der Antwort laufen viele Prozesse ab:

- War die Antwort richtig?
- Fehlte noch etwas?
- Muss ich etwas korrigieren? Wenn ja, wie viel?
- Wo will ich hin?
- Was kommt als nächstes? (Denkanstöße!!!)
- Wie formuliere ich das?

Und so geht es in einem fort. Ein Frageunterricht im **gelenkten Verfahren** ist ein schwieriger Steuerungsprozess. Noch schwieriger ist das **fragend-entwickelnde Verfahren,** da Sie die Impulse inhaltlich noch weiter minimieren.

Das fragend-entwickelnde Verfahren fördert Dialoge, *„in denen die Lernenden ihr Wissen mit Hilfe der Lehrkraft selbst konstruieren und ihre Denkprozesse unter geschickter, zurückhaltender Anleitung selbst vollziehen."*[17]

Keine Angst – man lernt das Unterrichtsgespräch durchs Tun und wird darin immer sicherer!

## 11.5 Übergänge und Gelenke

Setzen Sie bewusst sprachlich formulierte Übergänge zwischen den verschiedenen Phasen. Kein Palavern, sondern zusammenfassend oder weiterführend.

Damit fällt es den Lernenden leichter, die Dinge zu systematisieren und zu kategorisieren; andernfalls entsteht Diffusion. Denken Sie an einen *joint*. Das ist zum einen, was Sie jetzt denken, zum anderen Französisch und bezeichnet eine Fuge im Mauerwerk. Stein auf Stein hält schlecht, der Mörtel verbindet. Nur durch die *joints* entsteht ein Ganzes. Und das ist schließlich das Ziel von Bildung: nicht isoliertes Einzelwissen (Stein), sondern der komplexe Gesamtüberblick (die Mauer).

## 11.6 Gruppenarbeit

Gruppenarbeit ist inzwischen Standard in allen Bildungseinrichtungen. Eigene Literatur zum Gelingen der kooperativen Lernformen empfiehlt sich; hier folgen lediglich einige praktische Anmerkungen.

Erwachsene sind eher bereit zusammenzuarbeiten; bei Schülern spielen Neigungen und Sympathien eine Rolle. Die ersten Gruppenarbeiten sollte man mit sich freiwillig bildenden Mitgliedern beginnen. Gruppengrößen von 3-4 Mitgliedern sind optimal; jede Vergrößerung der Gruppe erschwert die Kommunikationsstrukturen. So beschränken Sie auch die thematischen Schwerpunkte.

Beginnen Sie mit kurzen Gruppenarbeitsphasen. Bestimmen Sie den Präsentierenden erst zum Schluss. Daher sollten alle mitschreiben und darauf vorbereitet sein. Zwei oder drei Gruppen können arbeitsgleiche Aufträge haben. Setzen Sie sie im Raum verteilt. Ein (wie auch immer) schriftlich fixierter Arbeitsauftrag und eine Ergebnissicherung gehören dazu.

---

[17] Dubs $^{2}$2009, S. 89.

## 11.7 Karteikarten

Karteikarten können nützlich sein, wenn sie aus Karton sind. Das A5-Format ist ideal. Die (wenigen) Karten müssen nummeriert sein, Überschriften und thematische Schwerpunkte sollten großgeschrieben sein. Überhaupt: je weniger auf der Karte, umso weniger Unsicherheit. Ablesen muss vermieden werden. Schreiben Sie Leitfragen, wichtige Gelenkfragen und wenige weiterführende Fragen ruhig wörtlich auf: die darf man dann auch schnell überblicken, bevor man sie stellt.

## 11.8 Loben

Loben kann übertrieben wirken, wenn es ständig, zumal in der „Prima"- und „Toll"- Variante erfolgt. Es nutzt sich ganz schnell ab und wird wirkungslos, weil es nicht mehr glaubwürdig ist. Loben Sie, wo es - für diesen Lernenden – eine besondere Leistung ist, und zwar konkret (spezifisch) und eben nicht mit dem uniformen „Super!", was in den meisten Fällen nicht angemessen ist. Eine richtige Antwort muss auch nicht echohaft stets als „Richtig!" bezeichnet werden; nicken Sie und schreiten Sie einfach weiter im Konzept.

> ***Intrinsisch motivierte Schüler*** *benötigen* ***wenig Fremdbekräftigung****; ihnen genügt die umgehende Rückmeldung über ein erzieltes Handlungsergebnis zur Selbstbekräfigung.* ***Extrinsisch motivierte Schüler*** *und solche, die sich an unrealistischen Gütestandards orientieren, sind dagegen* ***von Fremdbekräftigung abhängig****. Bei ihnen können Lob und Tadel zur besseren Motivierung beitragen, wenn der Lehrer den individuell erreichten Leistungsstand berücksichtigt und Tadel an ungenügende Anstrengung, Lob an realisierte Fähigkeiten knüpft.*
>
> Bovet/Huwendiek 2004, S. 285

## 11.9 Zeitmesser

Uhren oder Smartphones auf dem Lehrertisch sind übliche Hilfen und hilfreich. Ihre Anzeige jedoch muss sichtbar bleiben und darf sich nicht ausschalten. Insofern sind die guten alten Analoguhren evtl. besser. Kleben Sie kleine Markierungen auf das Glas, das gibt Sicherheit.

## 11.10 Tipps beim Halten der Stunde

☞ **Einige Tipps, die Sie während Ihrer Präsentation beherzigen sollten:**

1. Ein freundliches Auftreten ist „die halbe Miete", wertschätzender Umgang ist selbstverständlich. Sehr vornehme und höfliche Arbeitsaufträge in Konjunktivform mit stetem „würdest du" und „bitte" können nerven. Schließlich befindet man sich in einer Arbeitsgemeinschaft. Allzu viele solcher Äußerungen könnten auf Unsicherheit schließen lassen.
2. Nach Fragen warten, warten, warten! Nicht den ersten sofort drannehmen. „Funkstille" aushalten lernen. W-Fragen sind nicht verboten.
3. Sehr aktive Vielredner vorübergehend „parken". Bei Passivität ruhig jemanden drannehmen; keine Angst: er oder sie nimmt es Ihnen nicht übel.
4. Doppel- und Kettenfragen strikt vermeiden. Sie schaffen Diffusion. Lieber eine falsch gestellte Frage stehen lassen („auf die Zunge beißen"), als in zwei Erklärungs-Erläuterungs-Verbesserungs-Nachklappen alles verwirren. Das Lehrerecho (d. h. wörtliches Wiederholen ohne Weiterführung) ist verboten.
5. Bei richtigen Antworten, die aber die Begrifflichkeit nicht formulieren, nicht unbedingt zurückgeben „Wie würdest du das formulieren?", sondern mit dem von ihnen genannten Begriff weiterarbeiten.
6. Bei Arbeitsaufträgen Zeitvorgabe geben. Nicht-intervenierend rundgehen und sich vom Stand der Arbeiten überzeugen; so kann man gezielt gelungene Beiträge aufrufen! Drei Minuten vor Schluss nachfragen, wie lange noch gebraucht wird; keine Ewigkeit verlängern.
7. Arbeitsaufträge/Aufgaben ganz konkret, eher eng und eindeutig formulieren. Bei Texten am besten in 2-3 Leitfragen. (Manchmal aber sind weite Aufgaben sinnvoll.)
8. Für den OHP große Schrifttype wählen (mindestens 20pt, 24pt ist besser). Scharfstellen als erster Akt immer nötig. Nicht zum OHP-Projektor sprechen oder mit der Hand an der Wand zeigen. Folien nach und nach aufdecken. Zeigen Sie gelegentlich, wo Sie gerade sind, mit einem Stift auf der Folie.
9. Nicht gleichzeitig mehrere Impulse, also z. B. Aufgabenstellung + Austeilen von Texten. Aufmerksamkeit herstellen.
10. Aufmerksamkeit einfordern: Ggfs. durch Begrüßungsrituale zu Beginn der Stunde.

## 11.11 Evaluation und Reflexion

In der Regel sind Sie selbst nach jedem Unterrichtsbesuch zuerst dran, Ihre Unterrichtsstunde zu analysieren. Sie stellen mit einer ausführlichen Selbstreflexion Ihre Analysefähigkeit unter Beweis. Üben Sie hierin eine **sachliche Stellungnahme**, die nicht bloß subjektive Befindlichkeiten („...hat mir gut gefallen") und allgemeine Zufriedenheit („...ist super gelaufen") ausdrücken – aber halten Sie auch nicht alles für misslungen. Beides ist wenig professionell und hilft weder Ihnen noch den anderen. Differenzieren Sie auf einzelne (nicht alle!) Punkte.

**Checkliste für die Durchführenden zur Selbstreflexion**

Sie können zu angestrebtem Ziel und Ergebnis folgender Items Stellung beziehen:

- Sind die einzelnen Lernziele erreicht?
- Wie war die Mitarbeit der Lernenden? Warum?
- War die jeweils gewählte Methode geeignet?
- Waren die Medien wirksam, zu viel (einzeln durchgehen)?
- Wie war meine Fragetechnik/mein Umgang mit Antworten?
- Wie ist die Problematisierung gelungen?
- Griffen die Phasen logisch ineinander? Waren Übergänge da?
- Ist das Tafelbild/die Folie eine echte Sicherung?
- Wo oder wann hätte ich anders handeln können/sollen?
- Was ist mir zur Körpersprache aufgefallen?

## 12. Literatur

### Überblickswissen

BOVET, GISLINDE/HUWENDIEK, VOLKER (HRSG.): Leitfaden Schulpraxis. Pädagogik und Psychologie für den Lehrberuf, Berlin [6]2011.

DUBS, ROLF: Lehrerverhalten, Stuttgart [2]2009.

GANZ, GÜNTER: Das Referendariat. Praxishandbuch für den pädagogischen Vorbereitungsdienst, Baltmannsweiler 2017.

HELMKE, ANDREAS: Unterrichtsqualität und Lehrerprofessionalität. Diagnose, Evaluation und Verbesserung des Unterrichts, Seelze 2010.

KLIEBISCH, UDO W./MELOEFSKI, ROLAND: Lehrersein. Erfolgreich handeln in der Praxis, Bd. 1-2, Baltmannsweiler [6]2013, Bd. 3, Baltmannsweiler 2012.

KRON, FRIEDRICH W./JÜRGENS, EIKO/STANDOP, JUTTA: Grundwissen Didaktik, München [6]2014.

WELLENREUTHER, MARTIN: Lehren und Lernen – aber wie? Ein Studienbuch für das Lehramt, Baltmannsweiler [9]2019.

ZIERER, KLAUS: Leitfaden Schulpraktikum, Baltmannsweiler [5]2017

### Allgemeine Didaktik

ARNOLD, KARL-HEINZ (HRSG.): Handbuch Unterricht, Bad Heilbrunn [2]2009.

BECKER, GEORG E.: Planung von Unterricht, Bd. 1: Handlungsorientierte Didaktik, Weinheim [10]2012.

BECKER, GEORG E.: Unterricht durchführen, Bd. 2: Handlungsorientierte Didaktik, Weinheim [8]1998.

BIERI, PETER: Wie wäre es, gebildet zu sein? Festrede. Pädagogische Hochschule Bern: 04.11.2005. (http://www.uni-trier.de /fileadmin/fb1 /prof/PAD/BW1/pdf/ Pruefungs-literatur_BW/Festrede_P._ Bieri.pdf).

BLOOM, BENJAMIN S. u .a.: Taxonomie von Lernzielen im kognitiven Bereich, Weinheim 1972.

BÖHMANN, MARC: Das kleine 1x1 des Unterrichtens, Weinheim 2012.

BÖHMANN, MARC: Kursbuch Schulpraktikum. Unterrichtspraxis und didaktisches Grundwissen, Weinheim [2]2008.

BROHM, MICHAELA: Sozialkompetenz und Schule. Theoretische Grundlagen und empirische Befunde zu Gelingensbedingungen sozialbezogener Interventionen, Weinheim/München 2009.

BROHM, MICHAELA: Motivation lernen. Das Trainingsprogramm für die Schule (Praxisband), Weinheim/Basel 2012.

BROHM, MICHAELA: Positive Psychologie für die Schule. Die Glücksrevolution für den Schulalltag, Weinheim/Basel 2015.

BROHM, MICHAELA: Motiviert studieren. Paderborn/Stuttgart 2015.

BROHM, MICHAELA: Positive Psychologie in Bildungseinrichtungen. Für Führungskräfte (essentials). Wiesbaden 2016.

BROHM, MICHAELA: Werte, Sinn und Tugenden als Steuerungsgrößen und Organisationen. Für Führungskräfte (essentials). Wiesbaden 2016.

EICHLER, DAGMAR: Körpersprache im Frontalunterricht. Körperstellung Blickkontakt-Mimik und Gestik, in: Pädagogik, Jg. 60 (11), 2008, S. 12-15.

ESSLINGER-HINZ, ILONA/WIGBERS, MELANIE U. A.: Der ausführliche Unterrichtsentwurf, Weinheim 2013.

GLÖCKEL, HANS: Vom Unterricht. Lehrbuch der Allgemeinen Didaktik, Bad Heilbrunn [4]2003.

GRELL, JOCHEN/GRELL, MONIKA: Unterrichtrezepte, Weinheim [12]2010.

HATTIE, JOHN: Visible Learning. A synhesis of over 800 meta-analyses relating to achievement. London/New York 2009. Dt. Ausgabe: ders.: Lernen sichtbar machen für Lehrpersonen, überarbeitet von W. Beywl und K. Zierer, Baltmannsweiler [3]2014.

HEIDEMANN, RUDOLF: Körpersprache im Unterricht. Ein Ratgeber für Lehrende, Wiebelsheim [10]2012.

HEIMANN, PAUL/OTTO, GUNTER/SCHULZ, WOLFGANG: Unterricht. Analyse und Planung, Hannover 1965.

HELMKE, ANDREAS: Unterrichtsqualität – erfassen, bewerten, verbessern. Seelze 2003.

HÖKE, JULIA/HILLE, KATRIN/KANSTEINER-SCHÄNZLIN, KATJA: Lehrerzentrierter versus schülerorientierter Unterricht, in: Unterrichtswissenschaft, Jg. 40 (4), 2012, S. 371-384.

JANK, WERNER/MEYER, HILBERT: Didaktische Modelle, Frankfurt [3]1994.

KLAFKI, WOLFGANG: Didaktische Analyse als Kern der Unterrichtsvorbereitung. Siehe in: ROTH, HEINRICH / BLUMENTHAL, ALFRED (HRSG.): Auswahl. Grundlegende Aufsätze aus der Zeitschrift Die deutsche Schule, Hannover 1964. (im TRiCAT zu finden unter: „Auswahl. Reihe A“)

KOSTKA, MICHAEL / KÖSTER, PETER: Kompetent unterrichten, Stuttgart 2005.

KRONER, BERND / SCHAUER, HERBERT: Unterricht erfolgreich planen und durchführen. Der Ratgeber aus der Praxis für die Praxis, Köln 1997.

MAGER, ROBERT F.: Lernziele und programmatischer Unterricht, Weinheim / Basel 1965.

MARTIAL, INGBERT VON / BENNACK, JÜRGEN: Einführung in schulpraktische Studien. Vorbereitung auf Schule und Unterricht, Baltmannsweiler [8]2004.

MEYER, ERICH: Zur allgemeinen Unterrichtslehre, Leipzig-Berlin 1913.

MEYER, HILBERT: Leitfaden zur Unterrichtsvorbereitung, Frankfurt 1983.

MEYER, HILBERT: Was ist guter Unterricht, Berlin 2004.

MEYER, MEINERT A.: Didaktik für das Gymnasium. Grundlagen und Perspektiven, Berlin 2000.

MILLER, REINHOLD: Lehrer lernen. Ein pädagogisches Arbeitsbuch, Weinheim [4]2007.

MOLCHO, SAMY: Körpersprache, München 2003.

MÜHLHAUSEN, ULF / WEGNER, WOLFGANG: Erfolgreicher Unterrichten, Baltmannsweiler 2010.

NITSCHE, PEARL: Nonverbales Klassenzimmermanagement. Ohne viele Worte das Klassenzimmer managen, in: Pädagogik, Jg. 64 (10), 2012, S. 12.

PETERßEN, WILHELM H.: Handbuch Unterrichtsplanung. Grundfragen – Modelle – Stufen – Dimensionen, München [9]2000.

ROSENBUSCH, HEINZ / SCHOBER, OTTO (HRSG.): Körpersprache in der schulischen Erziehung. Pädagogische und fachdidaktische Aspekte nonverbaler Kommunikation, Hohengehren [3]2000.

TERHART, EWALD: Lehr-Lern-Methoden. Eine Einführung in Probleme der methodischen Organisation von Lehren und Lernen, Weinheim $^{4}$2005.

WATZLAWICK, PAUL / BEAVIN, JANET / JACKSON, DON D.: Menschliche Kommunikation, Bern/Stuttgart $^{7}$1985.

ZIERER, KLAUS: Hattie für gestresste Lehrer, Baltmannsweiler 2014.

## Neue Lernkultur

BAUER, ROLAND (HRSG.): Schule als Lern- und Lebensort gestalten, Berlin 2001.

BAUER, ROLAND: Schülergerechtes Arbeiten in der Sekundarstufe I: Lernen an Stationen, Berlin 1997.

BOHL, THORSTEN: Prüfen und Bewerten im Offenen Unterricht, Weinheim $^{4}$2009.

FREY, KARL: Die Projektmethode, Weinheim $^{9}$2002.

GEBAUER, KARL (HRSG.): Anders lernen. Modelle der Zukunft, Düsseldorf 2005.

GASSER, PETER: Neue Lernkultur. Eine integrative Didaktik, Oberentfelden, $^{3}$2008.

GUDJONS, HERBERT: Neue Unterrichtskultur – Veränderte Lehrerrolle, Bad Heilbrunn 2006.

GUDJONS, HERBERT: Handlungsorientiert lehren und lernen. Schüleraktivierung – Selbst-tätigkeit - Projektarbeit, Bad Heilbrunn $^{7}$2008.

GUDJONS, HERBERT: Frontalunterricht – neu entdeckt. Integration in offene Unterrichts-formen, Bad Heilbrunn $^{3}$2011.

HAARMANN, DIETER (HRSG.): Wörterbuch Neue Schule, Weinheim 1998.

HERBART, JOHANN FRIEDRICH: Unterricht als Ergänzung von Erfahrung und Umgang. In: Meyer, Erich (Hg.): Zur allgemeinen Unterrichtslehre, Leipzig/Berlin 1913.

HERRMANN, ULRICH (HRSG.): Neurodidaktik. Grundlagen und Vorschläge für gehirngerechtes Lehren und Lernen, Weinheim $^{2}$2009.

KLIPPERT, HEINZ: Heterogenität im Klassenzimmer, Weinheim 2010.

KONRAD, KLAUS/TRAUB, SILKE: Kooperatives Lernen. Theorie und Praxis in Schule, Hochschule und Erwachsenenbildung, Baltmannsweiler $^{6}$2016.

KONRAD, KLAUS/TRAUB, SILKE: Selbstgesteuertes Lernen. Grundwissen und Tipps für die Praxis, Baltmannswweiler 2018.

KUNZE, INGRID/SALZBACHER, CLAUDIA: Individuelle Förderung in den Sekundarstufen I +II, Baltmannsweiler $^{5}$2018.

MATTES, WOLFGANG: Routiniert planen – effizient unterrichten. Ein Ratgeber, Paderborn 2006.

MENTS, MORRY VAN: Rollenspiel effektiv, München $^{3}$1998.

PRECHT, RICHARD DAVID: Anna, die Schule und der liebe Gott. München 2013.

REICH, KERSTEN: Konstruktivistische Didaktik. Lehr- und Studienbuch mit Methodenpool, Weinheim $^{4}$2008.

ROUSSEAU, JEAN-JACQUES: Emile oder über die Erziehung, hrsg. v. Martin Rang, Stuttgart 1963.

STADLER-ALTMANN, ULRIKE (HRSG.): Neue Lernkultur – Neue Leistungskultur, Bad Heilbrunn 2008.

TOMAN, HANS: Wege zur Verlebendigung des Unterrichts. Zur Theorie und Praxis alternativer Lernformen. Praxishilfen für den Unterricht, Baltmannsweiler $^{2}$2016.

VAUPEL, DIETER: Das Wochenplanbuch für die Sekundarstufe, Weinheim 1995.

VOß, REINHARD / AUFSCHNAITER, STEFAN VON (HRSG.): Die Schule neu erfinden. Systemisch-konstruktivistische Annäherungen an Schule und Pädagogik, Neuwied [4]2002 (darin bes. die Aufsätze von Brügelmann, Hans).

WALLRABENSTEIN, WULF: Offene Schule – offener Unterricht. Ratgeber für Eltern und Lehrer, Reinbek bei Hamburg [2]1991.

WIECHMANN, JÜRGEN (HRSG.): Zwölf Unterrichtsmethoden. Vielfalt für die Praxis, Weinheim 2006.

## Unterrichtsmethodik

BRENNER, GERD/BRENNER, KIRA: Fundgrube. Methoden I. Für alle Fächer, Berlin [2]2007.

BRÜHNE, THOMAS/SAUERBORN, PETRA: DER UNTERRICHTSEINSTIEG, BALTMANNSWEILER [4]2018

CECIL, NANCY LEE: Mit guten Fragen lernt man besser. Die besten Fragetechniken für den Unterricht, Mülheim an der Ruhr 2008.

GREVING, JOHANNES / PARADIES, LIANE: Unterrichtseinstiege. Ein Studien- und Praxisbuch, Berlin [2]1997.

GUGEL, GÜNTHER: 2000 Methoden für Schule und Lehrerbildung. Das Große Methoden-Manual für aktivierenden Unterricht, Weinheim 2011.

HEPTING, ROLAND: Zeitgemäße Methodenkompetenz im Unterricht. Eine praxisnahe Einführung in neue Formen des Lehrens und Lernens, Bad Heilbrunn 2004.

KLIPPERT, HEINZ: Methoden-Training, Weinheim 2010.

MATTES, WOLFGANG: Methoden für den Unterricht. Kompakte Übersichten für Lehrende und Lernende, Paderborn 2011.

MÜLLER, FRANK: Selbstständigkeit fördern und fordern. Handlungsorientierte Methoden – praxiserprobt, für alle Schularten und Schulstufen, Weinheim [3]2004.

MEYER, HILBERT: Unterrichtsmethoden I: Theorieband, Frankfurt am Main 1987/ [13]2009.

MEYER, HILBERT: Unterrichtsmethoden II: Praxisband, Frankfurt am Main [13]2010.

MÜHLHAUSEN, ULF: Unterrichtsmetoden im Widerstreit. Das Verhältnis zwischen aktiv-konstruktivem und rezipierendem Lernen in Didaktik und Unterricht, Baltmannsweiler 2017.

PETERßEN, WILHELM H.: Kleines Methoden-Lexikon, München [3]2009.

# 13. Beispiele von Unterrichtsentwürfen

## 13.1 Einleitung

Es sei ausdrücklich darauf hingewiesen, dass jeder Entwurf dem Kenntnis- und Erfahrungsstand der Verfassenden entspricht. Jeder Entwurf ist vor dem Hintergrund der Komplexität der bearbeiteten Thematik und der verwendeten Literatur individuell zu betrachten.

**Ein Novize schreibt einen anderen Entwurf als ein Altreferendar.** Außerdem werden stets die jeweilige Lerngruppe und das Richtziel der Reihe differierende Entwürfe hervorbringen. Im Übrigen geht Ihre **Persönlichkeit** in den Entwurf ein; kein Entwurf über dasselbe Thema gleicht dem einer anderen Person. Man schreibt auch über dasselbe Thema im Abstand von Jahren nie denselben Entwurf (wenn man es ernst meint).

Es ist also dringend davon abzuraten, Teile oder gar ganze Passagen in den eigenen Entwurf zu übernehmen. Diese Unterrichtsentwürfe veranschaulichen lediglich auf authentische Art und Weise die Arbeit der Studierenden bzw. der Referendarinnen.

Die ersten beiden Entwürfe stammen von Lehramtsstudierenden im 4. Semester im Fach Bildungswissenschaften der Universität Trier, geschrieben für ihre Kommilitonen.

Sie sind **analytisch-isolierend**, d. h. alle Elemente werden in einzelnen Kapiteln behandelt.

Der übrigen Entwürfe stammen von Referendarinnen gegen Ende ihrer Ausbildung, Sie arbeiten **teilintegrativ**. Die Sachanalyse ist jeweils in der didaktischen Analyse integriert und ist deutlich herauslesbar. Die ersten drei Leitfragen der didaktischen Analyse zur Legitimierung finden sich im didaktischen Teil, die beiden letzten zur Strukturierung und Transformierung im methodischen.

Eine dritte Variante wäre der integrative Entwurf, der in einer einzigen didaktisch-methodischen Analyse alle Elemente erörtert. Er wird hier nicht gezeigt.

**Es sei nochmals wiederholt, dass die jeweiligen Anweisungen in Ihrem Hochschul-Seminar, Fachdidaktik-Seminar oder Fachseminar der Studienseminare für Sie bindend sind – und diese allein.**

Viele Wege führen nach Rom.

*NB: Die folgenden Entwürfe sind teilweise gekürzt.*

## 13.2 Beispiel 1 (Bildungswissenschaften/Universität)

**Fach: Lehr-Lernkultur**

**Thema der Sitzung (90 Min.): Konstruktivismus – das Anchored Instruction-Modell**

**Autoren: Lena S., Lina B., Lina S. (Bearbeitung: Bernhard Hoffmann)**

### 1. Bedingungsanalyse

Der Kurs besteht aus 26 Teilnehmern, davon 9 männliche und 17 weibliche Studierende. Der Altersdurchschnitt liegt zwischen 21 und 22 Jahren, so dass anzunehmen ist, dass sich die Studierenden in entwicklungspsychologischer Hinsicht auf der derselben Stufe befinden. Das Seminar findet einmal wöchentlich am späten Nachmittag von 16:15-17:45 statt und besteht hauptsächlich aus Teilnehmern und Teilnehmerinnen im 4. Fachsemester der Bildungswissenschaften. Diese haben bereits im vergangenen Semester die Veranstaltungen „Lehr-Lern-Theorie" (Vorlesung und Seminar) sowie „Kommunikation und Interaktion" (Seminar) des Moduls 2 besucht und ein erstes orientierendes Schulpraktikum absolviert, so dass erste Erfahrungen und Vorkenntnisse hinsichtlich der praktischen Unterrichtsgestaltung in Verbindung mit pädagogischem Wissen bestehen. Trotz unterschiedlicher Fächerkombinationen, welche sich von Deutsch oder Englisch bis hin zu Biologie oder Mathematik erstrecken, zeigt sich die gesamte Gruppe hinsichtlich der Mitarbeit im Seminar weitestgehend homogen und motiviert. Dies bedeutet, dass grundsätzlich eine aktive Mitarbeit besteht und die Teilnehmer und Teilnehmerinnen interessiert und offen für neue Methoden oder interne Diskussionen sind.

### 2. Sachanalyse

#### 2.1. Konstruktivistische Didaktik im Überblick

Um zunächst die Entscheidung für den Themenschwerpunkt der Anchored Instruction-Methode zu begründen, erweist es sich als nützlich, zunächst den Inhalt der Konstruktivistischen Didaktik einführend zu erläutern. Sie hat sich in den letzten Jahren immer häufiger in der Unterrichtspraxis etabliert und stellt allgemein sehr fokussiert das Individuum in das Zentrum der Aufmerksamkeit. Konkret heißt das, dass dieses für die Konstruktion von Wissen und Lernen selbst verantwortlich ist und Prozesse, beispielsweise das Lernen von Vokabeln, im Gedächtnis selbst konstruiert. Das Grundmotto dieses Ansatzes „Wir sind die Erfinder unserer Wirklichkeit" (Reich, Kersten: in Voß (1996), S. 83) bedeutet, dass sich jeder Mensch seine Wirklichkeit für sich erschafft – als Teil des Beziehungsgeflechtes, in dem er lebt und lernt. Somit schafft die konstruktivistische Didaktik höchst heterogene und individuelle Zugänge zum Lernen im Kontext schulischer Unterrichtspraxis. Im Vergleich zu alten Sichtweisen, die vor allem lehrerzentriert, textorientiert und weitestgehend risikoarm und angepasst in Form von Frontalunterricht agierten, ist die konstruktivistische Sichtweise lernerzentriert, multimedial und aufgrund von unvorhersehbaren Wissenskonstruktionen der Schülerinnen und Schüler höchst risikobereit (vgl. Reich, Kersten, 2005). Aufgabe des Lehrenden ist hierbei, eine möglichst ansprechende und kommunikationsorientierte Lernumgebung zu schaffen, die die subjektiven Erfahrungsbereiche der Schülerinnen und Schüler ansprechen und gleichzeitig pragmatische, interaktive oder kreative Angebote zur Selbstorientierung enthalten. Essentiell hierbei sind vor allem die Grundgedanken, die bereits der amerikanische Pädagoge John Dewey in seiner pragmatischen Pädagogik verfolgte: „Lernen soll nicht nur reproduzieren oder abbilden, sondern einen Zuwachs an Lernen, d. h. vor allem neben Fachkompetenzen auch an Methoden-, Sozial- und Beziehungskompetenzen ermöglichen; nicht nur ein lebenslanges Lernen vorbereiten, sondern auch Methoden des Lernens, besonders effektiv zu lernen, zusammen mit dem fachlichen Lernen vermitteln." (ebd., S. 5). Außerdem geht der konstruktivistische Ansatz davon aus, dass der Erwerb von Wissen stets in größere Handlungsfelder eingebunden ist und im Raum der lebensnahen Erfahrung stehen sollte, was zudem auch ein entscheidender Aspekt des Anchored Instruction-Modells ist, auf den wir im weiteren Verlauf schwerpunktmäßig eingehen werden.

## 2.2 Die Anchored Instruction-Methode

Da „konstruktivistisch orientierte Lehr-Lernmodelle wesentlich stärker den Kontext des Lernens in den Fokus rücken und die Eigenaktivität der Lernenden erheblicher betont wird als in anderen lernpsychologischen Modellen" (Maier, Uwe (2012), S.123), bietet sich das sogenannte Anchored Instruction-Modell im Kontext der Konstruktivistischen Didaktik zur Thematisierung und Umsetzung in einer Unterrichtseinheit an. Hier wird ein problembehafteter Unterrichtsgegenstand möglichst eng mit der Realität verankert, so dass im Sinne eines lebensweltlichen oder auch fiktiven Kontexts (zum Beispiel einer Abenteuergeschichte) Schülerinnen und Schüler aufgrund der Aktualität motiviert und zu eigen gesteuerten Denk- und Arbeitsprozessen angeleitet werden. Der Lehrperson kommt die Aufgabe zu, den Schülerinnen und Schülern das Unterrichtsthema mittels eines narrativen Ankers zu präsentieren. Aktives, problemorientiertes Lernen wird so gefordert und gefördert, so dass Sinn und Zweck der Lernhandlungen und des Gelernten deutlich werden, indem die Lernenden möglichst authentische, aktuelle und fallbezogene Problemstellungen bearbeiten, die den Einbezug von Vorwissen und Alltagsdenken ermöglichen (Scharnhorst, Ursula (2001), S. 471-492.). Die lebensnahe Problematisierung soll die Schülerinnen und Schüler anregen, einen „eigen gesteuerten Denk- und Arbeitsprozess" (Maier, Uwe (2012), S.123) zu entwickeln. Dabei werden gleich mehrere Lehr-Lernmodelle in die Methode integriert. Die Hauptthese dieses Ansatzes besagt, dass „Denken aus der Erfahrung mit konkreten Fragen und Problemen heraus entsteht. (ebd., S.124). Der Ansatz der Cognition and Technology Group at Vanderbilt (CTGV, 1997) zur Anchored Instruction ist in fast allen Unterrichtsfächern vielseitig einsetzbar. Die Autoren konstruierten Abenteuergeschichten, in denen vorwiegend mathematische Probleme behandelt werden. Das zu lösende Problem wird in eine schülernahe Situation eingebettet und als Video präsentiert. Vor Ende des Films bricht der Film ab, und die Lernenden haben die Aufgabe, das jeweilige Problem zu entdecken und zu einer Lösung zu führen.

Wichtig hierbei ist, dass der Film durch eine anregende Darstellung die Aktivität der Schülerinnen und Schüler weckt. Zudem müssen in dem Video alle Informationen enthalten sein, die für die Problemlösung erforderlich sind. Ein Beispiel aus den Abenteuergeschichten des Jasper Woodbury:

> *Ein Wildhüter findet in einem Reservat einen verletzten Adler, der dringend medizinische Versorgung braucht. Zum Transport von der Fundstelle im Urwald zur Tierklinik kommt nur ein Ultraleicht-Drachen in Frage. Die Lernenden haben die Aufgabe, herauszufinden, wie man den Adler mit dem Ultraleicht-Drachen retten könnte, über den in der Rahmengeschichte bereits einiges beiläufig mitgeteilt wurde. Dabei stellen sich jedoch zahlreiche Probleme wie etwa die sehr begrenzte Ladungskapazität sowie der kleine Tank des Ultraleicht-Drachens und die weiten Strecken im Dreieck zwischen dem Standort, dem Fundort des Adlers und der Tierklinik. Um den Adler zu retten, müssen die Lernenden etliche mathematische Kenntnisse und Fertigkeiten (z.B. Pythagorassatz) erwerben und anwenden.*
>
> Krapp, Andreas/Weidenmann, Bernd (Hg.), 2001, S. 618

Es soll erreicht werden, dass Verknüpfungen über verschiedene Fächer bis hin zum Alltag der Lernenden entstehen und diese nicht getrennt voneinander existieren, sondern eine Einheit bilden. (vgl. Methodenpool. uni- koeln.de).

## 2.3 „Ein schwieriger Fall"

In unserer selbst konstruierten Geschichte versuchen wir, die wesentlichen Elemente der narrativen Verankerung von Problemsituationen abzubilden. Alle relevanten Details, u.a. das fotografiefähige Smartphone, sind im Text enthalten. Die Dilemma-Situation besteht für Emil, der natürlich versucht ist, seinem Freund Max zu helfen. Die Gründe für das bisherige Scheitern von Max werden nicht genannt, um möglichst viele Optionen offen zu halten. Dagegen wird er aber mit etlichen Hinweisen als ´guter Lehrer` dargestellt, was zur Problematisierung von Noten als Zugangsberechtigung zum Beruf Anlass gibt.

## 3. DidaktischeAnalyse

### 3.1 Legitimierung

#### 3.1.1 Exemplarität

Die Anchored Instruction-Methode ist zum einen exemplarisch für einen konstruktivistischen Denkansatz. Sie versucht ′träges Wissen‵ zu vermeiden, indem eine Problemstellung schülerzentriert und weltnah verpackt wird, so dass sich die Schülerinnen und Schüler durch eigenständig entwickelte Denkprozesse vertieftes Wissen aneignen. Der Lehrperson kommt die Aufgabe zu, den Schülerinnen und Schülern den Unterrichtsstoff so darzubieten, dass die Einbettung in ein narratives Format ihnen als „Anker" dient und fungiert im Folgenden hauptsächlich als Coach und Beobachter der eigenständigen Denkprozesse. Diese Arbeitsweise vertritt somit das Grundprinzip und die Arbeitsmethode des Konstruktivismus.

Das nicht-mathematische Beispiel unserer Einstiegsgeschichte beinhaltet zum andern repräsentativ alle wesentlichen Elemente der Methode und ermutigt zur Umsetzung in vielen Schulfächern. Es dürfte nicht schwierig sein, für andere Fächer ähnliche Problemstellungen zu finden.

#### 3.1.2 Gegenwartsbedeutung

Durch eventuelle Vorkenntnisse in anderen Veranstaltungen der Bildungswissenschaften kamen einige der Studierenden bereits mit dem übergeordneten Thema „Konstruktivistische Didaktik" in Kontakt. Auch in ihren Praktika in den Schulen haben sie in Unterricht und Lehrbüchern einen Bezug zur konstruktivistischen Denkweise erfahren.

Da sich der Unterricht immer mehr dem Prinzip des Konstruktivismus öffnet, bietet die Anchored Instruction-Methode eine optimale Möglichkeit, die Schülerinnen und Schüler zu individuell konstruierendem Denken und zur Eigeninitiative anzuregen. Von diesen wird immer häufiger erwartet, selbstständig zu agieren und eigenverantwortlich zu arbeiten. Dies zeigt auch der immer stärkere Wandel von der „Input-" zur „Output"-Orientierung in den Bildungsstandards. Die Anchored Instruction-Methode zeigt sich also hinsichtlich der Bedeutung als ein Ansatz, der schon jetzt einen „sicheren" Platz im Unterricht findet oder finden sollte. Somit ist es für die Lehramtsstudierenden wichtig, Kenntnisse darüber zu sammeln.

#### 3.1.3 Zukunftsbedeutung

Die Bedeutung der einzelnen Schulfächer und ihr Zusammenhang untereinander verändert sich. Denn in Zukunft ist es wichtig, die verschiedenen Unterrichtsinhalte der vielzähligen Fachbereiche nicht isoliert zu betrachten, sondern diese in einen übergeordneten Gesamtzusammenhang zu setzen, damit die Schüler auf diesem Wege ihr verinnerlichtes Wissen in diesen Bereichen anwenden können. Gerade in Hinblick auf das spätere Behaupten in der Berufswelt ist dies überaus förderlich, und die Lernenden erlangen auf diesem Wege die Fähigkeit des selbstständigen und lösungsorientierten Arbeitens, welches unerlässlich ist.

Für die Lehrpersonen heißt dies im Sinne des Konstruktivismus, dass sie sich mehr zurücknehmen müssen und sich, da wo es möglich ist, allein auf das Impulsgeben beschränken sollen. Dies ist wohl eine schwierige Aufgabe, da die Unterrichtsplanung auf diese Weise um einiges unvorhersehbarer wird, denn immer dort wo die Lernenden zur Selbstständigkeit angehalten werden, kann es zu Unvorhersehbarkeiten kommen. Aus diesem Grund wird von der Lehrperson sehr viel Flexibilität erwartet, um die Situation der erarbeiteten Probleme und jeweiligen Lösungen angemessen umgehen zu können.

## 3.2 Strukturierung und Transformierung

### 3.2.1 Strukturanalyse

Da der Inhalt der Konstruktivistischen Didaktik im gesamten Umfang zu komplex für eine Unterrichtsstunde ist, haben wir uns auf das Modell der Anchored Instruction beschränkt, dieses jedoch ebenfalls nicht in vollem Maße, sondern lediglich die wesentlichen inhaltlichen Aspekte in den Blick nehmend.

Wir beginnen die Stunde mit einer Geschichte über zwei Studenten, die eine schwierige Klausur schreiben müssen und für die die Lösungen durch einen Zufall zum Greifen nah sind (M1). Das Ende der Geschichte wird nicht vorgegeben, sondern soll von den Lernenden in Gruppenarbeit selbst herausgestellt werden, ebenso wie die Auswirkungen, die folgen könnten (A1). Wir haben diesen moralischen und bildungspolitischen Fall selbst geschrieben. Das Thema der Geschichte wurde hier von der ursprünglichen Idee mit Jasper Woodbury, also einer Geschichte mit einem mathematischen Problem umgewandelt, sodass es für die Studierenden aller Fächer nachvollziehbar und beispielhaft wird. Die Studierenden sollen auf diesem induktiven Weg eigene Erfahrungen mit der Methode machen.

Zum vertiefenden Herausarbeiten der wesentlichen Merkmale der Anchored Instruction wird den Studierenden ein Auszug aus einem Lexikon zu diesem Thema bereitgestellt (M2).

Der Lexikonartikel zeigt, dass es wichtig ist, den Transfer von „Wissensstrukturen" zu ermöglichen. Erreicht wird dieses unter anderem dadurch, dass die behandelten Lerninhalte aus ihrem ursprünglichen Kontext losgelöst und in alternativen Kontexten präsentiert und behandelt werden. Den Lexikonartikel erachten wir als sinnvoll, da er nicht nur die Theorie der Anchored Instruction auf verständliche Art und Weise definiert, sondern uns überdies eine Möglichkeit bietet, drei differenzierende Herangehensweisen zu entwickeln, die auf verschiedene Weisen einen Zugang zu dieser Thematik ermöglichen.

Die erste Aufgabe besteht darin, ein Schaubild, eine Mind-Map oder ein Flussdiagramm zum Inhalt des Textes zu entwerfen. Damit wollen wir die wesentlichen Elemente der Methode auch schriftlich fixieren (A 2a und E1).

Die zweite Aufgabe besteht darin, sich auf Basis des Lexikonauszugs kritisch mit den Voraussetzungen und möglichen Problemen des Modells auseinanderzusetzen (A2b und E2). Hier wäre zu nennen, dass die Methode ein hohes Maß an Vorwissen von den Schülerinnen und Schüler fordert. Leistungsschwächere Lernende benötigen in der Regel auch eine individuelle Instruktion, was prinzipiell inkompatibel mit der eigentlichen Rolle der Lehrperson in diesem Modell ist und eine hohe Adaptionsleistung der Problemstellung nötig macht. Zudem dient die Anchored Instruction eher der Festigung und Wiederholung von bereits Gelerntem, als in etwa dem Einstieg in ein neues Themenfeld, da dies doch eine überaus anspruchsvolle und komplexe Methode darstellt. Nicht außer Acht zu lassen ist zuletzt die Unvorhersehbarkeit der eigens aufgestellten Lösungskonstruktionen der Schülerinnen und Schüler. Demnach wird von der Lehrperson ein hohes Maß an Flexibilität gefordert.

Alternativ hätte man die Grundzüge und Probleme auch ohne Textvorlage erarbeiten lassen können, wie wir es in schulischen Settings auch durchgeführt hätten. Aufgrund der Zeitvorgabe und weil Erwachsene mehr Informationen verarbeiten können, haben wir davon Abstand genommen.

Die dritte Aufgabe bezieht sich konkreter auf die Anwendung des Modells (A3). Die Lernenden sollen hier Möglichkeiten finden, die Anchored Instruction in ihren jeweiligen Unterrichtsfächern anzuwenden und sich über die Umsetzung Gedanken machen.

Zur abschließenden Sicherung und zu besseren Zugänglichkeit wird den Studierenden ein Bild gezeigt, das ein Schiff mit einem Anker abbildet. Der Anker läuft in ein menschliches Gehirn und soll die Anchored Instruction noch einmal zusammenfassend verbildlichen. Das Schiff steht hier für das Wissen, beziehungsweise den Lerngegenstand, der durch den Anker und die Ankerkette im Gehirn verankert und so als anwendbares und abrufbares Wissen im Gedächtnis besteht.

Schwierigkeiten bei den Erarbeitungen sind keine zu erwarten. Bezüglich der Vorstellung der Probleme ist eine weitergehende Diskussion nicht vorgesehen, da es sich ja um eine Erstbegegnung mit dem Stoff handelt.

Insgesamt haben wir – im Sinne des Konstruktivismus – einen induktiven konstruktiven Zugang gewählt, der danach in eine rekonstruktive Erarbeitung überführt wird.

### 3.2.2 Zugänglichkeit

Durch das Vorlesen der Geschichte, lassen sich die Studierenden zunächst rein auditiv auf den Inhalt ein, stellen sich die Handlung bildlich vor und wägen hier bereits gedanklich eventuelle Handlungsmöglichkeiten gegeneinander ab. So ist in jedem Falle gegeben, dass selbstständig nachgedacht wird und sie sich nicht von einem bloßen deduktiven Lehrervortrag „berieselt" lassen. Allein die Tatsache, dass es sich bei der Handlung um einen realistischen Fall handelt, der jeden Studierenden am Ende des Studiums betreffen könnte, ist für die Kommilitonen leicht zugänglich und bietet zudem zusätzliche Motivation – anders als bei „lebensfremden" oder zu abstrakt theoretischen Situationen beziehungsweise Problemen. In den verschiedenen Gruppenarbeiten werden die Kommilitonen erneut dazu angehalten, Eigenaktivität zu zeigen und sich das Thema Anchored Instruction erstens aufgrund eines Schaubildes o.ä. verständlich und strukturiert zu erschließen, zweitens Voraussetzungen und Probleme zu finden und zuletzt die Eignung in den Fächern für sich zu reflektieren und abzuwägen. Das Methode der Anchored Instruction kann direkt im Unterricht angewendet werden, ist also für die Studierenden nichts Abstraktes, sondern ein Modell mit einem unterrichtsnahen Charakter. So machen sich die Lernenden das Lehr-Lern-Modell in Grundzügen zugänglich und können ihr Wissen durch Zuhören und Sichten der anderen Gruppenpräsentationen nochmals festigen. Die zuletzt gezeigte Folie zur Veranschaulichung benutzt erstmals den Anker, der der Methode ja den Namen gibt, und sucht so einen weiteren Weg der Einspeicherung des Gelernten.

## 4. Lernziele

**Übergeordnetes Lernziel:**

Die Studierenden kennen das Modell der Anchored Instruction und die Einsatzmöglichkeiten im Unterricht.

**Feinlernziele**

1. Die Studierenden definieren zu einer realitätsnahen Geschichte Lösungen. (Betrug vs. Ehrlichkeit)
2. Die Studierenden arbeiten die Merkmale zum methodischen Erstellen eines auf der Anchored Instruction Theorie beruhenden Modells heraus, indem sie den Lexikonartikel lesen und wichtige Merkmale herausarbeiten. (z. B. Förderung von situiertem Lernen, aktive Konstruktion von Wissen)
3. Die Studierenden setzen sich kritisch mit der Theorie der Anchored Instruction auseinander, indem sie die Voraussetzungen und Probleme dieses Modells aufgrund des Lexikonartikels gegenüberstellen. (z. B. Eigenaktivität, Kreativität vs. Anspruch, Unvorhersehbarkeit der Lösungen)
4. Die Studierenden wenden ihre gewonnenen Erkenntnisse aus dem bearbeiteten Text an, indem sie sich Einsatzmöglichkeiten für ihre jeweiligen Unterrichtsfächer überlegen.

## 5. Methodische Planung

Hinsichtlich unserer methodischen Planung erweist es sich zunächst als nützlich, Gruppentische zu stellen, an welchen die Gruppen in einer Anzahl von etwa 4 Lernenden Platz finden und miteinander arbeiten können. Für den weiteren Verlauf im Rahmen der Anwendungsmöglichkeit der Anchored Instruction in den einzelnen Unterrichtsfächern bietet es sich hier aufgrund eines besseren Austauschs an, die Kommilitonen nach ihren jeweiligen „Großfächern" in ungefähr gleich großer Gruppengröße an den Tischen zu platzieren – konkret heißt das, dass Tisch 1 für das Studienfach Germanistik steht, Tisch 2 für Mathematik und Tisch 3 für Biologie usw. Zu Beginn der Stunde wird mit der Geschichte (M1) begonnen – diese wird vorgelesen, sodass sich die Kommilitonen zunächst rein auditiv auf den Inhalt einlassen und aufmerksam zuhören. Im Anschluss werden in den einzelnen Gruppen Ideen und

Vorschläge für mögliche Handlungsentscheidungen hinsichtlich des Dilemmas gesammelt (A1) – dadurch, dass sich Kommilitonen hier untereinander austauschen, ist gegeben, dass möglichst viele Ergebnisse zustande kommen. Diese werden im Folgenden im gesamten Plenum vorgestellt und gesammelt. Weiter werden der Text (M2) und die Aufgabenstellungen für den weiteren Verlauf vorgestellt und den einzelnen Gruppen zugeteilt. Hierfür nennt der Lehrende zunächst alle Aufgabenanweisungen vor dem gesamten Kurs und teilt dann kleine Zettel mit einer Wiederholung der Aufgabe gruppenspezifisch aus, damit das, was gemacht werden soll, im Kopf bleibt und nicht aufgrund von Missverständnissen verfälscht wird (A2a und A2b). Die verschiedenen Gruppenarbeiten sorgen zusätzlich für Abwechslung und Motivation, da die Lehrenden am Ende sehen, dass es sehr wohl möglich ist, sich auf verschiedene Weisen Zugang zu einem Thema zu verschaffen. Die erste Gruppe wird also sehr textimmanent am Lexikonartikel arbeiten und die wichtigsten Verlaufsformen auf einer Folie, beispielsweise in Form eines Flussdiagramms, festhalten. Die zweite Gruppe beschäftigt sich reflexiv mit dem Modell und wägt Voraussetzungen und Problem gegeneinander ab, um diese, möglichst tabellarisch, ebenfalls auf Folie festzuhalten und damit zu sichern. Im Anschluss an diese Arbeit mit dem Lexikonartikel steht der Austausch über eventuelle Einsatzmöglichkeiten in den eigenen Studien- bzw. späteren Unterrichtsfächern in allen drei Gruppen, so dass hier die zu Anfang geforderte Zuteilung nach Fächern zum Tragen kommt. Dadurch nämlich ist gegeben, dass die Kommilitonen aufgrund ihrer „Gemeinsamkeit" untereinander mehr Ideen und Vorschläge anbringen und gemeinsam diskutieren können, anstatt einzeln vor sich hin zu „grübeln". Alle Gruppenergebnisse werden im Anschluss vorgestellt. Am Ende dieser Phase kommt es zu einer Sicherung durch die Lehrenden in Form einer Folie, die den Prozess der Verankerung im Gehirn mit einer letztmaligen Erklärung verdeutlicht. Im Hinblick auf die Unterrichtseinheit im Gesamten zeigt sich also ein durchdachter Wechsel der einzelnen Methoden – Einstieg mittels Vorlesen und Unterrichtsgespräch, Gruppenarbeit mit Präsentationen sowie jeweiligen Sicherungen, Lehrervortrag zur Zusammenfassung, die dazu führen, dass die Lernenden mit einem Mehrwert an Wissen über das Anchored Instruction-Modell aus der Unterrichtseinheit gehen.

## 6. Literatur


BÖNSCH, Manfred: Allgemeine Didaktik. Ein Handbuch zur Wissenschaft vom Unterricht. Kap. 4.3.1 „Konstruktivistische Didaktik (Hiller) S. 76- 79, Stuttgart 2006

CORIAND, Rotraud: Allgemeine Didaktik. Ein erziehungstheoretischer Umriss, Stuttgart 2015

KRAPP, Andreas/WEIDENMANN, Bernd (Hg.): Pädagogische Psychologie, Weinheim 2001[4]

LEHNER, Martin: Allgemeine Didaktik. Kap. 4: Lehrer aus konstruktivistischer Sicht. S.73- 86, Stuttgart 2009

MAIER, Uwe: Lehr-Lernprozesse in der Schule: Studium, Heilbronn 2012

REICH, Kersten (u.a.): Konstruktivistische Didaktik. Beispiele für eine veränderte Unterrichtspraxis. Schulmagazin 5 bis 10, München 3/2005.

(auch online: www.uni-koeln.de/hf/konstrukt/reich_works/aufsatze/reich_48.pdf)

SCHARNHORST, Ursula: Anchored Instruction: Situiertes Lernen in multimedialen Lernumgebungen Schweizerische Zeitschrift für Bildungswissenschaften 23, o.O. 2001.

SCHLAG, Bernhard: Lern- und Leistungsmotivation, Wiesbaden [4]2013.

VOß, Reinhard (Hg.): Die Schule neu erfinden. Systemisch-konstruktivistische Annäherungen an Schule und Pädagogik, Neuwied 1999[3]

http://lexikon.stangl.eu/6425/anchored-instruction (15.06.2017)

http://methodenpool. Uni-koeln.de

https://portal.hogrefe.com/dorsch/anchored-instruction/ (12.06.2017)

https://en.wikipedia.org/wiki/Anchored_Instruction (15.06.2017)

### 7. Verlaufsplan

| Zeit | Phasen | Inhalte | LZ Kompe -tenzen | Methoden | Sozial-Formen | Medien | Person |
|---|---|---|---|---|---|---|---|
| 10:15 | Einführung | Einstiegs-geschichte | | LV | FU | M 1 | Lina B. |
| 10:18 | Erarbeitung I | Mögliche Fortsetzungen | 1 | UG | GA | Tafel | Lina S. |
| 10:25 | Erarbeitung II | Lexikonartikel | 2,3,4 | Textarbeit Schaubild/ Tabelle | EA/ GA | M 2/A1/ A2a/A2b | Lena |
| 10:43 | Sicherung I | Präsentationen | 2,3,4 | SB | FU | OH | Lina S. Lina B. Lena |
| 10:55 | Sicherung II | Anchored Instruction | ÜLZ | LV | FU | M 3 | Lina B. |

*NB: Bei den Inhalten keine Methoden angeben. Bei den Medien auch die ausgeteilten Kopien eintragen.*

### 8. Anhang

#### (M1) Einführungsgeschichte

Eine schwierige Klausur

Emil und Max sind sehr gute Freunde. Sie studieren Mathematik und geben wegen Lehrermangels auch schon Unterricht an einem Gymnasium. Max gibt sogar Nachhilfe, weil er mit Schülern gut klarkommt. Beide wollten von Anfang an Lehrer werden; sie haben sogar schon ein Übernahmeangebot ihrer jeweiligen Schulleiter nach dem Referendariat.

Doch trotz der Tatsache, dass sie beide fleißig lernen und auch viele Techniken zum richtigen Lernen berücksichtigen, befindet sich Max nun im Drittversuch seiner letzten Statistik-Klausur, bei der in der Regel 70 Prozent aller Teilnehmer durchfallen. Für Emil ist es der erste Versuch, weil er ein Jahr später angefangen hat. Emils bisherige Noten sind gut bis sehr gut, Max hat mehr befriedigende Ergebnisse.

Nun üben sie besonders für diese Klausur, denn Max bekäme kein Examen mehr, wenn er noch einmal durchfallen würde. Der Traum vom Lehrer wäre aus-.

Da Max während der Sprechstunde des Mathe-Dozenten Unterricht gibt, geht Emil zu ihm, um eine wichtige Sachfrage zu klären. Da er der erste vorm Büro des Dozenten ist, checkt er noch schnell seine Mails. Gerade als sie dann das Gespräch beginnen, klopft es und die Sekretärin bittet den Dozenten zu einem dringenden Gespräch. Dieser verlässt schnell das Büro und schließt die Tür. Der Zugwind hat dabei ein Blatt vom Tisch auf den Boden geweht. Emil hebt es auf und zuckt zusammen: es ist eine Statistik-Aufgabe zur Klausur, was er an der Überschrift erkennt. Und auf dem Tisch liegt eine Mappe mit der Aufschrift „Statistik III-Klausur+Lösungen".

Emil überlegt…

**(M2) Lexikonartikel**

[engl. *anchor* Anker, *instruction* Anleitung], bez. das zugrundeliegende Gestaltungsprinzip einer von der *Cognitionand Technology Group at Vanderbilt* 1997 entwickelten Methode des problemorientierten Unterrichtens (Lehrstrategie, problemorientierte). Es handelt sich dabei um eine Lehr-Lern-Methode, die narrative Anker einsetzt, um Lernende zu motivieren (Lernmotivation, aktuelle und habituelle, Lernmotivation, intrinsische und extrinsische) und Interesse zu wecken. Dazu werden i. d. R. Videos gezeigt, in denen Geschichten mit realistischen und komplexen Problemen und Herausforderungen erzählt werden. Die Videos enden, bevor das Problem genau definiert wurde, und die Suche nach der Lösung beginnt (Problemlösen). Die Lernenden müssen zunächst die Probleme eigenständig identifizieren und differenzieren, die für die Lösung des Problems relevanten Informationen der Filmhandlung entnehmen, miteinander in Beziehung setzen sowie die geeigneten Operationen auswählen und durchführen. Alle Informationen, die zur Lösung des Problems notwendig sind, werden in den Videos präsentiert. Eine Beispiellösung wird erst nach der eigenständigen Problemlösung präsentiert. Ziel ist es, realitätsnahes, situiertes Lernen zu fördern (Cognitive Apprenticeship) und die Lernenden zur aktiven Konstruktion von Wissen (Wissenskonstruktion) anzuregen. Die szenisch-narrative Verankerung authentischer Probleme in kindgerechten Erzählungen dient zum einen der Steuerung der Aufmerksamkeits-, Motivations- und Identifikationsprozesse der Lernenden. Zum anderen wird erwartet, dass die spätere Nutzung des so erworbenen konzeptuellen Wissens in realen Situationen besser gelingt. Eine Dekontextualisierung und Flexibilisierung der Wissensstrukturen soll auch dadurch erreicht werden, dass ein Lerninhalt in unterschiedlichen narrativen Einbettungen präsentiert wird (es werden mehrere Geschichten mit ähnlichen Fragestellungen verwendet (Transfer).

https://portal.hogrefe.com/dorsch/anchored-instruction/ (12.06.2017)

**(M3) OH-Folie zur Sicherung**

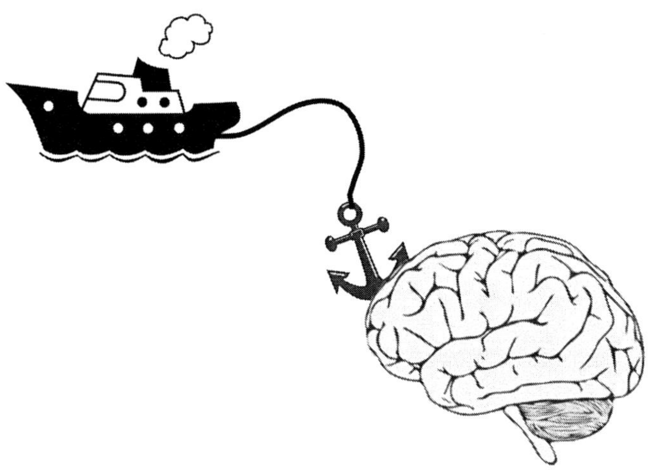

**(A1) Aufgabenzettel für die Studierenden zur ersten Erarbeitungsphase**

1. Überlegt euch wie die Geschichte zu Ende gehen könnte.

2. Welche Konsequenzen (sowohl negative als auch positive) könnte sein Handeln mit sich bringen?

**(A2a) Aufgabenzettel für die zweite Erabeitungsphase**

*Gruppe 1:* Erstellt in eurer Gruppe anhand des Lexikonauszugs und des darin beschriebenen medialen Beispiels eine Graphik (z.B. ein Flussdiagramm), die die wichtigsten Vorgangsmerkmale der Anchored Instruction-Theorie zusammenfasst und präsentiert diese auf Folie.

**(A2b) Aufgabenzettel für die zweite Erabeitungsphase**

*Gruppe 2:* Setzt euch mit dem Lexikonartikel kritisch im Hinblick auf die Nutzung des Modells in der Praxis auseinander und arbeitet die Vor- und Nachteile heraus.

**(A3) Aufgabenzettel für die dritte Erabeitungsphase**

Könnt ihr euch vorstellen eine solche Aufgabe in euren Fächern anzuwenden? Überlegt euch Anwendungsmöglichkeiten.

**(E 1)** (Gruppe 1)**: Schaubild zur Anchored Instruction**

Aufkommen eines Problems

(Geschichten mit lebensnahen, realistischen Problematiken)

Schüler erkennen und analysieren Problemstellung

SuS greifen auf Vorwissen zurück

1. Identifikation und Differenzierung des Problems

2. Herausfiltern von lösungsrelevanten Informationen

3. Wählen von geeigneten Operationen bzw. Methoden/Strategien

Lösungskonstruktion (Suche nach Antworten)

Durch selbstständiges Erarbeiten Festigung und dadurch Anwendungsmöglichkeit im Alltag

**(E2)** (Gruppe 2)**: Voraussetzungen und Probleme**

| **Voraussetzungen** | **Probleme** |
|---|---|
| • Eigenaktivität und -initiative<br>• Kreativität<br>• Vorwissen<br>• Anwendung auf konkrete Situationen des Alltags<br>• Relevanz für die Lernenden[66]<br>↓<br>Problemlösungsfähigkeit | • Anspruchsvolle, komplexe Methode<br>• Leistungsschwächere benötigen eine individuelle Instruktion<br>• Dient eher zur Festigung und Wiederholung von bereits Gelerntem<br>↓<br>Unvorhersehbarkeit der Lösungskonstruktionen |
| | |

## 13.3 Beispiel 2 (Bildungswissenschaften/Universität)

**Fach: Neue Lernkultur**

**Thema der Sitzung (90 Min.): „Wer viel Theater spielt, wird gut in Mathe.“ Kompetenzerweiterung durch Theaterspiel an der HLS**

**Autoren: Laura H., Jana K., Caroline H.**

### 1. Bedingungsanalyse

Analyse der Lerngruppe:

Der Kurs besteht aus 34 Teilnehmern, davon 11 männliche und 24 weibliche Studierende. Der Altersdurchschnitt liegt zwischen 21 und 22 Jahren und somit befinden sich die Studierenden entwicklungspsychologisch auf derselben Stufe.

Das Seminar findet einmal wöchentlich am Vormittag von 10:15 Uhr bis 11:45 Uhr statt. Diese Tageszeit begünstigt die Lernmotivation der Studierenden, da die leistungsstärkste Zeit des Menschen bei ca. 10:00 Uhr am Morgen liegt. Die meisten Studierenden befinden sich einheitlich im 4. Fachsemester der Bildungswissenschaften und haben im vorhergehenden Sommersemester die vorbereitende Vorlesung „Didaktik und Methodik“ besucht sowie bereits ein Grundschulpraktikum absolviert. Hieraus ergeben sich bei den meisten Teilnehmern Vorkenntnisse im Bereich der Unterrichtspraxis und der Neuen Lernkultur. Die Lerngruppe gestaltet sich dennoch in einigen Bereichen heterogen. Dies trifft zunächst auf die individuellen Fächerkombinationen zu, wobei in diesem Kurs die geisteswissenschaftlichen Fächer dominieren. Die Lerngruppe ist auch in Bezug auf Quantität und Qualität der mündlichen Beiträge im Seminar heterogen. Zu nennen seien hier insbesondere vier Leistungsträger, die stets gute Beiträge liefern und interessante Diskussionen anstoßen. Die meisten Studierenden sind für die Inhalte zu interessieren und beteiligen sich rege an Gruppen- und Partnerarbeiten. Störungen liegen in dieser Gruppe insbesondere in Form von zwei Studierenden vor, die regelmäßig 5 Minuten zu spät kommen. Allgemein kann das Lernklima als gut bezeichnet werden.

Die Lerngruppe ist im Umgang mit Medien und auch Methoden durch die bereits vorangegangenen LLE gut trainiert. Aus diesem Grund gestalten sich Gruppenfindung oder Präsentation von Ergebnissen mit den unterschiedlichen Medien sehr leicht.

Analyse der Lernvoraussetzungen:

Zur Einordnung unserer LLE in den Gesamtzusammenhang lässt sich sagen, dass die Studierenden aufgrund der unmittelbar vorausgegangenen LLE bereits Kenntnisse über alternative Schulformen und Methodik besitzen. Dennoch wird dem größten Teil die Helene-Lange-Schule, kurz HLS genannt, in Wiesbaden nicht bekannt sein. Hier ist auch kein Vorwissen von Nöten, da diese Schule im Lehrervortrag kurz vorgestellt wird.

### 2. Sachanalyse

1. Allgemeine Informationen zur Helene-Lange-Schule in Wiesbaden

Die Helene-Lange-Schule in Wiesbaden ist eine integrierte Gesamtschule und Versuchsschule des Landes Hessen. (…)

Selbstständiges Lernen besitzt an der HLS eine sehr hohe Priorität. Durch das Herstellen von Gegenständen, Erforschen der außerschulischen Wirklichkeit, selbstständige Wochenplanarbeit und durch viele künstlerische Darstellungen wird dieses gefördert. Des Weiteren soll die Schule Orientierungshilfen zur Lebensbewältigung geben und erzieherisch tätig sein. Das bedeutet, dass ein soziales Lernen ermöglicht werden soll und dass die Stärkung der Selbstständigkeit und des Selbstbewusstseins einen hohen Stellenwert besitzen.

Wichtig ist auch die Öffnung der Schule nach außen, worunter man versteht, dass sich die Schule veränderten Lernformen (offenes Lernen, Projektunterricht, Wochenplanarbeit, Rituale etc.), der Schulumwelt (tätige Nächstenliebe, Reiseprojekt, Betriebs- und Sozialpraktika etc.), einem vielfältigen Schulleben (Theaterprojekt, Theaterwerkstatt, Medienwerkstatt, Zusammenarbeit mit den Eltern etc.), Kommunikation und Organisation (Jahrgangsteams, Jahresarbeitspläne, Planungsgruppe etc.) und einer interkulturellen Erziehung (Schüleraustausch mit einer Schule in Frankreich, UNESCO-Schule, Briefpartnerschaften etc.) öffnet.[18]

## 2. Die Theaterarbeit an der HLS

Die Theaterarbeit ist je nach Jahrgang verschieden. Gemeinsam nehmen jedoch alle Jahrgänge an den Theateraufführungen teil, die von den unterschiedlichen Klassen gestaltet werden. In der Woche vor der Aufführung stellen die Akteure ihr Stück in jeder einzelnen Klasse vor. In der Jahrgangsstufe 5 beschränkt sich der Kontakt mit dem Theater auf diese Vorstellungen und szenisches Spielen vor der eigenen Klasse. Dazu kommen kleine jahrgangsinterne Kulturereignisse, KIT genannt. Das steht für „Kunst im Treff". Diese Ereignisse finden alle vier bis sechs Wochen statt und dauern eine Unterrichtsstunde. Hier bereiten die einzelnen Klassen abwechselnd „eine Reihe von kleineren Vorführungen für den restlichen Jahrgang vor"[19]. In den Jahrgangsstufen 6 und 7 gibt es die kleine Theaterwerkstatt. Diese wird von einer Schauspielerin geleitet, die Castings durchführt und so die teilnehmenden Schüler bestimmt. Die dort entstehenden Stücke werden oft in den Grundschulen Wiesbadens aufgeführt. Die Jahrgangsstufe 8 hat die Möglichkeit zu einem einwöchigen Theaterworkshop. Aufgrund der Betreuung durch einen irischen Regisseur ist nur eine Verständigung auf Englisch möglich. In der 9. Jahrgangsstufe dürfen sich die Klassen zwischen einem Medien- und einem Theaterprojekt entscheiden. Die Entscheidung für ein solches Projekt muss von der ganzen Klasse getragen werden, da es sehr viel Zeit in Anspruch nimmt. (...)

Die einjährige Bearbeitung des Stücks schließt mit einer vierwöchigen Intensivphase, in der alle an der Theaterproduktion Beteiligten keinen Unterricht haben.[20] Darauf folgen die Aufführungen. Drei Wochen lang wird das Stück jeden Abend vor über 100 Zuschauern aufgeführt, darunter „Seniorenkreise, Altentagesstätten oder Familien am Sonntag"[21]. Die Schüler treten am Ende dieses Entstehungsprozesses einem mitunter fremden Publikum gegenüber und stehen somit in ihren Rollen, der Ausgestaltung des Themas und ihren Figuren im Rampenlicht und auch in der Kritik der Öffentlichkeit.[22] (...)

## 3. Kompetenzerwerb durch Theaterspiel

Durch das durchgängige Theaterspiel erwerben die Schüler vielfältige Kompetenzen. Zu unterscheiden sind primär von sekundär zu erwerbenden Kompetenzen.

Auf der primären Ebene stehen alle textuellen, sprachlichen, gestalterischen und organisatorischen Elemente, die ein Stück erst entstehen lassen. Dies beginnt beim Zeitplan und endet an der Abendkasse, reicht von der Textauswahl bis zur Rollenverteilung und beinhaltet gleichermaßen Bühnenbild, Ton und Licht sowie die Kostüme. Die komplexen Anforderungen werden auf die teilnehmenden Schüler verteilt, sodass ein großes Ganzes entstehen kann. Team- und Kommunikationskompetenz sind somit als grundlegende Voraussetzung für das Theaterspiel zu bezeichnen. Die fachbezogenen Leistungsdifferenzen der einzelnen Schüler können hier vernachlässigt werden, da andere Qualitäten gefordert werden.

Im Einzelnen bilden sich die Schüler durch die Auseinandersetzung mit Text und Autor und erlangen Fachkompetenz. Artikulation, Modulation, Stimmlage, Pausen – alle paralinguistischen Merkmale der

[18] Vgl. Kubina, Christian/Vaupel, Dieter (Hrsg.): Qualitätsentwicklung von Schule. Praktische Wege und konkrete Strategien der Schulprogrammarbeit, Neuwied/Kriftel, 2001, S. 95.

[19] Becker, a. a. O., S. 149.

[20] Vgl. Riegel, Enja: Schule kann gelingen! Wie unsere Kinder wirklich fürs Leben lernen, Frankfurt am Main 2004, S. 101.

[21] Becker, a. a. O., S. 153f.

[22] Vgl. Riegel, a. a. O., S. 95.

Sprache kommen nirgends deutlicher zum Tragen als beim Theaterspiel. Beim Verteilen der Rollen werden nicht immer die Bedürfnisse der einzelnen Schüler befriedigt, Frustrationstoleranz ist gefragt. Im Spielen der Rollen müssen die Schüler versuchen, die Gedanken und Gefühle der Figuren authentisch auszudrücken. Sie lernen Empathie und die Fähigkeit, die Gefühle anderer darzustellen. Ebenso muss jedoch auch ihre Kompetenz wachsen, Kritik zu geben und zu ertragen, mitunter sogar Konflikte auszuhalten.

Neben der Rollengestaltung, die im Wesentlichen durch die Zusammenarbeit zwischen Regisseur und Schüler zustande kommt (Wahrnehmungskompetenz, Kommunikationskompetenz), sind vielerlei andere Tätigkeiten auszuführen: Entwurf eines Bühnenbildes, Kostümgestaltung (oder -herstellung), Licht, Ton, Musik müssen bewerkstelligt werden und erfordern organisatorische, handwerkliche und künstlerische Fähigkeiten. Der Kreativität wird ein breiter Raum zur Verfügung gestellt, der sich im sonstigen Schulbetrieb nicht ohne Weiteres einstellt. Hier müssen auch Plakat, Flyer, Werbung, Pressearbeit usw. genannt werden; ein Programmheft wird in der Regel hergestellt. Alle dadurch erworbenen Kompetenzen können im Übrigen für das spätere Berufsleben von Bedeutung sein, ja sogar den Berufswunsch einleiten.

Neben allen diesen primär genannten Kompetenzen können aber auch Elemente der Persönlichkeitsentwicklung genannt werden. Zunächst einmal wird das Selbstvertrauen gestärkt, denn jemand, der auf der Bühne Erfolg hat, der wagt sich vielleicht auch in anderen Bereichen weiter hinaus. Die Haltung wird eine andere: schwierige Aufgaben gelten als Herausforderung und nicht als unlösbares Problem.[23] Sie lernen mit kritischen Blicken von außen umzugehen und verlieren die Scheu davor, im Rampenlicht zu stehen.

Die Schüler lernen, mit Belastungssituationen umzugehen und können in Stresssituationen gelassener werden, was besonders in Prüfungen von Vorteil ist. Im Sinne des Zitates von Enja Riegel „Wer viel Theater spielt, wird gut in Mathematik“ werden Selbstwirksamkeitserfahrungen erlebt, die das Selbstvertrauen auch bei schwierigen Aufgaben stärken können. Auch bei der Produktion eines Theaterstückes gibt es Hochs und Tiefs. Zähigkeit und Durchhaltevermögen auch bei Rückschlägen wird eingeübt. Insofern können Faktoren, die der Stabilisierung der Persönlichkeit dienen, durchaus auch Einflüsse auf das Lernen in den Fächern haben. Ein Kompetenzzuwachs im primären Bereich bedeutet in aller Regel einen Kompetenzzuwachs im sekundären Bereich.

Bei den großen Theaterprojekten besteht der Aufgabenbereich der Lehrer aus Organisation, Delegation, Kommunikation und Beobachtung. Sie lernen, den Regisseur leiten zu lassen und aus der Distanz zu beobachten. Dies hilft besonders bei einer objektiveren Leistungsbeurteilung und fördert zusätzlich die persönliche Beziehung zwischen Lehrperson und Schülern. Der Lehrer kann seine Schüler während der Projektarbeit genau und mit Abstand beobachten. So erschließen sich viele Dinge für ihn. Wie verhalten sich die Schüler bei Problemen? Wie agieren sie im Team? Aus diesen Beobachtungen wird auch die Leistungsbeurteilung für den Lehrer vereinfacht. Wenn er den Schüler von den verschiedensten Seiten kennengelernt hat, ist es ihm möglich, diese Leistungen zu berücksichtigen. Er kann durch das zusätzliche Wissen über die Klasse besser und gezielter fördern und fordern.

Abschließend ist zu sagen, dass das Theaterspielen sowohl für Schüler als auch für die Lehrer besondere Möglichkeiten schafft, miteinander umzugehen, und hilft neue Horizonte zu eröffnen. Theater ist natürlich kein Unterrichtsersatz und auf schulische Leistungsnachweise bezogen geraten die Schüler der HLS aufgrund des Unterrichtsausfalls während der Intensivphase kurzfristig ins Hintertreffen. Hier sei allerdings zu erwähnen, dass die durch das Theaterspielen erworbenen Fähigkeiten und Fertigkeiten, wie z. B. das Selbstvertrauen in die eigenen Fähigkeiten und den gelasseneren Umgang mit den Herausforderungen des Alltags, meist erst ein oder zwei Jahre später deutlich werden. Dies bezieht sich in gleicher Weise auf die schulischen Leistungen. [24]

---

[23] Vgl. ebd., S. 99.

[24] Vgl. ebd., S. 111.

### 3. Didaktische Analyse

1. Exemplarität

Die Helene-Lange-Schule in Wiesbaden ist eine Versuchsschule des Bundeslandes Hessen. Eine Versuchsschule dient der Weiterentwicklung des Schulwesens durch Erprobung von Veränderungen und Ergänzungen in Didaktik, Methodik und Aufbau der Schule. Hierzu gehören sicherlich die Erprobung und das Praktizieren von anderen Lernformen. Eine andere Lernform bildet an dieser Bildungsstätte die Theaterarbeit. An der HLS in Wiesbaden zieht sich das Theaterspiel wie ein roter Faden durch alle Jahrgänge der Schule. Es ist gänzlich im Schulkonzept anerkannt und gilt dort als wichtiger Bestandteil der kulturellen Praxis und der Persönlichkeitsentwicklung der Schüler. Somit ist dieser theaterpädagogische Ansatz nicht nur ein wichtiger Teilaspekt der HLS, sondern steht für sich selbst als einer der wichtigsten reformpädagogischen Aspekte dieser Versuchsschule. Das Theaterspielen, bzw. das Theater an sich, betrifft viele Lebens- und Lernbereiche an der HLS. Durch die kreative und künstlerische Auseinandersetzung mit dem Theaterstück werden vielerlei Kompetenzen beim Schüler gefördert: Sie reichen von Bewegungskompetenzen über Sprachkompetenzen zu Wahrnehmungskompetenzen und Sozialkompetenzen.

Doch nicht allein das Spielen wird zum Gegenstand in der Klasse. In der großen Theaterwerkstatt leisten die Schülerinnen und Schüler im Vorfeld alle Arbeit, die für die Aufführung eines Theaterstücks nötig ist: von der Planung des Bühnenbilds über die anschließende Realisierung vor großem Publikum. Durch die Arbeit rund um das Thema Theater ist ganzheitliches, handlungsbezogenes und fachübergreifendes Lernen möglich. Dieser Ansatz verdeutlicht also exemplarisch die „Andersartigkeit“ der Schule und kann als Beispiel einer alternativen Lernform das Konzept der „Neuen Lernkultur“ gut veranschaulichen.

2. Gegenwartsbedeutung

Die Diskussionen über die PISA-Ergebnisse und damit über eine Umgestaltung des deutschen Bildungssystems sind allgegenwärtig und schweben wie ein Schatten über den Schulen und sicherlich auch über den derzeitigen Lehramtsstudierenden. Im Rahmen des Seminars „Neue Lernkultur“ soll den Studierenden ein neues Verständnis des Lernens und des Lehrens eröffnet werden. Sie sollen die veränderte Rolle der Lehrenden besser verstehen können und mit eventuellen Vorerfahrungen aus dem eigenen schulischen Leben verknüpfen und diese für sich selbst reflektieren können. Doch nicht nur die veränderte Rolle der Lehrenden – nicht mehr als „Redner“, sondern als „Lernbegleiter“ bzw. „Moderator“ – sondern auch die neue Rolle der Lernenden, die ihr Lernen mehr und mehr selbst steuern und Verantwortung für dieses übernehmen, muss sowohl von den Lehrenden und Lernenden als auch von den zukünftigen Lehrpersonen verstanden werden. Der theaterpädagogische Ansatz der HLS in Wiesbaden ermöglicht einen sehr guten Einblick in diese veränderten Rollen.
In dieser Phase der Lehramtsausbildung sollen neue methodische Ansätze aufgezeigt werden, um diese zu reflektieren und die eigenen Vorstellungen mit einzubringen. Weiterhin sollen bereits jetzt mögliche Vorteile und der pädagogische Zugewinn des theaterpädagogischen Ansatzes erkannt werden, um schon in dieser frühen Phase der Lehrerausbildung den „didaktischen Blick“ zu schulen. Auch sollen eventuelle Probleme solcher Vorhaben in Umsetzung und Finanzierung aufgezeigt werden, die den Studierenden wegen mangelnder Berufserfahrung nicht direkt bewusst sind.

3. Zukunftsbedeutung

Der stete gesellschaftliche Wandel und die zunehmende Globalisierung bergen einen tiefgreifenden Wertewandel sowie einen ständigen Anforderungswandel am Arbeitsmarkt. Dieser Wandel und die damit einhergehenden Veränderungen werden auch in naher Zukunft sicherlich weiter voranschreiten. Die Veränderungen betreffen insbesondere die Schüler, die mit einer Reihe neuer Kompetenzen und Fähigkeiten aufwarten müssen („Soft Skills“: z. B. Teamfähigkeit, Konfliktfähigkeit usw.), um später im Beruf bestehen zu können. Doch ist es die Aufgabe der Schule, und somit der Lehrkräfte, diese Kompetenzen bei den jungen Menschen bestmöglich zu fördern, um sie somit auch bestmöglich auf diese Welt vorzubereiten. Diese Herausforderungen an jede zukünftige Lehrkraft machen es unbedingt notwendig, neue Strategien des Lernens und des Lehrens zu entwickeln und zu fördern. Anhand der Theaterarbeit an der HLS in Wiesbaden soll eine neue Form des Lernens aufgezeigt werden, die die Studierenden in ihrem späteren Lehrberuf als Anregung für den eigenen Unterricht sehen können. Aus dieser Arbeit lassen sich im zukünftigen Beruf neue und vielfältige Methoden entnehmen, die

eigenaktives und selbstverantwortliches Lernen möglich machen, um den neuen Anforderungen gerecht werden.
Auch ist bereits jetzt ein Umdenken bzgl. der Lehrerrolle nötig, was die derzeitigen Lehramtsstudierenden sicherlich in naher Zukunft weiterhin begleiten wird. War der Lehrer bisher ein reiner Wissensvermittler, so nimmt er - wie beim Theaterspielen an der HLS – in Zukunft eher die Rolle eines Beobachters und Lernbegleiters ein, der den Schülern mit Rat und Tat zur Seite steht.

4. Struktur

In dieser Stunde soll der thematische Schwerpunkt nicht auf der HLS Wiesbaden als solche liegen, sondern auf dem theaterpädagogischen Ansatz an dieser Schule.
Vorwegzunehmen sei allerdings, dass das Thema des „theaterpädagogischen Ansatzes an der Helene-Lange-Schule, Wiesbaden“ in dieser Stunde nicht im vollen Umfang behandelt werden kann. Es sollen lediglich die wichtigsten Aspekte aufgezeigt werden, die sich hier auf die Beschreibung der Theaterarbeit an der HLS sowie den Erwerb der Kompetenzen für Schüler und Lehrer durch Theaterarbeit beschränken.
Begonnen wird die Stunde mit einer Vorentlastung bzw. Aktivierung des Weltwissens. Hier geht es um Dinge, die man benötigt, um ein Theaterstück aufführen zu können (Bühne, Schauspieler, Theaterstück usw.). Diese Begriffe, bzw. Aufgabenbereiche in einer Theatergruppe, werden später wieder zum Einsatz kommen und dort tiefer erarbeitet.
Die HLS soll anschließend in groben Zügen (Gründung, Konzept) vorgestellt werden, da hier keine Vorkenntnisse vorausgesetzt werden können. Insbesondere wird hier natürlich schon auf die Theaterarbeit eingegangen, die an dieser Schule einen wichtigen Schwerpunkt ausmacht. Im weiteren Verlauf werden die Aufgabenbereiche des Theaters aus dem Stundeneinstieg auf ihren möglichen pädagogischen Wert überprüft. Hier soll überlegt werden, welche Kompetenzen ein Schüler durch Tätigkeiten in den jeweiligen Aufgabenbereichen erlernt, bzw. welche Fähigkeiten und Fertigkeiten hierdurch gefördert werden können (Bühne → handwerkliche Fähigkeiten, z. B. Schrauben und Bohren/Schauspielern → kreative Kompetenzen, Sozialkompetenzen usw.). Als Vorkenntnis wird das allgemeine Wissen über den Bereich Theater vorausgesetzt. Auch sollen die Studierenden in der Lage sein, erste didaktische Überlegungen zu dieser neuen Art des Lernens anzustellen. Hier sind Vorkenntnisse aus dem Seminar „Neue Lernkultur“ von Vorteil. Eigene Erfahrungen mit dem Theater (sei es, selbst Theater zu spielen o. ä.) sind nicht unbedingt notwendig, aber auch von Vorteil. Zuletzt sollen die sekundär zu erwerbenden Kompetenzen („Schlüsselkompetenzen“) von den Studierenden als Ergebnis der Theaterarbeit genannt werden. Der Satz von Enja Riegel „Wer viel Theater spielt, wird gut in Mathematik“ dient dabei der Provokation, da Mathematik und Theater gemeinhin als unvereinbare Gegensätze gelten. Die Probleme der Finanzierung und der Umsetzung eines solchen theaterpädagogischen Vorhabens an einer Schule sollen in der Vorstellung der Schule bereits kurz angesprochen werden, jedoch nicht detailliert erläutert werden. Auch die Diskussion ´Gesamtschule vs. Gymnasium` soll hier nicht angesprochen werden.

5. Zugänglichkeit

Die Studierenden haben bereits in den vergangenen Wochen im Zuge des Seminars „Neue Lernkultur“ unterschiedliche Unterrichtsmethoden und neue Lernformen kennengelernt. Dadurch sollte der Zugang zum theaterpädagogischen Ansatz an der HLS Wiesbaden bereits erleichtert worden sein. Durch die schematische Visualisierung zu Beginn der Stunde (Vorhang und Masken) soll den Studierenden der Zugang zum Thema Theaterarbeit vereinfacht werden. Eigene Erfahrungen mit dem Thema Theater oder sogar Erfahrungen mit der Theaterarbeit an Schulen fördert die Zugänglichkeit weiterhin. Dieser Ansatz wird sicherlich für die Studierenden leicht nachzuvollziehen sein, da das Theater ein wohlbekanntes, gesellschaftliches Phänomen ist. Durch Überlegungen, welche Kompetenzen durch die Theaterarbeit beim Schüler gefördert werden können, wird den Studierenden hiermit ein schrittweiser Zugang zum Erwerb der Schlüsselkompetenzen gegeben.

## 4. Lernziele

### Übergeordnetes Lernziel (ÜLZ)

Die Studierenden erkennen den kompetenzerweiternden Lerneffekt der theaterpädagogischen Arbeit an der Helene-Lange-Schule.

### Feinziele

Die Studierenden

- erstellen ein Begriffsfeld rund um das Thema „Theateraufführung" (Bühne, Schauspieler, Proben, Kulisse, Licht, Ton, Publikum, Text, etc.).
- kennen das Konzept der Helene-Lange-Schule in Grundzügen (Förderung der Selbstständigkeit, offenes Lernen, verschiedene Projekte je nach Jahrgang, Versuchsschule des Landes Hessen, integrierte Gesamtschule etc.).
- erschließen die vielfältigen Arten von primär zu erwerbenden Kompetenzen, die durch das Theaterspiel gewonnen werden, indem sie die Vorbereitung einer Aufführung nachvollziehen.
- übertragen die primär zu erwerbenden Kompetenzen auf sekundär mögliche, die der Persönlichkeitsentwicklung dienen.

## 5. Methodische Planung

Die Tische sollen bereits vor Unterrichtsbeginn so angeordnet werden, dass eine Gruppenarbeit mit maximal 6 Studierenden möglich ist. Die Anordnung der Tische in Gruppentische (evtl. bestehend aus je 2 Tischen) soll die Gruppenarbeit erleichtern, jedoch sollen die Studierenden einen ebenso guten Blick an die Tafel/ Overheadprojektion haben.

Im Einstieg soll ein Brainstorming durchgeführt werden. Bei dieser Methode erstellen die Studierenden ein ungeordnetes Wortfeld zum Oberbegriff „Theateraufführung" bzw. zur Fragestellen „Was benötigt man alles, um ein Theaterstück aufführen zu können?" Die Begriffe werden auf der OHP-Folie 1 (s. Kapitel „Geplante Tafelbilder/Anhang") gesammelt. Diese Methode ist für den Einstieg besonders nützlich, da alle Studierenden auf ihre persönlichen Erfahrungen zum Thema zurückgreifen können. Das Brainstorming soll in der Sozialform des Frontalunterrichtes stattfinden, um den Studierenden die Möglichkeit zu bieten aufgrund der schon erwähnten Begriffe neue Assoziationen zu dem Thema zu finden. Um dieses Verfahren zu unterstützen und um eine Grundlage für die spätere Gruppenarbeit zu schaffen, werden die Ergebnisse auf einer Folie festgehalten.

Im Anschluss an den Einstieg soll ein Lehrervortrag stattfinden, da bei den Studierenden kein Vorwissen über die HLS zu erwarten ist. Dieser Vortrag soll jedoch nicht in der Form einer einfachen Präsentation erfolgen, sondern die Studierenden durch kleinere Zwischenfragen aktivieren. Um den Vortrag zu veranschaulichen, wird währenddessen eine Folie mit Stichpunkten des Gesagten und Bildern, passend zum Vortrag, aufgelegt. Die Aufnahmefähigkeit der Lerner ist bei diesen Vorträgen sehr gering, weshalb diese Phase innerhalb kurzer Zeit erfolgt.

In der darauffolgenden Phase wird in Gruppenarbeit behandelt, inwieweit das Theater als Unterrichtsmethode dem Schüler nützt. Hierzu wird erneut die „Brainstorming-Folie" vom Stundeneinstieg aufgelegt. Den Gruppen wird ein Begriff (z. B. Kostüme) von dieser Folie rund um das Thema „Theateraufführung" zugeteilt. Sie sollen nun in der Gruppe überlegen, welche Kompetenzen Schüler in dem zugeteilten Bereich erlangen können, indem sie die Rolle der Schüler einnehmen und überlegen, was genau z. B. in der Gruppe „Kostüme" für eine gelungene Theateraufführung erledigt werden muss. Die Gruppenarbeit soll dabei möglichst alle Studierende aktivieren, weshalb die Gruppen, wie in der Erläuterung der Sitzordnung erwähnt, nicht größer als sechs Personen sind. Es werden Süßigkeiten verteilt, die die Studierenden motivieren sollen. Diese Bonbons (zwei grüne, drei bis vier rote Bonbons) werden in einem Säckchen zusammen mit der Aufgabenstellung verteilt. Das Erarbeiten in der Gruppe ist anregend, da jede Person andere Vorkenntnisse, Ideen und Ansichten hat. Dadurch kommen die einzelnen Gruppenmitglieder ihrerseits auf neue Gedanken und die Qualität und Kreativität der Aufgabenlösung wird erhöht. Jede einzelne aktive Person stärkt bei der Bearbeitung der Gruppenarbeit zusätzlich ihre Fähigkeiten zur Argumentation und Diskussion. Außerdem zeigen sich bei der Gruppenarbeit die Wissenslücken und Verständnisprobleme, die dann geschlossen und gelöst werden können. Das eigene Wissen wird also überprüft, ergänzt oder verändert und dabei stabilisiert. Bei der Gruppenarbeit werden ebenfalls die Sozialkompetenzen gestärkt. Bei den vielen verschiedenen Meinungen müssen die Mitglieder sich tolerieren und die verschiedenen Ideen akzeptieren, um zu einem guten Ergebnis zu kommen.

Die Gruppe soll sich nun überlegen, wie sie ihre Ergebnisse vortragen kann. Sie sollen in einem Rollenspiel in die Rolle der Schüler schlüpfen und ihre Arbeitsweise in den jeweiligen Gruppen schauspielerisch darstellen (z. B. Gruppe „Kostüme": Diskussion der Schüler über benötigte Stoffmenge für eine bestimmte Anzahl an Kostümen, Budgetplanung oder Design der Kostüme). Weiterhin sollen die konkreten Kompetenzen benannt werden und auf Karteikarten verschriftlicht werden, die im Anschluss gut sichtbar an der Tafel befestigt werden. Alternativ hätte man hier eine Partnerarbeit durchführen können. Dies wäre allerdings weniger aktivierend gewesen.

An die Gruppenarbeit schließen sich das **Rollenspiel** und die Präsentation der Ergebnisse an. Dabei sollen jeweils zwei Studierende ihre „Szene" dem Plenum vorspielen. Die zuvor verteilten Süßigkeiten bestimmen die Studierenden, die im Rollenspiel aktiv werden sollen: Alle Personen mit einem grünen Bonbon müssen spielen. Dieses zufällige Auswählen aktiviert dabei möglicherweise Studierende, die sich sonst nicht zu einem Rollenspiel bereit erklären würden. Im Anschluss an das Vorspielen der Kompetenzen sollen mit den anderen Gruppenmitgliedern noch einmal die konkreten Ergebnisse auf den Karteikarten benannt werden. Der Vortrag der Ergebnisse soll das Wissen der jeweils anderen Gruppen erweitern und dient als Motivation, da die Lerner ihre Erarbeitung der Aufgaben nicht für sinnlos halten. Außerdem werden die Ergebnisse so kontrolliert, sodass der Lernfortschritt für die Lehrenden sichtbarer wird.
Als Fazit dient ein **gelenktes Verfahren**. Dabei wird auf der Folie der Satz „Wer viel Theater spielt, wird gut in Mathematik." aufgedeckt. Anhand ihres neu erworbenen Wissens sollen die Studierenden diese Aussage diskutieren. Dieser Satz beinhaltet die Problematik, ob Theaterspielen für das Lernen nun sinnvoll ist oder nicht. Das soll zum Nachdenken anregen. Es werden bei der Diskussion alle Studierende aktiviert, da die eigene Meinung gefragt ist.

## 6. Verlaufsplan

| Zeit: 45 min. | Phasen | Inhalte | LZ | Methoden | Sozial-form | Medien | Person |
|---|---|---|---|---|---|---|---|
| 5 min. | Einführung | Assoziationen zum Thema „Theateraufführung“ | 1 | Brainstorming | FU | OHP, OHP-Folie 1 | Laura |
| 5 min. | Erarbeitung | HLS mit Schwerpunkt Theater | 2 | LV | FU | OHP, OHP-Folie 2 | Laura |
| 12 min. | Vertiefung | Theaterpädagogischer Ansatz der HLS, Schülerkompetenzen | 3,4 | Gruppendiskussion | GA | Karteikarten, OHP, OHP-Folie 1 | Jana |
| 15 min. | Sicherung | Kompetenzen | 3 | Rollenspiel, Präsentation, g. V. | FU | Karteikarten, Tafel | Jana |
| 8 min. | Fazit<br><br>Zusammenfassung | Theaterpädagogischer Ansatz an der HLS anhand des Zitates | 5<br>ÜLZ | g. V. | FU | OHP, OHP-Folie 1<br>Handout | Caroline |

## 7. Literatur

BASTIAN, JOHANNES / OTTO, GUNTER (HRSG.): Schule gestalten. Dialog zwischen Unterrichts- , Schul- und Bildungsreform. Hamburg 1995.

BECKER, GEROLD ET AL.: Das andere Lernen. Die Helene-Lange-Schule Wiesbaden. Entwurf und Wirklichkeit. Hamburg 1997.

KUBINA, CHRISTIAN / VAUPEL, DIETER (HRSG.): Qualitätsentwicklung von Schule. Praktische Wege und konkrete Strategien der Schulprogrammarbeit. Neuwied 2001.

RIEGEL, ENJA: Schule kann gelingen! Wie unsere Kinder wirklich fürs Leben lernen. Frankfurt am Main [7]2004.

STEFFENS, EVA KATHARINA: Leitbilder der Pädagogik der Helene Lange. Ein Beitrag zur historisch und systematisch-kritischen Analyse der Bürgerlichen Frauenbildungsbewegung um die Jahrhundertwende. Köln 1980.

Internet:

http://helene-lange-schule.templ2.evision.net/index.php?id=59 (letzter Zugriff: 21.06.2012).

## 8. Anhang

**Overheadfolie 1 mit Erwartungshorizont 1: Brainstorming**

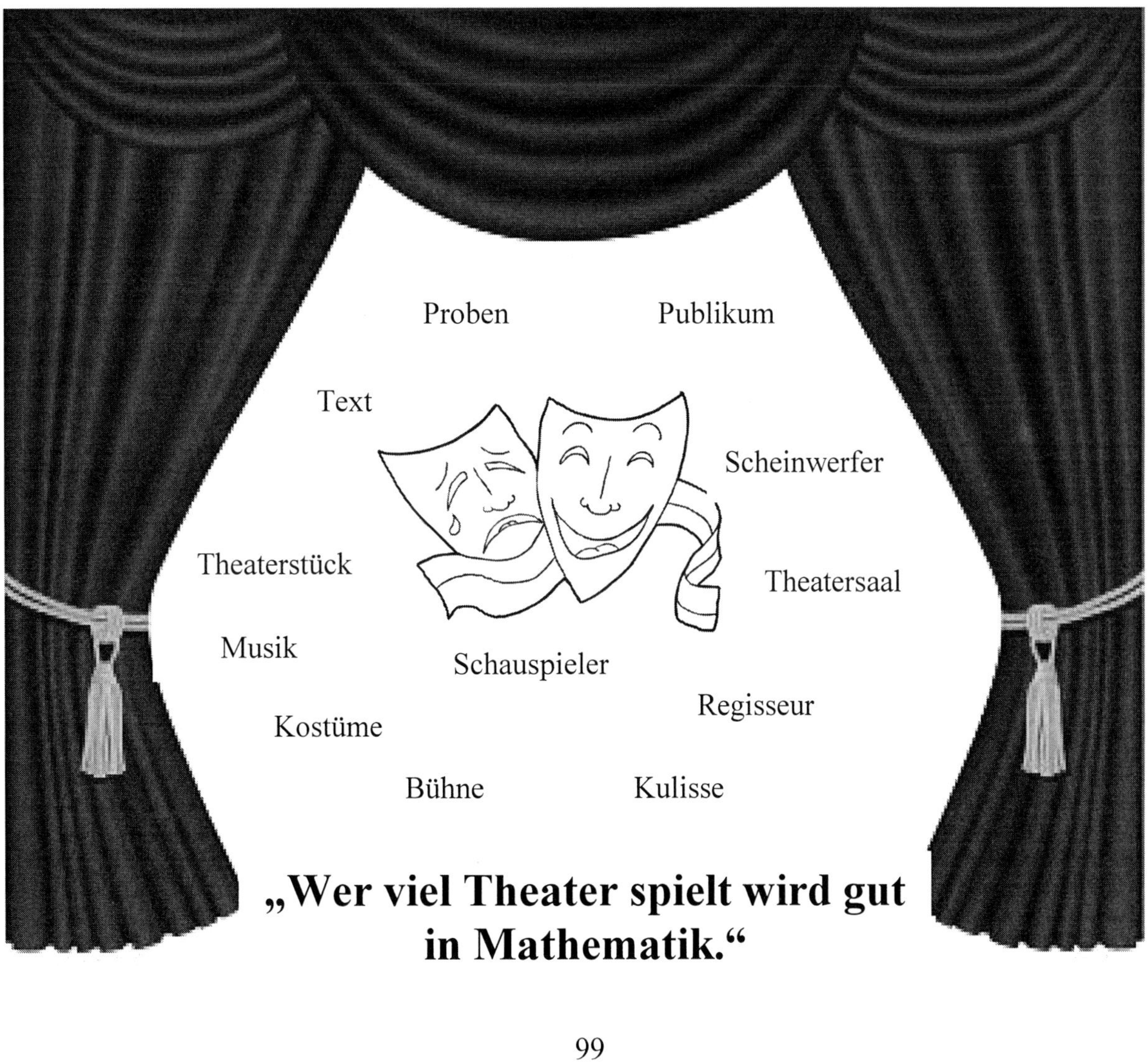

**Overheadfolie 2: Lehrervortrag (...)**

**Erwartungshorizont 2: Ergebnisse der Gruppenarbeit**

**Text**
- Sprachkompetenzen (z. B. durch Lesen des Textes)
- Sprechkompetenzen (z. B. Artikulation, Modulation)
- Kreativität und Phantasie (z. B. durch Schreiben eines eigenen Textes)
- Teamkompetenz (wer übernimmt welche Aufgabe in der Arbeitsgruppe)
- Kognitive Fähigkeiten (z. B. durch Auswendiglernen)

**Theaterstück**
- Kenntnisse über Autoren (evtl. auch geschichtliche Hintergründe)
- Organisatorische Fähigkeiten (z. B. durch die Rollenverteilung)
- Kreativität/Phantasie (z. B. durch Schreiben eines eigenen Theaterstückes)

**Musik**
- Musikalische Kompetenzen (z. B. durch Spielen eines Instrumentes)
- Kenntnisse über Instrumente
- Technische Kenntnisse (Bedienung einer Anlage, Lautsprecher, Verkabelung...)
- Kreativität

**Kostüme**
- Künstlerische Gestaltung/Kreativität (z. B. durch Entwerfen der Kostüme)
- „Handwerkliche" Fähigkeiten (z. B. durch Nähen der Kostüme)
- Organisatorische Fähigkeiten (wer benötigt welches Kostüm und woher bekommen wir es?)
- Buchhalterische Kenntnisse (was kosten Kostüme, wie viel Geld besitzen wir?)

**Proben**
- Selbstdisziplin (z. B. durch Textlernen, Einhalten von Zeiten)
- Durchhaltevermögen
- Kritikfähigkeit (aktiv wie passiv)
- Selbsterkenntnis

**Kulisse**
- Kreativität
- Handwerkliche & künstlerische Fähigkeiten
- Umgang mit Geld
- Planung (Raumaufteilung)
- Übertragung (vom Text auf den vorhandenen Raum)

**Bühne**
- Handwerkliche Fähigkeiten
- Zeitmanagement (Bühne muss früh fertig sein, damit die Proben beginnen können)
- Übertragung vom Text auf den vorhandenen Raum
- Vereinfachung (beschränkter Raum)

## 10. Reflexion

Reflexion zur LLE am 02.07.20.

Da ich mit der Lehr-Lern-Einheit begonnen habe, musste ich zu Beginn die Aufmerksamkeit der Studierenden auf mich ziehen. Das hat sehr gut funktioniert und alle haben mir zugehört. Auch der Einstieg mithilfe der Folie lief so ab, wie wir es uns vorgestellt hatten. Die Studierenden haben sehr gut mitgearbeitet und das gesagt, was wir erwartet haben. Bei diesem Teil habe ich mich leider zu sehr an meine Vorlage gehalten und wollte die genannten Begriffe zu den gewollten umwandeln. Dadurch habe ich die Studierenden z. T. etwas verwirrt. Der Lehrervortrag zur Helene-Lange-Schule, den ich anschließend gehalten habe, war auch gelungen. Hier habe ich jedoch Karteikarten verwendet, die ich eigentlich nicht gebraucht hätte. Ohne die Karten wäre der Vortrag freier gewesen und ich hätte mich vielleicht nicht so an den Karten festgehalten und wäre entspannter gewesen. Insgesamt habe ich während meinem Teil nie auf die Uhr geschaut. Daran muss ich auf jeden Fall denken, um den Verlauf im Blick zu haben. Nach mir begann Jana mit dem Teil zur Gruppenarbeit. Ihre Erklärungen dazu waren ruhig und organisiert. Zu der Zusammenfassung mit eigenen Worten meldete sich leider niemand, aber Jana hat diese Situation gut gelöst, indem sie eine Studierende mit Namen angesprochen hat. Die Erarbeitung in den einzelnen Gruppen hat gut geklappt. Es gab wenig Nachfragen und die Ergebnisse waren unserem Erwartungshorizont ähnlich. Auch die Zeit, die wir für diese Phase eingeplant hatten, war angemessen. Nur eine Gruppe war deutlich früher fertig, doch wir konnten ihnen mit der Zusatzaufgabe eine Beschäftigung geben. Leider mussten wir die Präsentation der Ergebnisse aus Zeitgründen streichen, sodass Caroline nur kurz darauf eingegangen ist. Die abschließende Diskussion lief in etwa nach unseren Vorstellungen. Die Studierenden beteiligten sich rege und äußerten sich sowohl kritisch als auch lobend zu der Theaterpädagogik. Das ein oder andere Mal hätte Caroline noch mehr auf die Beiträge eingehen müssen oder auf Fragen deutlicher antworten müssen. Doch durch die Änderung des Verlaufs war das Ende der LLE eher spontan und etwas aus dem Zusammenhang gerissen, sodass ich die Fehler von Caroline gut nachvollziehen kann.

Alles in Allem bin ich zufrieden mit dem Verlauf der Lehr-Lern-Einheit. Zum größten Teil ist sie so verlaufen, wie wir es geplant hatten und unsere Kommilitonen haben sehr gut mitgearbeitet. Zudem konnte ich für mich selbst viele Erfahrungen zur Unterrichtsplanung sammeln. Ich habe auch erneut erleben können, wie es ist, vor einer Klasse zu stehen und Unterricht zu halten. Ich habe in dieser LLE viel für meinen späteren Beruf als Lehrerin gelernt, was mir dabei hilft, den Unterricht für meine Schüler interessant und abwechslungsreich zu gestalten.

**N. N.**

## 13.4 Beispiel 3 (Biologie, 7. Klasse)

**Thema der Reihe: Wirbellose Tiere**

**Thema der Stunde: Die Beine der Insekten**

**Autorin: Carina Franzen**

### 1. Lernziele

#### 1.1 Übergeordnetes Lernziel:

Die SuS können ausgewählte Beintypen der Insekten als Angepasstheit an die Lebensweise erläutern.

#### 1.2 Feinlernziele:

Die SuS...

1\. ... wiederholen anhand einer Abbildung den Grundbauplan der Insektenbeine und stellen die Hypothese auf, dass sich die Beine in Angepasstheit an die Lebensweise spezialisiert haben.

2\. ... entwerfen mit Hilfe von Informationen über die Lebensweise der Tiere hypothetische Gedankenmodelle über die Abwandlung des Grundaufbaus der Beine zur Erfüllung der jeweiligen Leistungsanforderung.

3\. ... konstruieren mit Hilfe von Modellen der einzelnen Beinglieder und ihres Wissens über die Anforderungen an die Beine ein Sprung-, Grab- und Schwimmbein.

#### 1.3 Fakultatives Lernziel:

4\. ... begründen anhand ihres erworbenen Wissens, dass keiner der Beintypen der Beste ist, sondern jeder Beintyp an eine bestimmte Lebensweise angepasst ist.

**Kompetenzbereich:** Die SuS beschreiben und erklären die Angepasstheit ausgewählter Insektenbeine an die Umwelt (F 2.6).

### 2. Unterrichtsvoraussetzungen

#### a) allgemeine

Die Klasse setzt sich aus 30 SuS zusammen. Seit dem 05.11.20. unterrichte ich unter Anleitung des Fachlehrers selbstständig. Die Lehrprobenstunde ist somit die zehnte von mir gehaltene Stunde in dieser Klasse. Der Unterricht findet montags in der 3. Stunde und donnerstags in der 4. Stunde, jeweils im Fachraum statt. Für die Lehrprobenstunde wurde der Fachraum aus Platzgründen gewechselt. Die SuS bilden eine vertraute und harmonische Gruppe, sind aber teilweise noch sehr schüchtern und zurückhaltend. Der Großteil der Lerngruppe ist durchweg motiviert und an biologischen Themen interessiert, was sich in ihrer Aufmerksamkeit und den weiterführenden Fragen äußert. Viele SuS zeichnen sich durch ein hohes Maß an Mitarbeit aus und sind sehr mitteilungsbedürftig. Besonders A und B sind hoch motiviert und bringen weiterführende Beiträge. Allerdings kommt es in mitreißenden Unterrichtsphasen immer wieder zu unaufgeforderten Zwischenrufen, weshalb sie wiederholt auf das Handzeichen hingewiesen werden müssen. B zeichnet sich nicht nur durch großes Interesse, sondern auch durch ein fundiertes und umfassendes Fachwissen aus. Sie ist in der Lage, Zusammenhänge schnell zu erfassen und diese angemessen zu formulieren. C, D und E beteiligen sich ebenfalls regelmäßig aktiv am Unterrichtsgespräch und bringen dieses durch weiterführende Antworten voran. Da die Meldungen von D und B meist unmittelbar auf die Frage folgen, muss darauf geachtet werden, auch den anderen SuS ausreichend Zeit zum Nachdenken einzuräumen. Besonders die Meldungen von F und G sind meist zögerlich und dezent und bedürfen daher einer besonderen Aufmerksamkeit. Eher zurückhaltend in der Mitarbeit sind H und I, die vor allem zu Beginn des Unterrichts aktiv ins Unterrichtsgespräch eingebunden und in Form von Blickkontakt ermutigt werden müssen. K, L und M sind sehr schüchtern und melden sich von sich aus nur sehr selten. In Gruppenarbeitsphasen bringen sie sich jedoch aktiv mit ein. Die Lerngruppe ist mit dem fragend-entwickelnden Unterrichtsgespräch vertraut und arbeitet produktiv in Gruppenarbeit. Der Einsatz von Hilfekärtchen wurde bereits einmal praktiziert und erfolgreich angenommen. Insgesamt fällt es der Lerngruppe oft noch schwer, stumme Impulse als solche anzunehmen, dem dann durch Impulsfragen seitens der Lehrkraft begegnet wird.

**b) besondere**

Die Lehrprobenstunde stellt eine vertiefende Stunde in der Unterrichtsreihe „Wirbellose Tiere" dar. Als erster Vertreter wirbelloser Tiere wurde der Ringelwurm und dessen Bau, Lebensweise und Fortbewegung thematisiert. Als weiteres Beispiel für wirbellose Tiere folgten die Insekten, die auch Thema der Lehrprobenstunde sind. Zum Einstieg wurden anhand selbst gebauter Modell die äußeren Merkmale dieser Tierklasse erarbeitet. In den darauffolgenden Stunden wurden die Besonderheiten beim inneren Aufbau und die spezialisierten Mundwerkzeuge der Insekten behandelt. In diesem Zusammenhang lernten die SuS bereits den Zusammenhang zwischen einer Struktur, in diesem Falle der Mundwerkzeugstruktur, und der Funktion als spezielle Angepasstheit an eine Lebensweise, nämlich an unterschiedliche Nahrungen, kennen. Weiterhin wurde die vollständige und unvollständige Entwicklung der Insekten thematisiert. In der der Lehrprobenstunde vorangegangenen Stunde wurde in der Schlussphase bereits der Grundbauplan eines Insektenbeins besprochen. Die SuS wissen, dass adulte Insekten drei Beinpaare haben und jedes aus fünf Gliedern besteht. Anhand des Laufbeins wurde die Einteilung in Hüfte, Schenkelring, Schenkel, Schiene und Fuß erarbeitet. Die lateinischen Begriffe wurden nicht eingeführt. Der Zusammenhang zwischen der Vielfalt der Beintypen und der Anpassung verschiedener Insekten an die jeweiligen Lebensbedingungen soll sich während der Lehrprobenstunde erschließen. Im Anschluss an diese Stunde wird abschließend noch der Insektenflug behandelt und dann die Weichtiere als weitere Vertreter der Wirbellosen thematisiert. Als vorbereitende Hausaufgabe sollten die SuS den Grundbauplan des Insektenbeins wiederholen.

## 3. Didaktische Analyse

Der rheinlandpfälzische Lehrplan der Sekundarstufe I sieht für das Fach Biologie in der siebten Klasse das übergeordnete Thema „Pflanzen und Tiere und ihre Wechselbeziehungen in einem Ökosystem" mit einem Zeitstrichwert von 50 Stunden vor. Dabei steht die Reihe „Wirbellose Tiere" exemplarisch für die Tiere im Ökosystem Wald. Den Schwerpunkt dieser Reihe bilden die Insekten. Die Bedeutung der Insekten bezüglich der Wechselwirkungen in einem Ökosystem wird allein durch deren enorme Artenanzahl deutlich. Weltweit sind derzeit ca. 1 bis 1,5 Millionen Insektenarten beschrieben, denen ca. 47.000 Wirbeltierarten gegenüberstehen. Die einzigartige Fähigkeit, sich den verschiedensten Lebensbedingungen anzupassen, eröffnete den Insekten den Zutritt zu den mannigfaltigsten Lebensräumen. Durch ihre weite Verbreitung spielen sie in der alltäglichen Erfahrungswelt der SuS eine Rolle, sodass dieses Thema einen hohen Gegenwartsbezug für sie aufweist. Die Anpassung der Insektenbeine an die unterschiedlichen Lebensweisen als ein Beispiel für die Wechselbeziehung zwischen Bau und Funktion ist Thema der Lehrprobenstunde. Das Thema berührt nicht nur die Lebenswelt der SuS, sondern hat auch eine enorme fachdidaktische Relevanz. Die unmittelbare Verknüpfung zwischen Struktur und Funktion haben die SuS bereits bei den verschiedenen Mundwerkzeugtypen erfahren. Mit der Angepasstheit der Beinpaare soll in einem anderen Kontext aufgezeigt werden, wie sich die Körperstrukturen von Organismen im Laufe der Evolution den Bedingungen der Umwelt Schritt für Schritt im Sinne ihrer Funktionalität und Effizienz angleichen. Dieses Basiskonzept ist innerhalb des Kompetenzbereichs Fachwissen anzusiedeln. Die Angepasstheit von Körperstrukturen, sei es Beintypen oder Mundwerkzeuge, werden im Sinne des Spiralcurriculums bei der Behandlung der Themen „Homologien/Analogien" bzw. „Konvergenz/Divergenz" spätestens in der Oberstufe nochmals aufgegriffen. Die drei Brustsegmente der Insekten tragen je ein Beinpaar, weshalb die Insekten auch „Hexapoda" (griechisch = Sechsfüßer) genannt werden. Die Beine sind in erster Linie Organe der Fortbewegung, erfüllen jedoch noch andere Aufgaben. Eine Abhandlung des Themas *Beinpaare der Insekten* wäre in einer Schulstunde thematisch möglich, würde aber eine eingeschränkte Schüleraktivität und starke Lenkung seitens der Lehrperson fordern. Um den SuS in der Lehrprobenstunde die Chance zu geben, eigene Ideen zur Anpassung zu entwickeln, wurde der Grundbauplan, der bei dem so genannten Laufbein am deutlichsten wird, bereits in der vorangegangenen Stunde thematisiert. Denn obwohl die Insektenbeine unterschiedliche Formen aufweisen, sind sie alle nach einem einheitlichen Muster aufgebaut. Sie sind, wie bei allen Gliederfüßern, beweglich in sich gegliedert. Auf die Hüfte (Coxa) folgt der Schenkelring (Trochanter), der Schenkel (Femur), die Schiene (Tibia) und der Fuß (Tarsus). Der Fuß besteht aus bis zu fünf Gliedern, wobei das letzte Fußglied (Praetarsus) ein Paar Krallen und oft noch weitere Haftrichtungen trägt. Es wird daher häufig mit dem irreführenden Begriff Klauenglied beschrieben. Auf eine Benennung der Beinglieder mit ihren lateinischen Fachtermini wird aus Gründen der didaktischen Reduktion verzichtet. Aufgrund der Vorkenntnisse über den Grundbauplan können die SuS in der Lehrprobenstunde auf den bereits bekannten strukturellen Aufbau zurückgreifen und daran anknüpfen, was den Lernprozess erleichtert. Der Schwerpunkt der Stunde liegt daher im Vergleich ausgewählter Beintypen der Insekten mit besonderer Berücksichtigung der Basiskonzepte „Struktur und Funktion" sowie „Variabilität und Angepasstheit". Von dem Laufbein lassen sich die im Folgenden beschriebenen (und alle anderen) Typen ableiten. Eine Betrachtung der einzelnen Bewegungsmechanismen wäre zu komplex und würde die SuS aufgrund mangelnder Lernvoraussetzungen an dieser Stelle überfordern. Das *Sprungbein* hat die Fähigkeit erlangt, sich ruckartig zu strecken. Bei den Heuschrecken fungiert das Kniegelenk zwischen dem Schenkel und der Schiene als Sprunggelenk, bei den Zikaden das Hüftgelenk zwischen dem Hüftglied und dem Schenkelring. Die Sprungmuskulatur der Heuschrecken findet sich daher in den Schenkeln, die der Zikaden in den Hüften und der Brust. Die jeweiligen Beinabschnitte sind daher in kennzeichnender Weise verdickt. Flöhe nehmen eine Mittelstellung ein. Da eine ausgeprägte Sprungmuskulatur in den Schenkeln den SuS von anderen Tieren, wie z.B. dem Känguru bekannt ist, soll das Sprungbein exemplarisch an der Heuschrecke und nicht an den anderen Tieren erarbeitet werden. So genannte *Schwimmbeine* findet man bei vielen Wasserinsekten. Dabei nehmen die Schiene, der Fuß oder beide die Form eines Ruders an. Während die Mittel- und Hinterbeine der Taumelkäfer zu Ruderblättern verbreitert sind, bilden bei den Wasserzikaden und Gelbrandkäfern eine Reihe von steifen Haaren eine Verbreiterung der Beine. Beim Ruderschlag spreizt sich der Haarsaum, wodurch die Ruderfläche vergrößert wird. Beim Vorwärtsführen des Ruders legen sich die Haare dem Bein dicht an und bieten dem Wasser daher keinen Widerstand. Es ist nicht davon auszugehen, dass die SuS den Haarsaum als Möglichkeit der Oberflächenvergrößerung nennen. Als Hypothese ist es ausreichend zu wissen, dass die Beine verbreitert sein müssen. Welche Beinglieder das sind und wie die Verbreiterung gewährleistet wird, ist in der ersten Erarbeitungsphase noch nicht wichtig. Die bei den Wasserinsekten oft zu beobachtende Entwicklung einer glatten Oberfläche zur Verbesserung des Strömungsverhaltens ist nicht Thema der Stunde und soll daher nicht thematisiert werden. Eine Verbreitung der Beinglieder findet man auch bei den *Grabbeinen* der Mistkäfer und ihren Verwandten, der Maulwurfsgrillen, der Zylindergrillen und der Singzikadenlarven. Die Wege zur Bildung einer Grabschaufel sind in den genannten Gruppen verschieden. Besonders eindrucksvoll und daher Gegenstand der Lehrprobenstunde ist das Grabbein der Maulwurfsgrille. Der stark verbreiterte Schenkel ist schaufelförmig ausgebildet und zusätzlich mit einem gebogenen Haken versehen, mit dem harte Erde aufgebrochen werden kann. Auch die Schiene ist verbreitert und mit versetzt stehenden und scharfen Zähnen ausgerüstet. So können sich darin verfangende Wurzeln abgeschnitten werden. Diese Anpassung lässt sich durch den Vergleich mit einem Maulwurf oder einer Schaufel für die SuS gut herleiten. Die Wahl der einzelnen Insektenvertreter liegt in der Exemplarität ihrer Beintypen begründet. Auf die Behandlung der *Klammerbeine* wird verzichtet, da diese aufgrund ihrer Verbreitung der einzelnen Glieder große Ähnlichkeit zu den Grabbeinen darstellen und somit von den SuS nur schwer zu unterscheiden sind. Das Grabbein bietet den Vorteil, dass die schaufelartige Vergrößerung an die Grabschaufel eines Maulwurfs erinnert und somit für die SuS nahe liegender ist. Das *Sammelbein* der Biene soll bei der ausführlichen Behandlung der Honigbiene thematisiert werden. Das *Fangbein* am Beispiel der Gottesanbeterin wird in der nächsten Stunde zur Anwendung der in der Lehrprobenstunde erlernten Kenntnisse herangezogen. Die SuS haben im bisherigen Biologieunterricht meistens von der Struktur auf die Funktion geschlossen, was beim Gegenstand der Lehrprobenstunde auch möglich wäre. In der Lehrprobenstunde sollen sie jedoch umgekehrt von der Funktion auf bestimmte Anforderungen an die Struktur schließen. Das Ableiten der Struktur erfordert das Erschließen theoretischer, logischer Zusammenhänge, die es ebenso zu schulen gilt. Durch Vergleiche mit anderen Tieren oder alltäglichen Gegenständen kann möglichen Lernschwierigkeiten begegnet werden.

## 4. Methodische Planung

Die Stunde wird über einen problemorientierten Einstieg eröffnet. Mit Hilfe eines fiktiven Zeitungsartikels, der über eine geplante Insektenausstellung berichtet, bei der die Beinglieder der Insekten durcheinandergeraten sind, soll direkt zu Beginn der Stunde die Aufmerksamkeit der SuS fokussiert und das Interesse geweckt werden. Um die Dramaturgie zu erhöhen und das Interesse der SuS zu wecken, wird der Artikel im Lehrervortrag vorgetragen. Mit Hilfe von durcheinander geraten Folienschnipsel der Beinglieder auf dem Overhead Projektor soll die Problematik zusätzlich visualisiert werden. Alternativ hätte man kurze Filmsequenzen zeigen können, die die Insekten in ihren unterschiedlichen Lebensräumen und damit die Leistungsanforderungen an deren Beine zeigen. Da die gefunden Filme jedoch teilweise schon die Form der Beine verraten, habe mich dagegen entschieden. Der zielorientierte Einstieg über den Zeitungsartikel leitet unmittelbar zur Problemfrage über, wie die einzelnen Beinglieder richtig zugeordnet werden können. Die von den SuS formulierte Frage wird an der Tafel fixiert. Es ist zu erwarten, dass die SuS ihr Vorwissen über die Insektenbeine anführen. Über diese Aussage kann zur Wiederholung des Grundbauplans übergeleitet werden. Dazu wird eine Skizze eines Insektenbeins an die Wand projiziert und die SuS aufgefordert, die einzelnen Glieder zu benennen. Sollte der Grundbauplan nicht angesprochen werden, muss durch Impulse in die gewünschte Richtung gelenkt werden. Diese Wiederholungsphase bringt die Lerngruppe auf einen vergleichbaren Kenntnisstand und stellt die Grundlagen für die folgenden Erarbeitungsphasen dar. Würde der Grundbauplan erst in der Lehrprobenstunde erarbeitet werden, wäre er nicht ausreichend gefestigt und würde die Erarbeitung der Abwandlung zusätzlich erschweren. Im mehr oder weniger stark gelenkten Unterrichtsgespräch sollen die SuS die Hypothese aufstellen, dass die Beine der Insekten an deren Lebensweise angepasst sind und sich somit in ihrer Form unterscheiden. Die verbalisierte Hypothese wird nicht fixiert, sondern dient als Anregung zur nachfolgenden Erarbeitung. Die Auseinandersetzung mit den Hypothesen könnte alternativ auch im gelenkten Unterrichtsgespräch stattfinden. Das selbstentdeckende Lernen ist zwar zeitintensiver, bedingt aber eine selbstständige und eingehende Auseinandersetzung mit dem Lerngegenstand und ist somit nachhaltiger. In der ersten Erarbeitungsphase entwickeln die SuS hypothetische Gedankenmodelle über die Abwandlung des Grundaufbaus der Beine zur Erfüllung der jeweiligen Leistungsanforderung. Die Gruppeneinteilung erfolgt entsprechend der Sitzordnung in Zweier- und Dreiergruppen. Die arbeitsteilige Gruppenarbeit hat hier den Vorteil, dass mehrere Beintypen gleichzeitig bearbeitet werden können, was eine erhebliche Zeitersparnis mit sich bringt. Eine leistungsdifferenzierte Gruppenbildung ist an dieser Stelle nicht möglich, so dass die Binnendifferenzierung in Form von Hilfekärtchen erfolgt. Die SuS erhalten ein Arbeitsblatt, das die Informationstafel des Museums beinhaltet, auf der die Lebensweise des jeweiligen Insekts beschrieben wird. Der hypothetische Beinaufbau soll in Form von Stichpunkten notiert werden. Alternativ hätte man auch Modelle, z.B. in Form von Knete einsetzen können. Die SuS hätten dann ein vorgefertigtes Insektenbein nach ihren Vorstellungen umformen können. Diese Methode ist sehr anschaulich und wird auch dem haptischen Lerntyp gerecht, allerdings erfordert sie auch sehr viel Zeit. Da das Bauen von Modellen nicht Schwerpunkt der Stunde ist, wird darauf verzichtet. In einer anschließenden Sicherungsphase werden die Gruppenergebnisse gesammelt und von der Lehrperson auf Folie fixiert. Auf eine Schülerpräsentation wird verzichtet, da so in kurzer Zeit mehr Gruppenergebnisse berücksichtigt werden können. Die Sicherungsphase ist an dieser Stelle notwendig, da die hypothetischen Gedankenmodelle als Grundlage für die anschließende Erarbeitung dienen und die SuS aufgrund der arbeitsteiligen Vorgehensweise über die Ergebnisse der anderen Gruppen informiert werden müssen.

Zur Überprüfung der Hypothesen sollen die SuS in einer anschließenden arbeitsgleichen Gruppenarbeit die Einzelteile der Beinglieder zusammensetzen und den einzelnen Insekten zuordnen. Dabei wurden Hüfte, Schenkelring und Schenkel bereits zusammengefügt, da ein Zuordnen dieser Teile nicht mit der Anpassung an die Lebensweise zu erklären ist und somit mehr ein Ratespiel wäre. Man hätte diese Phase alternativ auch arbeitsteilig gestalten können, allerdings bietet die arbeitsgleiche Vorgehensweise den Vorteil, dass sich alle SuS direkt mit der Unterschiedlichkeit der Beine auseinandersetzen. Die anschließende Sicherungsphase soll von den SuS gestaltet werden. Das Kommunizieren und Argumentieren in verschiedenen Sozialformen ist den Bildungsstandards für den Kompetenzbereich Kommunikation zuzuordnen. Die während der Gruppenarbeit benutzten Modelle der Beinglieder sind mit einem Magnetband versehen, so dass die SuS ihre Ergebnisse direkt an der Tafel präsentieren können. Folienschnipsel wären theoretisch auch denkbar, müssten aber, um alle Beine nebeneinander zu präsentieren, sehr klein sein, was die Zuordnung erschwert und die Anschaulichkeit reduziert. Im

Anschluss an die Präsentation werden die Ergebnisse mit den Hypothesen vergleichen und diese verifiziert bzw. falsifiziert. Mit Hilfe eines Arbeitsblattes, auf dem die verschiedenen Beine dargestellt sind und benannt, erläutert und zugeordnet werden müssen, wird der Lerninhalt schriftlich gesichert. Nachdem die Beintypen benannt und zugeordnet sind kann die Stunde sinnvoll beendet werden. Die Ergänzung der Tabelle könnte dann in die Hausaufgabe verlegt werden. Man hätte die SuS die Modelle an der Tafel auch abzeichnen lassen können, allerdings ist dies aus zeitlichen Gründen nicht realisierbar. Ist noch Zeit vorhanden, soll mit der Frage, welcher Beintyp der Insekten der beste sei, das Wissen vertieft werden. Als Hausaufgabe sollen die SuS dann ihr Wissen über die Angepasstheit der Insekten als Ursache für deren Artenvielfalt zusammenfassen. Dabei werden die Kenntnisse über die mannigfaltigen Beintypen und Mundwerkzeuge noch einmal vertieft und vernetzt.

## 5. Geplanter Stundenverlauf

Beginn: 09:35 Uhr

Ende: 10:20 Uhr

| Phase | Unterrichtsgegenstand | LZ | U-Form | Medien | Zeit |
|---|---|---|---|---|---|
| Hinführung | Wie lassen sich die Beinglieder den verschiedenen Insekten zuordnen? | | feU | Tafel | 2′<br>09:37 |
| Wiederholung | Ein Insektenbein besteht aus Hüfte, Schenkelring, Schenkel, Schiene und Fuß. | 1 | SB | Folie | 5′<br>09:42 |
| Erarbeitung I | Abwandlung des Grundbauplans in Abhängigkeit von der Lebensweise. | 2 | at.GA | AB 1<br>Hilfekärtchen | 5′<br>09:47 |
| Sicherung I | Sprungbein benötigt kräftige Springmuskulatur, Grabbein verbreitert und schaufelförmig ausgebildet, Schwimmbein Form eines Ruders. | 2 | SB | Folie | 8′<br>09:55 |
| Erarbeitung II | Zusammenlegen der Beinglieder und Zuordnung zu den Insekten. | 3 | ag.GA | AB 2<br>Beinglieder | 10′<br>10:05 |
| Sicherung II | Darstellung von Sprung-, Grab- und Schwimmbein. | 3 | SB<br>AB | Beinglieder Tafel<br>AB 3 | 15′<br>10:20 |
| Festigung (fakultativ) | Bestimme den besten Beintyp und begründe deine Entscheidung. [keiner, da jeder an eine bestimmte Lebensweise angepasst ist] | 4 | feU | | |
| HA | Begründung für die Artenvielfalt der Insekten. | | | | |

AB= Arbeitsblatt, ag.GA= arbeitsgleiche Gruppenarbeit, at.GA= arbeitsteilige Gruppenarbeit, feU= fragend-entwickelndes Unterrichtsgespräch, SB= Schülerbeitrag.

## 6. Geplantes Tafelbild

Wie lassen sich die Beinglieder den verschiedenen Insekten zuordnen?

1 2 3

- kräftige Sprungmuskulatur - Glieder schaufelartig verbreitert - Glieder ruderartig verbreitert

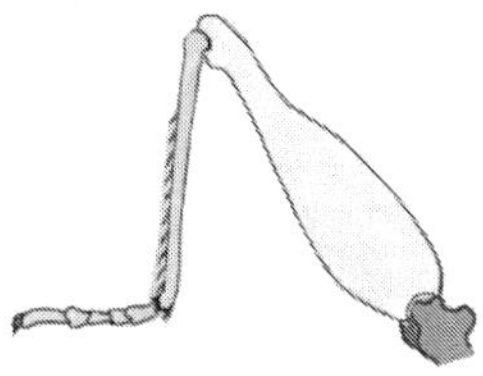

Sprungbein
(Heuschrecke)

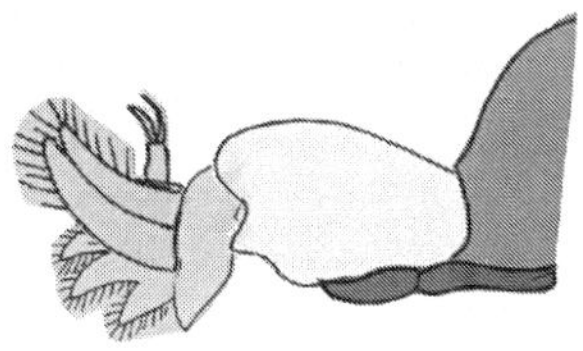

Grabbein
(Maulwurfsgrille)

Schwimmbein
(Schwimmkäfer)

## 7. Literatur


BICKEL, H. et al. (2002): NATURA. Biologie für Gymnasien. Stuttgart.

FRANKENBERG, T. et al. (2007): BIOskop. Gymnasien 7-10. Braunschweig.

GRZIMEK, B. [Hrsg.] (1979): Grzimeks Tierleben dtv. Insekten. München.

KATTMANN, U. (2007): Insekten sind anders. In: Unterricht Biologie. Heft 322, S. 4-13.

MARKL, J. [Hrsg.] (2006): Biologie. 6. aktualisierte Auflage. München.

MINISTERIUM FÜR BILDUNG, WISSENSCHAFT UND WEITERBILDUNG RHEINLAND-PFALZ [Hrsg.] (1997): Lehrplanentwurf-Entwürfe. Lernbereich Naturwissenschaften Biologie/Chemie/Physik; Orientierugsstufe, Sekundarstufe I. Mainz.

MÜLLER, O. (2011): Warum gerade Insekten? In: Praxis der Naturwissenschaften: Biologie in der Schule. Heft 7/60, S. 4.

SPÖRHASE, U. UND RUPPERT, W. [Hrsg.] (2010): Biologie Methodik: Handbuch für die Sekundarstufe I und II. Berlin.

UHL, J. (2007): Insekten sind anders. In: Unterricht Biologie. Heft 322, S. 14.

**8. Texte und Materialien**

**Einstieg**

**Die Ausstellung Insecta – Eröffnung in Gefahr**

Am kommenden Freitag soll in Trier die lang geplante Ausstellung Insecta eröffnen, die Insekten in ihren unterschiedlichen Lebensräumen zeigt. Aufgrund von Umbauarbeiten neben dem Museum kam es zu Erschütterungen, wodurch die Insektenmodelle umstürzten. Die Beine zerfielen in ihre Einzelteile und gerieten durcheinander. Die Aussteller bitten die Klasse 7 des XY-Gymnasiums um Hilfe.

**Wiederholung** (mit Lösung)

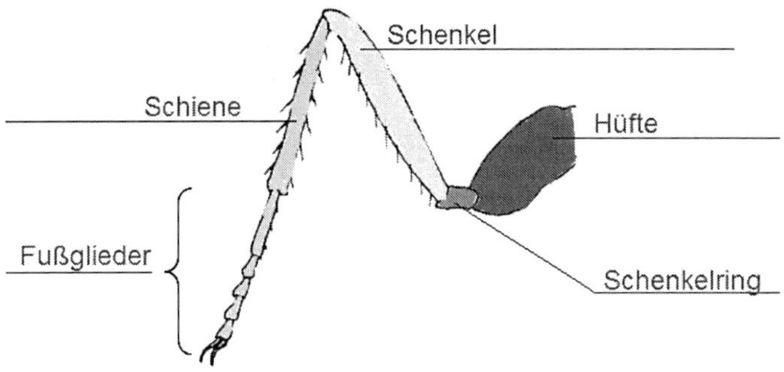


**EA 1**

AB 1: <Anm.: für Gruppe Springbein>

Ein ganz besonderes Tier (1)

Arbeitsaufträge *(Erwartungshorizont in Kursivschrift)*:

1. Lies die Informationstafel aus dem Museum aufmerksam.

Das Besondere dieser Tiere ist ihr Sprungvermögen. Auf der Suche nach Nahrung hüpfen sie im Gras oder Blätterwerk von einem Halm zum nächsten. Durch hohe und weite Sprünge sind sie in der Lage, größere Distanzen zurückzulegen, was besonders bei der Flucht von großem Vorteil ist. Die Fähigkeit, sogar aus der Ruheposition heraus so hoch zu springen, verdanken sie ihren hinteren Beinpaaren.

2. Beschreibe in einem Satz die besondere Fähigkeit dieser Insekten.
*- Diese Insekten können besonders hoch springen.*

3. Notiere stichpunktartig Hypothesen zum Aussehen der hinteren Beine, damit sie diese besondere Fähigkeit erfüllen können.
*- kräftige Sprungmuskulatur, verdickte Schenkel*

AB 1: <Anm.: für Gruppe Grabbein>

Ein ganz besonderes Tier (2)

Arbeitsaufträge:

1. Lies die Informationstafel aus dem Museum aufmerksam.

Diese Insekten leben bevorzugt unterirdisch in lockeren Acker- oder Lehmböden, durch die die Tiere sich leichter graben können. Mit Hilfe ihrer umgeformten Vorderbeine sind sie in der Lage, sich unter der Erde sehr geschickt zu bewegen. Dabei graben sie sich täglich unterirdisch bis zu 40 m weit. Ihre Tunnelsysteme sind mehrere Meter lang und können bis zu 4 m tief sein.

2. Beschreibe die besondere Fähigkeit dieser Insekten.
- *Diese Insekten können sich unter der Erde bewegen und gut graben.*

3. Notiere stichpunktartig Hypothesen zum Aussehen der hinteren Beine, damit sie diese besondere Fähigkeit erfüllen können.
- *Beinglieder schaufelartig verbreitert*
- *Beinglieder teilweise mit Haken versehen*

AB 1: <Anm.: für Gruppe Schwimmbein>

Ein ganz besonderes Tier (3)

Arbeitsaufträge:

1. Lies die Informationstafel aus dem Museum aufmerksam.

Es gibt nicht nur landbewohnende Insekten, sondern auch im Wasser lebende. Dabei sind die Hinterbeine dieser Insekten an die Bewegung im Wasser angepasst. Diese Beine verhelfen ihnen zu Schwimmleistungen, die jeden menschlichen Ruderer übertreffen.

2. Beschreibe die besondere Fähigkeit dieses Tieres.
- *Diese Insekten können im Wasser schwimmen.*

3. Notiere stichpunktartig Hypothesen zum Aussehen der hinteren Beine, damit sie diese besondere Fähigkeit erfüllen können.
- *Beinglieder ruderartig verbreitert*

**Hilfekärtchen:**

    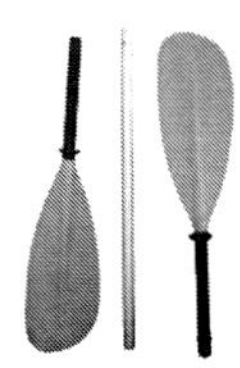

**EA 2 (AB2)**

Arbeitsaufträge:

1. In dem Kuvert findest du die Modelle der Beinglieder, die im Museum durcheinandergeraten sind. Füge die Einzelteile zu drei unterschiedlichen Insektenbeinen zusammen. Berücksichtige hierbei die von der Klasse aufgestellten Hypothesen.

Für die Schnellen:
2. Bei den Tieren im Museum handelt es sich um Heuschrecken, Maulwurfsgrillen und Schwimmkäfer. Ordne diese Tiere den Beinen begründet zu.

Modelle:

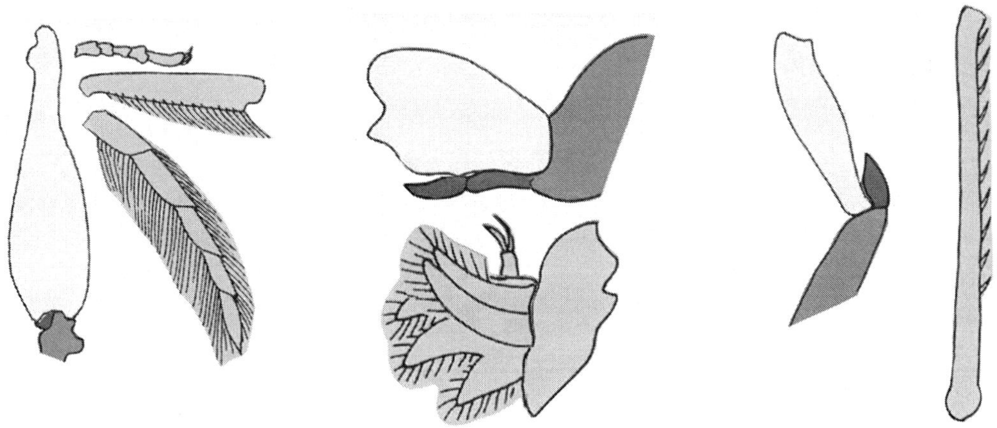

**Sicherung II (AB 3)** (mit Erwartungshorizont)

Variabilität und Angepasstheit am Beispiel der Beine der Insekten

| Schematische Darstellung | Beintyp | Spezialisierte Struktur | Funktion | Insekten-beispiel |
|---|---|---|---|---|
|  | Sprungbein | Verdickte Schenkel aufgrund der Sprungmuskulatur | Springen | Heuschrecke |
|  | Grabbein | Vorderbeine kurz und kräftig. Schenkel, Glieder und Teil des Fußes schaufelartig verbreitert | In der Erde graben | Maulwurfs-grille |
|  | Schwimm-bein | Haare bilden eine ruderartige Verbreiterung der Beine | Schwimmen | Ruderwanzen Gelbrandkäfer |

Nachbereitende Hausaufgabe (mit Erwartungshorizont):
Die Insekten gelten als die arten- und individuenreichste Gruppe der Erde. Weltweit sind zwischen 1 und 1,5 Millionen Arten beschrieben. Von den Wirbeltieren sind bisher nur 47.000 Arten bekannt. Die Erde wird daher gelegentlich auch als „Planet der Insekten" und die Insekten als „Herren der Erde" bezeichnet. Begründe diese Artenvielfalt mit deinem bisherigen Wissen über die Insekten.

*Erwartungshorizont:*
*Insekten sind an verschiedene Lebensbedingungen angepasst. Die Beine sind nicht nur an die unterschiedlichen Lebensräume angepasst, sondern dienen auch der Bewältigung spezieller Aufgaben. Auch auf Grund der Angepasstheit der Mundwerkzeuge können die Insekten unterschiedliche Nahrungsquellen erschließen. Somit können sie in viele Lebensräume vordringen, wodurch sich im Laufe der Zeit viele verschiedene Insektenarten entwickelt haben.*

**9. Sitzplan**

(Rasterplan)

## 13.5 Beispiel 4 (Kath. Religion, 6. Klasse)

**Thema der Reihe: Von einer besseren Welt erzählen – Jesu Botschaft vom Reich Gottes**

**Thema der Stunde: Die Heilung eines Aussätzigen (Mk 1,30-45)**

**Autorin: Anna Monika Braun**

### 1. Lernziele

#### 1.1 Übergeordnetes Lernziel

Die Schülerinnen und Schüler erkennen in der Auseinandersetzung mit der biblischen Wundergeschichte „Die Heilung eines Aussätzigen“, dass die Heilung nicht nur in der Genesung, sondern vor allem in der Reintegration in die Gemeinschaft liegt und Jesu Heilungshandeln insofern Vorbildcharakter für die ihm nachfolgenden Christen besitzt.

**1.2 Feinlernziele** Die Schülerinnen und Schüler

1. beschreiben die Gestik, Mimik und Körperhaltung von Jesus und dem Aussätzigen in dem Bildausschnitt „Heilung eines Aussätzigen“ (Jesus, am Kreuznimbus zu erkennen, wendet sich dem Aussätzigen zu (…)).

2. nehmen die biblische Wundergeschichte „Die Heilung eines Aussätzigen“ körperhaft wahr und legen dar, was sie spontan beeindruckt hat (beispielsweise schnelle Heilung, dass sich Jesus über das Kontaktverbot hinwegsetzt, dass Jesus den Aussätzigen von seiner Krankheit befreien kann).

3. versetzen sich in die Perspektive Jesu oder des Aussätzigen und formulieren deren Gedanken und Gefühle (Jesus: Hilfe, Sorge, Zuwendung, Hinwegsetzen über Gesetze aus Mitleid mit dem Aussätzigen, Nähe; Aussätziger: Trauer über Isolation und Krankheit, Hinwegsetzen über das Kontaktverbot aus Hoffnung und Vertrauen in Jesus).

4. erläutern aufgrund dessen und in der Reorganisation der vorentlastenden Hausaufgabe, dass durch die vertrauensvolle Bitte des Aussätzigen um Hilfe und Jesu Mitleid eine Berührung der beiden entsteht, die Gesundheit und Gemeinschaft für den nun nicht mehr Aussätzigen bringt.

5. vergleichen Bibeltext und gesamtes Bild miteinander ((…) die Aufnahme in die Gemeinschaft wird durch eine durchgehende Verbindung von dem Aussätzigen über Jesus hin zu den ihm nachfolgenden Menschen angedeutet).

6. finden Situationen, in denen sich auch heute noch Menschen wie Aussätzige fühlen und was für diese Menschen ein vergleichbares Wunder wäre ((…) z.B. andere in die Klassen-/ Sportverein-Gemeinschaft integrieren, einen kranken Mitschüler besuchen...).

#### 1.3 Kompetenz(-schwerpunkt)

Die Schülerinnen und Schüler vertiefen ihre Wahrnehmungs- und Deutungskompetenz anhand religiöser Sprache und Zeugnisse und setzen dabei ihre eigene Lebenswelt mit der Erfahrungswelt der Bibel in Beziehung.

## 3. Sachanalyse

(…)

### 3.2 Wundergeschichten

Dadurch, dass Menschen sich heute ihre Welt mit Naturgesetzen und anderen wissenschaftlichen Erkenntnissen erklären, stehen sie den biblischen Wundergeschichten häufig skeptisch gegenüber. Doch eine ablehnende Haltung gegenüber den wunderbaren Taten Jesu existierte bereits zur Zeit Jesu. Auf der anderen Seite ist auch heutzutage in den Medien zu beobachten, dass Menschen interessiert sind an und gerne erzählen von erstaunlichen Ereignissen, die Schlagzeilen machen und auf einen Zufall oder pures Glück zurückgeführt werden. Oder Menschen sehen auch heute noch persönlich Wunder in für sie bedeutsamen Ereignissen wie der Geburt des eigenen Kindes oder der Fügung, dass sie eine Beziehung zu einer Person aufbauen, die sie ein ganzes Leben lang trägt - trotz des Wissens um die Entstehung (Hormone, Zeugungsvorgänge, ...). Diese oder andere wundervolle Ereignisse allerdings in den Zusammenhang mit dem Wirken Gottes zu bringen, wird heute allerdings häufig belächelt.

Die Wundergeschichten lassen sich auf dieser Basis folgendermaßen lesen und verstehen: Da für die Menschen der Antike das Einwirken göttlicher Mächte selbstverständlich zu ihrer Welterfahrung und -deutung hinzugehörte, weil sie die Naturgesetze noch nicht kannten, weisen gerade außergewöhnliche Begebenheiten für die Menschen der Bibel auf die Macht Gottes hin. Nach der Definition von Alfons Weiser sind Wunder „auffallende Ereignisse, die von glaubenden Menschen als Zeichen des Heilshandelns Gottes verstanden werden.“ Gläubige verknüpfen entsprechend das auffällige Ereignis mit ihren bisherigen Gotteserfahrungen, was ihren Glauben bestätigen oder erweitern kann (im Sinne der Assimilation und Akkomodation Piagets). Die Erzählungen von solchen erstaunlichen Geschehnissen kann man aufgrund dessen als Weise, von Gott zu sprechen, auffassen. Die biblischen Wundergeschichten wollen über Gott aussagen, dass Gott derart handelt, dass es heilvoll für die Menschen ist. Dabei sind die Wundergeschichten der Evangelien Taten des Menschen Jesus, die für glaubende Menschen göttliche Macht sichtbar machen. Sie wollen die Leser und Leserinnen dazu anregen, ihre Lebenserfahrungen im Horizont des Vertrauens in Gottes Handeln zu betrachten. Jesus selbst sieht seine Taten als „Anbruch einer neuen Welt, in der nach Gottes Willen die Not der Menschen aufgehoben sein soll. In diesem Sinn kann man die Wundergeschichten auch als Protest gegen das Leid in der Welt verstehen.“ Denn für die Menschen, die Heil(ung) erfahren haben, ist das Reich Gottes Wirklichkeit.

(Vgl. Epping: Von Anekdote bis Wundergeschichte, S. 189 – 190.)

### 3.3 Die Heilung eines Aussätzigen (Mk 1,40-45) – Kommentar

Peter Müller erkennt in der Wundergeschichte eine Gliederung in zwei Teile. Der erste Teil (V. 40-42) weist die typischen Elemente von Wundergeschichten auf, also die Begegnung von Krankem und Wundertäter, die Bitte des Kranken, Geste und Wort des Wundertäters sowie Feststellung der Heilung. Wichtig ist bei der Analyse der Erzählung, dass zu Beginn die Hautkrankheit „Aussatz“ in ihren damaligen Auswirkungen betrachtet wird: Der Aussatz verunreinigt nach jüdischem Verständnis und schließt den Befallenen deshalb aus der kultischen und sozialen Gemeinschaft aus. Ein Aussätziger wurde aus Angst vor Ansteckung und aufgrund der kultischen Unreinheit gewissermaßen ausgesetzt, zu einem Ausgestoßenen. Deshalb scheint Aus-Satz auch der treffende Begriff für die Krankheit und ihre Folgen zu sein. Verschlimmernd kam hinzu, dass im jüdischen Verständnis teilweise Krankheit mit eigener Schuld verbunden war, besonders bei Blindheit, Stummheit, Epilepsie und Aussatz. Der Grund der Krankheit wurde dann in einem Vergehen gegen Gott, also einer Störung des Gottesverhältnisses gesehen, weshalb die Isolation moralisch begründet werden konnte. Lev 13,45f. gebietet infolgedessen eine Aussonderung nach einer vorherigen Beobachtung und Feststellung des Priesters. Die Teilnahme am Kult und das Betreten des Tempels war dann untersagt, da der Tempel als rein (Wohnort der Heiligkeit Gottes) galt und der Aussatz als unrein. Die Unterscheidung zwischen rein und unrein war bedeutsam im alttestamentlich-jüdischen Weltverständnis im Hinblick auf die Identitätskonstruktion, da sie sich so von ihrer Umwelt abgrenzen konnten. Deshalb erforderte die Feststellung der Heilung auch einen Priester sowie Reinigungsrituale. Zudem ist Heilung dementsprechend nur möglich, wenn sie von Gott kommt. Wenn dies zu Grunde gelegt wird, ist Drewermanns psychologischer Deutung, dass das Wunder darin liege, dass der Aussätzige den Mut findet, die Vorschriften hinter sich zu lassen und auf Jesu Mitleid zu hoffen, beizupflichten. (...) Symbolisch-existenziale Deutungen sehen den Aussatz auch im übertragenen Sinne, unabhängig von der konkreten Krankheit, sodass dem exemplarischen Charakter der Wundergeschichte Rechnung getragen wird und auf das Gefühl des Aussätzig-Seins, Von-anderen-abgeschottet-Seins der Menschen ausgeweitet wird. Dies trägt zur Aktualisierbarkeit der Erzählung bei. (...)

Weder der Kranke noch Jesus halten sich an die vorgeschriebene Distanzierung. Nach Müller geht Markus davon aus, dass Jesu Reinheit die Unreinheit des Kranken tilgt. Die passive Formulierung seiner daraus hervorgehenden wiederhergestellten Reinheit ist demnach als Handeln Gottes anzusehen: Jesus handelt in Vollmacht und steht, indem er die Krankheit heilt, über dem Kontrast rein – unrein. So vermag er auch die Reinheit festzustellen, ohne dass ein Priester den Mann begutachtet hat. (...) Mit der Heilung und der damit einhergehenden Konstatierung der Reinheit in Vers 42, in dem bezeichnender Weise erstmals zwischen Erkrankung und Mensch getrennt wird (Vgl. mit V. 40: „Ein Aussätziger"), erfüllt sich jedenfalls die dringliche Hoffnung des Kranken: Er wird durch Jesu Zuwendung reintegriert in die religiöse und soziale Gemeinschaft. Die Wundergeschichte, die das Geschehen aus dem Glauben heraus deutet, stellt somit dem vergangenen Wirken Jesu entsprechende Meinungs- und Handlungsimpulse im Umgang mit Kranken und sich aussätzig fühlenden Menschen am Rande oder sogar außerhalb der Gesellschaft für die frühchristlichen Gemeinden sowie die Gegenwart aller Leserinnen und Leser bereit.

In dem zweiten Teil der Wundergeschichte (V. 43-45) stehen das Schweigegebot, das Jesu Interesse an dem Wohl des Mannes im Gegensatz zu eigenem Ruhm herausstellt, und die Aufforderung, sich einem Priester zu zeigen und das von Mose angeordnete Opfer darzubringen im Vordergrund. Während der Leser nicht erfährt, ob der Geheilte den Priester aufsucht, verstößt er jedenfalls gegen das Schweigegebot – vielleicht verständlicher Weise - mit der Konsequenz, dass Jesus nun bedrängt wird und in abgelegene Gebiete ‚flüchten' muss.

(Vgl. Zimmermann: Kompendium der frühchristlichen Wundererzählungen, S. 221 – 234 und Meinrad Limbeck: Markus-Evangelium, S. 36f.)

## 4. Didaktische Analyse

(...)

Die Stunde des Prüfungsunterrichts dient insbesondere dazu, die Schüler zum Nachdenken darüber anzuregen, wie sie in der Nachfolge Jesu Menschen, die sich ausgeschlossen fühlen, integrieren können, sich ihnen zuwenden können. Sie können so sensibel werden ihre Umwelt bewusst wahrzunehmen und den Blick auf diejenigen zu richten, die Zuwendung, eine Berührung, dringend bräuchten. Wenn Menschen daraufhin wieder Lebenslust spüren, haben sie aktiv an der Realisierung des Reiches Gottes mitgearbeitet. Das übergeordnete Lernziel des Prüfungsunterrichts lautet deshalb: Die Schüler sollen erkennen, dass Jesu Heilung des Aussätzigen diesen nicht nur physisch gesunden lässt, sondern auch psychisch, indem er nun wieder in die Gesellschaft aufgenommen ist und Zuwendung bekommt, die er vermutlich lange vermisst hat. Diese Hauptintention soll folgendermaßen erreicht werden: Zunächst sollen die Schüler ein Bild zur Heilung eines Aussätzigen aus dem Codex Echternach von 1040 betrachten und beschreiben: (...) Jesus, der eine römische Gewandung trägt und mit einem Kreuznimbus eindeutig gekennzeichnet ist, wendet sich auf dem Bild mit seinem ganzen Körper dem Aussätzigen zu, einem Mann, dem von seinen Mitmenschen keinerlei Zuwendung geschenkt wird. (...) Der Aussätzige wirkt, als wäre er gerade von außen in das Bild hineingekommen, er ist am unteren rechten Rand gemalt. Viele rote Stellen zeichnen seine Haut, die ein einfaches Gewand umhüllt. Gebeugt erhebt er bittend die Hände, während er vorsichtig auf Jesus zuschreitet. Er wirkt müde wie einer, der lange viel Leid ertragen hat. Dennoch schafft er es, sich hilfesuchend an Jesus zu wenden, was von einer großen Hoffnung und einem tiefen Vertrauen zeugt. Die Begegnung der beiden ist auf dem Bild also sehr eindringlich dargestellt, was noch dadurch verstärkt wird, dass Jesus und der Aussätzige die gleiche Gewandfarbe tragen. Hinzu kommt, dass durch die Berührung der Aussätzige nun in einer durchgängigen Verbindungslinie mit Jesus und den ihm Nachfolgenden steht und mit ihnen verbunden ist, was seine Reintegration demonstriert. Auffällig ist ebenfalls die Farbsymbolik, die das Bild und dessen Bedeutung prägt. Das Blau im Hintergrund, das die Berührung von

Jesus und dem Aussätzigen umgibt, repräsentiert den Himmel und damit das Reich Gottes, das in der Berührung verwirklicht wird. Es unterstreicht somit die heilvolle Bedeutung der Berührung. Den unteren Körperbereich des Aussätzigen umrahmt die Farbe Grün, die für neues aufblühendes Leben und Hoffnung steht und somit zum einen die Hoffnung in Jesus symbolisiert und zum anderen das anbrechende neue Leben des Mannes in der Gemeinschaft, der Fülle des Reich Gottes. Das Rosa, welches einerseits am oberen Bildrand, aber auch in den Gewändern von Jesus, dem Aussätzigen und einem Jesus Nachfolgenden zu sehen ist, steht für die Morgenröte und somit ebenfalls für das neue, bessere Leben des Geheilten in der Gemeinschaft. Zunächst soll allerdings nur die eben beschriebene Gestik, Mimik und Köperhaltung von Jesus und dem Aussätzigen in den Blick genommen werden (FLZ 1), damit die Schüler anhand des Bildausschnittes einen konkret-anschaulichen Zugang zu der Begegnung zwischen Jesus und dem Mann mit der verwundeten Haut finden, noch ohne den Bibeltext zu kennen. Daraufhin wird ihnen von der Lehrkraft der Bibeltext vorgelesen, sodass der Text für sie körperhaft wahrnehmbar wird, woraufhin die Schüler spontane Eindrücke äußern (FLZ 2). Sie werden möglicherweise sofort auf das Bild zurückverweisen und den Zeitpunkt des Bildes zu bestimmen versuchen, der die Berührung, aber noch nicht die Heilung des Mannes zeigt. Oder sie gehen darauf ein, dass Jesus dem Aussätzigen aus Mitleid hilft. Es könnte aber auch genannt werden, dass der Mann zu Jesus kommt, weil er traurig ist und sich Hilfe von Jesus erhofft. Diese Annäherung an den Text bereitet vor, dass die Schüler sich in die Gedanken und Gefühle Jesu und des Aussätzigen hineinversetzen können, um das Beziehungsgefüge und die Emotionen in der Wundergeschichte vollständig zu erfassen: Der Aussätzige ist traurig, aber hat noch Hoffnung in und Vertrauen zu Jesus und Jesus hat Mitleid mit dem Aussätzigen (FLZ 3). Auf der Basis dieser Perspektivwechsel wird eine gemeinsame Textdeutung entwickelt und an der Tafel gesichert, die auch berücksichtigt, dass Aussätziger und Jesus sogar die Vorschriften, die ihren Kontakt verbieten, übertreten, da der Aussätzige seine ganz Hoffnung und sein Vertrauen in Jesus setzt und Jesus das Wohl dieses Kranken so wichtig ist, dass er sich erbarmt und ihn heilt (FLZ 4). Auf Basis der Textdeutung wird nun ein Vergleich zwischen Text und Bild angestrebt, um die Deutung zu vertiefen und noch einmal anschaulich vor Augen zu haben (FLZ 5). Um die Erfahrungswelt des Bibeltextes vollends mit der Lebenswelt der Schüler zu verknüpfen und eine Aktualisierung der Deutung vorzunehmen, die die heilvolle Inklusion unabhängig von der konkreten Krankheit fokussiert und auf die Gegenwart der Schüler ausweitet, wird zuletzt das Gefühl, heute aussätzig zu sein, besprochen und mit Situationen, welche die Schüler kennen, verbunden (FLZ 6).

Lernwiderstände könnten auftreten bezüglich des Schweigegebots und dass es gebrochen wird. Da dies aber nicht so zentral für die Intention der Stunde ist, wird kurz im Lehrervortrag dazu erklärt, dass Jesus keinen Ruhm ernten wollte, sondern einfach helfen. (…) Auch dass Jesus den Geheilten noch zu einem Priester schickt, muss eventuell besprochen oder erläutert werden. Es sollte dann einleuchten, dass Jesus sich nicht gegen die Gesetze stellt, sondern sie nur dort übertritt, wo es notwendig ist, für das Heil und Wohl eines Menschen, der verloren ist. (…)

Die *Zugänge* der Schüler zu der Wundergeschichte sind vielfältig. So kennen die Schüler sicherlich das Gefühl, sich ab und an ausgegrenzt zu fühlen und wie gut es dann tut, wenn ihnen dann jemand, an den sie sich wenden, entgegenkommt, sie wieder reintegriert. Ein Streit in der Klasse oder mit einem Freund, vielleicht auch in der Familie und die darauffolgende Versöhnung können hier Anknüpfungspunkte zur Lebenswelt der Schüler sein, aber auch eine ausbleibende Einladung zur Geburtstagsfeier, zu der doch bereits alle anderen eingeladen sind. (…) Ein Aspekt der Wundergeschichte ist sowohl *für die Gegenwart als auch für die Zukunft der Schüler bedeutsam*: Das Gefühl, „aussätzig“ zu sein, vielleicht durch eigene Schuld isoliert und einsam zu sein, kann in verschiedenen Momenten des Lebens oder ganzen Lebensabschnitten auftreten. Die Frage, die sich dann stellt, lautet: Wie gehe ich mit diesem lähmenden, bedrückenden Gefühl um und wie finde ich wieder zurück in das Leben der Gemeinschaft? Dass Gott das Heil aller Menschen will und sich denjenigen, die in Not und ins Abseits des Lebens geraten sind, zuwendet, sie berührt, kann eine tragende Gewissheit werden, die Unsicherheiten und schwere Zeiten des Lebens überstehen lässt. Auch dass man sich in solchen Fällen an andere Menschen wenden kann, denen man vertraut, kann die Wundergeschichte den Schülern zeigen. Die *Gegenwartsbedeutung* der Heilung des Aussätzigen für die Schüler liegt zudem umgekehrt in der Erkenntnis, dass sich heute immer noch andere Menschen so ausgeschlossen fühlen, wie Aussätzige damals und dass eine Berührung – auch im übertragenen Sinne – diese Menschen heilen kann, sodass sie sich wieder wohl fühlen in ihrer Haut. Dies regt zum Nachdenken darüber an, wie man Menschen, die dieses Gefühl haben, begegnen kann oder kann achtsam machen, auf solche Menschen aufmerksam zu werden, auch im eigenen Umfeld. Sich gerade den Menschen zuzuwenden, die sich ausgegrenzt fühlen durch die herrschenden Verhältnisse und sich vielleicht selbst im Wege stehen, kann auch als *Zukunftsbedeutung* angesehen werden, im Hinblick auf soziales Ehrenamt und (politische) Verantwortung für die Mitgestaltung der Gesellschaft. *Exemplarisch* kann an der Heilung des Aussätzigen herausgearbeitet werden, dass Gott barmherzig ist und sein Reich Gottes unabhängig von Leistung geschenkt wird. Ein weiterer Aspekt der *Exemplarität* liegt in dem grundsätzlichen Verhältnis von Mensch und Gott, der Freiheit. Dies wird am Beispiel der Wundergeschichte deutlich, da die Erzählung des Geschehnisses als Wunder, also als Heilshandeln Gottes angesehen wird, von der freien Sichtweise der Wirklichkeit im Vertrauen auf Gott zeugt. Aber vor allem auch daran, dass der Aussätzige frei und vertrauensvoll Jesus anspricht und ihn bittet, ihm zu helfen.

## 5. Methodische Planung

(...)

Den Einstieg in die Stunde des Prüfungsunterrichts stellt der Ausschnitt des Bildes „Heilung eines Aussätzigen" (M 1) aus dem Codex Echternach dar, der Jesus und den Aussätzigen zeigt. Das zugeschnittene Bild wird durch die Dokumentenkamera gezeigt. (...) Im Anschluss wird den Schülern die Wundergeschichte vorlesend präsentiert, da dies ihr Vorstellungsvermögen direkt anspricht. Im Rahmen der Subjektorientierung können die Schüler daraufhin benennen, was sie beeindruckt hat. Mittels individuellen und arbeitsteiligen perspektivischen Erzählens erschließen sich die Schüler eigenständig den biblischen Text und vollziehen so Situation und Motive nach (Isolation durch Kontaktverbot, das durchbrochen wird aufgrund des hoffnungsvollen Bittens des Aussätzigen und seines Vertrauens in Jesus sowie das Erbarmen Jesu, aus dem heraus er hilft und den Aussätzigen berührt, was für den Aussätzigen Heilung von Krankheit und Isolation bedeutet.). Alternativ hätte auch die Gestaltung eines Textsoziogramms oder ein Rollenspiel der Texterschließung dienen können, allerdings wurden diese Möglichkeiten verworfen, da das Einnehmen der jeweiligen Perspektiven angesichts des Alters- und Entwicklungsstands, der zeitlichen Begrenzung und der beengten räumlichen Begebenheiten am sinnvollsten erscheint. Der Arbeitsauftrag wird zur Verdeutlichung verschriftlicht unter die Dokumentenkamera gelegt, da die Schüler sich somit immer wieder daran erinnern und orientieren können. Die Ergebnisse präsentieren die Schüler, indem sie die Gedanken und Gefühle vorlesen. Dies wird in einem Tafelbild fokussiert, da dadurch die arbeitsteiligen Ergebnisse zusammengeführt werden und die Aufmerksamkeit auf die Deutung gebündelt und jene nachvollziehbar wird. (...) Auf Basis der Textdeutung findet dann eine Relektüre des - diesmal gesamten - Bildes statt. Jeder Schüler erhält ein Bildchen und kann dieses ganz nah und genau betrachten, was der Subjektorientierung Rechnung trägt. Die Schüler erhalten nun drei Minuten Zeit, sich mit ihrem Partner auszutauschen, was ihnen Sicherheit gibt und zu einer Verbesserung der Antworten führt. Auch Schüler, die sich bisher nicht eigenaktiv am Unterricht beteiligt haben könnten, können nun zur aktiven Mitarbeit aufgefordert und so in den Unterricht integriert werden. Die Schüler können nun ihre Erkenntnisse im Unterrichtsgespräch äußern und erneut zu Mimik, Gestik und Körperhaltung anhand der Deutung des Textes Stellung nehmen, aber auch zu bisher nicht beachteten Aspekten. Mit gezielten Gesten oder Impulsen soll die Aufmerksamkeit von der Lehrkraft auf bestimmte Aspekte gelenkt werden, sofern sie den Schülern nicht von sich aus auffallen (gleiche Gewandfarbe bei Jesus und dem Aussätzigen, Verbindungslinie von dem Aussätzigen über Jesus zu den ihm Nachfolgenden). Durch den wirkungsgeschichtlichen Zugang wird ein schülerorientierter, anschaulicher Zugang zur Geschichte ermöglicht sowie ein Dialog zwischen Lebenswelt der Schüler, Erfahrungswelt des Bibeltextes und Werken der Kunst (nach Franz W. Niehls Dialogischem Bibelunterricht). (...) Die Schüler entwickeln eine eigene Deutung, in der sie die Erkenntnisse der Stunde oder auch offene Fragen sowie die Aktualisierung der Wundergeschichte einfließen lassen können. Dies nimmt die Schüler als Subjekte ernst.

## 7. Geplantes Tafelbild

**„Die Heilung eines Aussätzigen“ (Mk 1,40-45)**

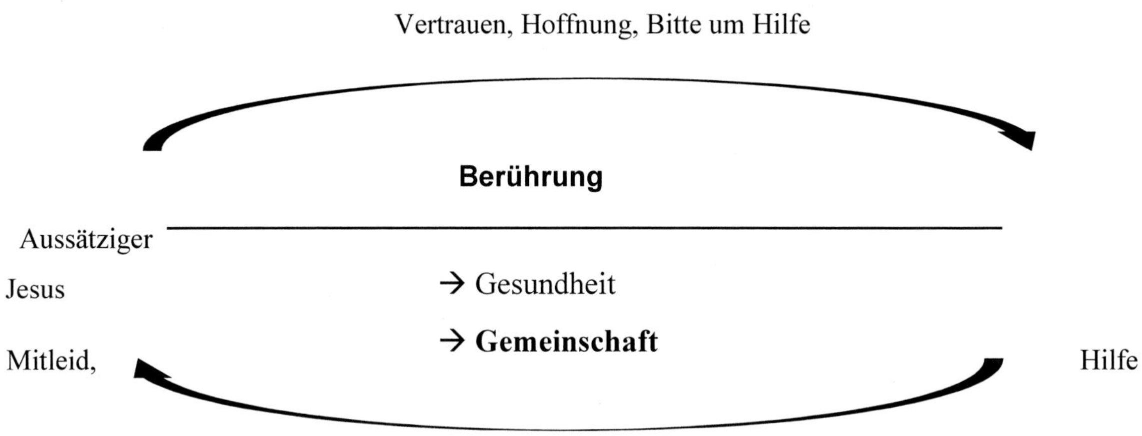


→ Kontaktverbot wird missachtet, weil das Wohl der Menschen für Jesus am wichtigsten ist

## 8. Literatur


Bormann, Lukas: Bibelkunde. Altes und Neues Testament, Göttingen 2009.

Kaldewey, Rüdiger; Niehl, Franz W.: Grundwissen Religion. Begleitbuch für Religionsunterricht und Studium, München 2009.

Kropač, Ulrich: Biblisches Lernen. In: Hilger, Georg; Leimgruber, Stephan; Ziebertz, Hans-Georg: Religionsdidaktik. Ein Leitfaden für Studium, Ausbildung und Beruf, München 2015, S. 416 – 433.

Limbeck, Meinrad: Markus-Evangelium. In: Paul Gerhard Müller (Hrsg.): Stuttgarter kleiner Kommentar. Neues Testament, Band 2, Stuttgart 1998.

Ministerium für Bildung, Wissenschaft, Weiterbildung und Kultur (Hrsg.): Rahmenlehrplan Katholische Religion für die Sekundarstufe I, Mainz 2012.

Müller, Peter: Schlüssel zur Bibel. Eine Einführung in die Bibeldidaktik, Stuttgart 2009.

Niehl, Franz W.: Bibel verstehen. Zugänge und Auslegungswege, München 2006.

Niehl, Franz W.; Thömmes, Arthur: 212 Methoden für den Religionsunterricht, München 2014.

## 9. Anhang

**M 1:**

**M 2: Die Heilung eines Aussätzigen (Mk 1,40-45)**

40 Ein Aussätziger kam zu Jesus und bat ihn um Hilfe; er fiel vor ihm auf die Knie und sagte: Wenn du
willst, kannst du machen, dass ich rein werde. 41 Jesus hatte Mitleid mit ihm; er streckte die Hand aus,
berührte ihn und sagte: Ich will es - werde rein! 42 Im gleichen Augenblick verschwand der Aussatz und
der Mann war rein. 43 Jesus schickte ihn weg und schärfte ihm ein: 44 Nimm dich in Acht! Erzähl niemand
etwas davon, sondern geh, zeig dich dem Priester und bring das Reinigungsopfer dar, das Mose angeordnet
hat. Das soll für sie ein Beweis (meiner Gesetzestreue) sein. 45 Der Mann aber ging weg und erzählte bei
jeder Gelegenheit, was geschehen war; er verbreitete die ganze Geschichte, sodass sich Jesus in keiner
Stadt mehr zeigen konnte; er hielt sich nur noch außerhalb der Städte an einsamen Orten auf. Dennoch
kamen die Leute von überallher zu ihm.

**M3**

## 13.6 Beispiel 5 (Deutsch, Grundkurs 12)

**Thema der Reihe: Brecht: Die heilige Johanna der Schlachthöfe**

**Thema der Stunde: Johanna – ein ´guter` Mensch? Eine Charakterisierung Johannas ausgehend vom Erstauftritt in Bild 2**

**Autorin: Dr. Felicia Lauer**

### 1. Lernziele

Die Schülerinnen und Schüler charakterisieren Johanna als eine von humanitären und religiösen Idealen angetriebene Person, die in der Konfrontation mit dem Ausmaß des Leidens der Arbeiter aufbricht, um die wirkliche Ursache für das Leid der Arbeiter zu ergründen.

Feinlernziele: Die Schülerinnen und Schüler

LZ 1: ersehen, dass Johanna in ihrem ersten Monolog als Streiterin für humanitäre Ideale (Menschlichkeit, Gewaltlosigkeit) auftritt, die ihr soziales Eintreten für die „Untersten" religiös begründet.

LZ 2: stellen fest, dass Johanna der Befriedigung materieller Bedürfnisse der Arbeiter und der Lösung ihrer Probleme (Arbeitslosigkeit, Hunger) das religiöse Konzept einer jenseitigen Erlösung durch Gott entgegenhält.

LZ 3: vollziehen Johannas nicht-materielle, religiös-moralische Definition der Armut nach und nehmen wahr, dass sie die Ursache für die Situation der Arbeiter in deren schuldhafter Vernachlässigung der geistigen Belange des Lebens sieht.

LZ 4: folgern hieraus, dass Johannas Anspruch, den Arbeitern zu helfen, ihr Unvermögen gegenübersteht, die gesellschaftlichen Verhältnisse intellektuell zu durchdringen.

LZ 5: nehmen die ambivalenten Züge der Persönlichkeit Johannas wahr, die einerseits engagiert, forsch und zupackend erscheint, aber in ihrem Idealismus und Glauben auch wirklichkeitsfremd und naiv wirkt.

LZ 6: stellen fest, dass Johanna in der Begegnung mit den Arbeitern die Wirkungslosigkeit ihrer wirklichkeitsfremden Predigt erkennt und ihre naive Position aufgibt, um im Sinne einer Selbstaufklärung die Ursachen der Situation der Arbeiter zu ergründen („ich will's wissen").

### 2. Unterrichtsvoraussetzungen

#### 2.1 Allgemeine Unterrichtsvoraussetzungen

Den Grundkurs mit 11 Schülerinnen und 13 Schülern unterrichte ich seit Beginn des letzten Schuljahres. Der Unterricht ist durch eine große Aufgeschlossenheit der Schüler und eine zumeist lebendige Mitarbeit gekennzeichnet. Hinsichtlich ihrer Leistungsfähigkeit kann die Gruppe als relativ homogen beschrieben werden. X, Y und Z beteiligen sich besonders rege im Unterrichtsgespräch. Mit ihren schriftlichen Beiträgen bringen auch A, B und C, die sich im Mündlichen sehr zurückhalten und in der Regel nur knappe Antworten geben, den Unterricht voran. (...) Neben dem fragend-entwickelnden Unterrichtsgespräch sind die Schüler mit verschiedenen Sozialformen und unterschiedlichen Arbeitstechniken vertraut. Die Partnerarbeit hat sich in textanalytischen Phasen in diesem Kurs besonders bewährt: Sie bietet den schwächeren Schülern, die auf sich gestellt häufig kaum zu Ergebnissen kommen bzw. ihre Bemühungen vorzeitig abbrechen, die Möglichkeit des Austauschs mit ihren Mitschülern, sodass sie sich nachfolgend auch in das Unterrichtsgespräch einbringen können. Die Schüler zeigten sich in der Vergangenheit auch schwieriger Textarbeit gegenüber aufgeschlossen, wenngleich ihnen die sprachliche und/oder formale Analyse deutlich schwerer fällt als die inhaltlich-thematische Texterschließung. Häufig müssen sprachliche Analysen durch Impulse und Fragen gelenkt werden. Einige Schülerinnen und Schüler des Kurses interessieren sich für Theaterarbeit und wirken auch in einem Theaterprojekt der MSS 11 und 12 mit. Dieses Interesse an szenischen Darstellungsfragen kann im Verlauf der Unterrichtsreihe - beispielsweise im Rahmen der Figurenanalyse, aber auch der Interpretation einzelner Bilder, z.B. Bild 10 und Schlussszene - eingebunden werden.

### 2.2 Besondere Unterrichtsvoraussetzungen (…)

## 3. Didaktische Analyse

Der Lehrplan für die MSS sieht verschiedene Stücke Brechts zur Auswahl vor; die *Heilige Johanna der Schlachthöfe* ist konkret als Vorschlag im Themenbereich 1.3, „Privatleben und Gesellschaft", enthalten. (…) Der erste Monolog Johannas (15) präsentiert diese als Kämpferin für Humanität und Gott. Die Welt vergleicht sie mit einem ‚Schlachthaus', wobei für sie nicht etwa das ‚Schlachtfeld' wirtschaftlicher Interessen Bezugspunkt ihrer Bewertung ist, sondern die drohenden sozialen Unruhen und die Gottlosigkeit der Menschen. Deutlich wird auch, dass es ihr um die Wiederaufrichtung von Gott geht – für ihn soll die Trommel gerührt werden – Johanna erscheint hier nicht in erster Linie als Sozialarbeiterin. (LZ 1) Es ist zu erwarten, dass die Schüler die Positionen Johannas erarbeiten, die sprachliche Analyse jedoch einiger Impulse bedarf. Die Oxymora der ersten Zeilen verstärken den Eindruck einer aus den Fugen geratenen Welt; die syntaktisch exponierte Stellung der Verben („zerschlag, zertrample") und die Alliterationen unterstreichen Johannas ablehnende Einstellung zur Gewalt. Der hohe Sprachgestus der ausgewählten Passage bringt Johannas idealistischen Anspruch zur Geltung.
Die Auswahl dieser Schlüsselstelle, die zu einer ersten Differenzierung des Verständnisses der Johanna-Figur führt, soll nicht nur über die Funktion des Monologs im Verlauf des Dramas (s.o., sowie Maulers Übernahme dieses Monologs im 10. Bild, 132/133) begründet werden, sondern auch über ihre relative Schwierigkeit, die eine Erarbeitung im Unterricht nahelegt. (…)
Indirekt gibt sie den Arbeitern die Schuld an deren Lage, weil diese, so ihr Vorwurf, materiell denken und ihre geistigen Bedürfnisse vernachlässigen. Insbesondere in den Erklärungen zur sozialen Lage der Arbeiter wird deutlich, dass Johanna diese nicht versteht; sie hat insbesondere den Ursache-Wirkungszusammenhang nicht erfasst. So denkt sie, das „Unglück kommt wie ein Regen, den niemand machet und der doch kommt" (15). (LZ 4) Die Rede Johannas ist durch Leidenschaft und Überzeugung („Aber ich sage euch" (17)), Impulsivität („aber denkt gefälligst auch an den, der euch die Suppe bescheret" (15), und eine religiös inspirierte Wirklichkeitsferne gekennzeichnet, die beispielsweise in der ‚unpassend' anmutenden Sprache, in ihren Vergleichen und der Verwendung biblischer Bilder (16) zum Ausdruck kommt. Den Schülern wird aufgrund der eindeutigen sprachlichen Hinweise die Beschreibung der Persönlichkeit Johannas leichtfallen: Sie erscheint hier einerseits engagiert und zupackend, gleichzeitig jedoch missionarisch und besserwisserisch-naiv, sodass ihr Name „Dark" nicht nur auf ihre Gänge in die Tiefe, sondern auch auf ihren unaufgeklärten Zustand bezogen werden kann (LZ 5).
Schwieriger stellt sich die Interpretation der ersten Einsicht Johannas nach dem Abgang der Arbeiter (19f.) dar, denn die Ursache für den Wandel ihrer Einstellung ist eine ‚Leerstelle' im Text, die durch die Schüler erschlossen werden muss. Hier muss zum einen die Konzeption des 2. Bildes herangezogen werden: Es ist der Kontakt mit den Arbeitern - mit den ‚Objekten' ihres religiösen Eifers -, der Johanna ihre Einstellung überdenken lässt. Insoweit kann im Unterricht ein Hinweis auf die räumliche Gestaltung des 2. Bildes notwendig sein (Haus der Schwarzen Strohhüte – Lennoxsche Fleischfabrik). Johanna beschreibt nun konkret die Armut und die existenzielle Bedrohung der Arbeiter. Sie ersieht zunächst das Ausmaß des Elends (19), dass sie dazu bringt, ihr Handeln (das Suppen-Austeilen) in Frage zu stellen, bevor sie dann die Erklärungsmuster der Strohhüte, die „Faulenzer" (20) seien an ihrer Lage selbst schuld, zurückweist: „Nein, ich will's wissen". Die Nachricht vom „Strom von Verzweifelten" (20) lässt sie misstrauisch gegenüber ihrer eigenen Botschaft werden. Ihr Erkenntnisdrang kommt deutlich in den sich steigernden Wiederholungen des Wissen-Wollens zum Ausdruck. (LZ 6) Insofern führt das Stundenende zum Anfang der Stunde zurück: Ausgelöst durch die Konfrontation mit der Wirklichkeit beginnt Johanna, die voller Überzeugung angetreten ist, zu zweifeln.
Nun ist den Schülern auch eine über das 2. Bild hinausgehende Bewertung der Johanna-Figur möglich. Es wahrscheinlich, dass die Schüler zunächst einen Bezug zur vorher erarbeiteten Mauler-Figur herstellen: Johannas Emotionalität bildet einen deutlichen Kontrast zu Mauler, der stets berechnend agiert. Sie werden

möglicherweise jetzt schon thematisieren, dass zwischen Johannas Idealismus und der philanthropischen Persönlichkeitsseite Maulers durchaus eine ‚Passung' besteht, dass Johanna aber letztlich der kaltblütigen Gerissenheit Maulers nicht gewachsen sein kann. Darüber hinaus ist denkbar, dass die Schüler die im 2. Bild entfalteten Anlagen der Johanna-Figur im Hinblick auf die Fragestellung problematisieren, ob Güte, Mitleid und Solidarität (eines Menschen) ausreichen, um das kapitalistische System zu überwinden.
Es wäre alternativ auch möglich, die Charakterisierung Johannas auf die ersten Monologe zu beschränken und die Erarbeitung ihres selbstaufklärerischen Aufbruchs in eine Folgestunde zu verschieben. Da die Stunde aber durch die Hausaufgaben vorentlastet wird, erscheint die Einbeziehung des Erkenntnisdranges am Ende des 2. Bildes realistisch. Eine weitere Alternative, schon in der Lehrprobenstunde den Äußerungen Johannas im 2. Bild ihre im Verlauf des Dramas gewonnenen Einsichten entgegenzusetzen, wurde verworfen, da diese Konzeption kaum eine Möglichkeit der Vertiefung zulassen würde.
Die vorgesehene Hausaufgabe, die Figur Johannas auf der Grundlage des 2. und 3. Bildes zu erörtern, dient einerseits der Sicherung und Vertiefung. Gleichzeitig werden im Hinblick auf das erste Aufeinandertreffen von Johanna und Mauler im 3. Bild Thesen formuliert, die in der nachfolgenden Stunde untersucht und diskutiert werden können.

## 4. Methodische Planung (...)

## 5. Geplanter Stundenverlauf

| Phasen | Inhalt | LZ | Unterrichts- u. Sozial- formen | Medien | Zeit<br>13.35 |
|---|---|---|---|---|---|
| Hinführung | Die heutige Welt mit den Augen Johannas gesehen | | SB | Schlagzeilen, Bildmaterial | 5' |
| Erarbeitung I / Sicherung | Johannas Überzeugungen und Ziele<br>Monolog Johannas, S. 12/13<br>Fragen zur Texterschließung:<br>- Wie beschreibt und analysiert Johanna die Welt?<br>- Welche Ziele verfolgt Johanna?<br>- Beschreibt die Form und die Wirkung der Sprache Johannas auf Euch. | 1 | PA, UG | Text, Heft | 10' |
| Erarbeitung II | Johannas Deutung der gesellschaftlichen Problemlagen, ihre religiösen Erklärungs- und Lösungsmuster<br>Monologe der Johanna S. 15 u. S. 16/17<br>Abruf der HA. | 2, 3, 4 | SB, ggfs. UG | Text | 10' |
| Vertiefung I / Sicherung (fak) | Die Ambivalenz der Persönlichkeit Johannas<br>Wie würdet Ihr Johanna auf der Bühne darstellen und agieren lassen (Person/Statur, Kostüm, Maske/Frisur, Sprache, Körpersprache, Requisiten ...)? | 5 | PA, UG | Text, Heft | 10' |
| Vertiefung II | Johannas Aufbruch und Erkenntnisinteresse<br>Monolog Johannas S. 19 sowie Gespräch mit den Arbeitern/den Strohhüten (S. 19-21)<br>Abruf der HA. | 6 | SB, UG | Text | 10'<br>14:20 |
| HA | Verfasst eine Erörterung der Johanna-Figur auf der Grundlage des 2. und 3. Bildes. | | | | |

## 6. Literatur

Brecht, B.: Die heilige Johanna der Schlachthöfe. 34. Nachdruck der 1. Aufl. v. 1962. Frankfurt 2009.
Große, W.: Bearbeitungen des Johanna-Stoffes. München 1980.
Hinderer, W. (Hrsg.): Brechts Dramen. Neue Interpretationen. Stuttgart 1984.
Knopf, J.: Brechts >Heilige Johanna der Schlachthöfe. 1. Aufl. Frankfurt 1986.
Stühler, F.: Goethe: Iphigenie; Brecht: Die heilige Johanna der Schlachthöfe. Frauengestalten im Zeichen der Humanität. Hollfeld 1997.

## 7. Anhang

### 7.1 Sitzplan (...)

### 7.2 Textauszüge

#### 1) S. 12/13 (Erarbeitung I)

c

UM DEM JAMMER DER SCHLACHTHÖFE TROST ZU SPENDEN, VERLASSEN DIE SCHWARZEN STROHHÜTE IHR MISSIONSHAUS
JOHANNAS ERSTER GANG IN DIE TIEFE

Vor dem Haus der Schwarzen Strohhüte

JOHANNA *an der Spitze eines Stoßtrupps der Schwarzen Strohhüte:*

In finsterer Zeit blutiger Verwirrung
Verordneter Unordnung
Planmäßiger Willkür
Entmenschter Menschheit
Wo nicht mehr aufhören wollen in unseren Städten
die Unruhen:
In solche Welt, gleichend einem Schlachthaus
Herbeigerufen durch das Gerücht drohender
Gewalttat
Damit nicht rohe Gewalt des kurzsichtigen Volkes
Zerschlag das eigene Handwerkszeug und
Zertrample den eigenen Brotkorb
Wollen wir wieder einführen
Gott.
Wenig berühmt nur mehr
Fast schon berüchtigt
Nicht mehr zugelassen
An den Stätten des wirklichen Lebens:
Aber der Untersten einzige Rettung!
Drum haben wir uns entschlossen
Für ihn die Trommel zu rühren

12

Auf daß er Fuß fasse in den Quartieren des Elends
Und seine Stimme erschalle auf den Schlachthöfen.

*Zu den Schwarzen Strohhüten*

Und dies unser Unternehmen ist sicher
Das letzte seiner Art. Letzter Versuch also
Ihn noch einmal aufzurichten in zerfallender Welt,
und zwar
Durch die Untersten.

*Sie marschieren mit Getrommel weiter.*

#### 2) Hausaufgaben (...)

## 13.7 Beispiel 6 (Geschichte, Klasse 9)

**Thema der Reihe: Restauration und Revolution**

**Thema der Stunde: König Friedrich Wilhelm IV. – Garant für den revolutionären (Miss-)Erfolg?**

**Autorin: Susanne Becker**

### 1. Kompetenzen und Lernziele

**Kompetenzschwerpunkte der Reihe und Stunde:** Sach- und Urteilskompetenz

**Erkenntnislernziel:**

Die Schülerinnen und Schüler erkennen am Beispiel der Ablehnung der Kaiserkrone durch den preußischen König Friedrich Wilhelm IV. 1849, dass Revolutionen durch innere Vorbehalte verfassungstragender Elemente zunächst scheitern, mit ihren Forderungen dann aber doch langfristig etabliert werden können.

**Feinlernziele:**

Die Schülerinnen und Schüler…

1. beschreiben anhand eines Bildes die Zusammenkunft führender Revolutionäre mit dem preußischen König (zahlreiche Abgeordnete im Gespräch mit thronendem König, feierliche Atmosphäre…) und stellen Vermutungen über die Abhängigkeit des revolutionären Erfolgs von dem Monarchen an.
2. erarbeiten die Motive für die Ablehnung der Kaiserkrone durch Friedrich Wilhelm IV., indem sie die Unvereinbarkeit des königlichen Selbstverständnisses als legitimer Monarch von Gottes Gnaden mit einer parlamentarischen Legitimation monarchischer Herrschaft feststellen.
3. ordnen die Entscheidung des preußischen Monarchen ein, indem sie sie mit ihren eigenen Einschätzungen zur Stellung des Königs zur Revolution vergleichen und erkennen, dass eine erfolgreiche Kooperation zwischen Krone und Revolution von Beginn an starken Zweifeln unterworfen war.
4. diskutieren die Frage, ob die Revolution von 1848/1849 durch die Ablehnung der Kaiserkrone ihre Ziele verfehlt hat, dahingehend, dass das Scheitern der Revolution hinsichtlich ihres Doppelziels (Schaffung eines Nationalstaates, individuelle Freiheit) zwar konstatiert werden muss, aber langfristig doch positive Wirkungen entfalten konnte (Reichsverfassung von 1848 als Grundlage späterer demokratischer Verfassungen, Etablierung von Grundrechten, Abschaffung des Adels…).
5. *fakultativ: nehmen Stellung zu der Frage, inwiefern die Revolutionen der 1840er Jahre Europa beeinflusst haben, indem sie sowohl die verbindende Komponente der revolutionären Forderungen formulieren (demokratische Verbundenheit gegen fürstlichen Machtanspruch, Zusammenwachsen Europas, gemeinsamer europäischer Kommunikations- und Wertraum), als auch die Bedeutung des Nationalismus herausstellen, der ein neues Konfliktfeld europäischer Geschichte offenbart.*

## 2. Unterrichtsvoraussetzungen

### 2.1 Allgemeine Unterrichtsvoraussetzungen (...)

### 2.2. Besondere Unterrichtsvoraussetzungen (...)

| Restauration und Revolution | |
|---|---|
| 26.09. | Der Wiener Kongress – Neuordnung Europas durch Neues oder Altes? |
| 30.09. | Das Wartburgfest – ein Fest für ein geeintes Deutschland? |
| 21.10. | Die Karlsbader Beschlüsse – Druckmittel gegen den Freiheitswillen? |
| 24.10. | Die französische Julirevolution – Muss der Funke überspringen? |
| 28.10. | Der Biedermeier – Eine Antibewegung zum deutschen Vormärz? |
| 31.10. | Das Hambacher Fest – Meilenstein für die Demokratie? |
| 05.11. | *10-Stunden-Test: Wiener Kongress und deutscher Vormärz* |
| 07.11. | Die Revolution 1848 – ein Sieg über den preußischen König? |
| 12.11. | Wo der Sieg der Revolutionäre sichtbar wird – Die Paulskirche |
| 14.11. | Das Zusammenflicken Deutschlands in der Paulskirche – ein stabiles Gebilde? |
| 19.11. | Deutschland für alle Deutschen - Welches Wahlrecht soll gelten? |
| 21.11. | Die Forderungen der Revolutionäre – umgesetzt in einer deutschen Verfassung? |
| 26.11. | Die politische Organisation Deutschlands – welche Staatsform soll gelten? |
| 28.11. | König Friedrich Wilhelm IV. – Quelle des revolutionären (Miss-)Erfolgs? |

## 3. Didaktische Analyse

Die Unterrichtsreihe „Restauration und Revolution“ ist innerhalb des Lehrplans dem gleichnamigen Stoffbereich 13 zuzuordnen[1]. Vorgesehen ist, das Scheitern der Revolution „durch das Beharrungsvermögen der bestehenden Mächte“[2] genauer in den Blick zu nehmen. Diesen Forderungen trägt die Stundenfrage „König Friedrich Wilhelm IV. – Quelle des revolutionären (Miss-)Erfolgs?!“ Rechnung, wenn exemplarisch an der Figur des preußischen Königs gezeigt wird, wie die etablierten politischen Autoritäten trotz vorläufiger Konzessionen ihre grundlegende Ablehnung der revolutionären Forderungen beibehielten und so mittelfristig das Scheitern der Revolution fokussierten. Auch wenn die Revolution 1848/49 somit zunächst mit ihren Zielen scheiterte, darf dieses Ereignis doch als „Epochenwende“[3] charakterisiert werden, da hier nach einer dauerhaften Integration der deutschen Staatenwelt in ein europäisches Staatensystem und die politische Partizipation einer Gesellschaft nachgedacht wurde[4] . Damit ist zugleich die Relevanz des Themas angesprochen, wenn die Ursprünge des deutschen Nationalstaates im frühen 19. Jahrhundert zu finden sind und zentrale Rechte deutscher Staatsbürger ein Verdienst der Revolutionäre waren.
Nicht zuletzt durch den Grundrechtskatalog der Nationalversammlung wurden Maßstäbe für eine von Gleichheit und Freiheit geprägte staatliche Ordnung gesetzt, die auch unter obrigkeitsstaatlichen Strukturen fortwirkten und in den späteren deutschen Verfassungen und Gesetzen ihren Niederschlag finden sollten[5]. Dementsprechend sind auch die Schüler als deutsche Staatsbürger unmittelbar von den

[1] Vgl. Lehrplan, 200.
[2] Vgl. Lehrplan, 200.
[3] BRANDT, Europa, 212.
[4] HAHN, Vormärz, 649.
[5] Vgl. ebd., 653.

revolutionären Errungenschaften betroffen, wenn in ihnen deutlich wird, dass „1848 ein politisches Vermächtnis an die Nachfahren“[6] ist. Mit der Volljährigkeit werden den Schülern weitere staatsbürgerliche Rechte zuteil, wie beispielsweise das Wahlrecht, das in seiner Allgemeingültigkeit den Debatten der Paulskirche zu verdanken ist. Die Auseinandersetzung mit diesem spezifischen Unterrichtsinhalt ermöglicht den Schülern demnach Kontinuitäten innerhalb der Geschichte zu erkennen und so für historische Verdienste sensibilisiert zu werden. Demzufolge ist es analog neuerer Forschungsergebnisse erforderlich, die ältere Auffassung von der „gescheiterten Revolution“ zu relativieren, um so Erfolge und langfristige Wirkungen zu erkennen[7], ohne dabei das „gespaltene Erbe“ der Revolution zu nivellieren, insofern durch seinen Nationalismus ein Konfliktmuster für eine neue Epoche europäischer Geschichte offenbar wurde[8]. Das vorläufige Scheitern der Revolution 1849 wird schwerpunktmäßig an der Ablehnung der Kaiserkrone durch Friedrich Wilhelm IV. von Preußen erarbeitet, dessen „restauratives Naturell[9]“ zusammen mit seinem Selbstverständnis als gottgesandter Monarch die Akzeptanz einer demokratisch legitimierten monarchischen Herrschaft verhinderte[10]. Alternativ hätte auch die erstarkte Konterrevolution in Wien und Preußen thematisiert werden können[11], um so eine monokausale Ursache auszuschließen[12]. Die zentrale Machtposition des preußischen Königs wurde jedoch im Verlauf der Reihe immer wieder thematisiert, sodass einer intensiven Auseinandersetzung mit dessen Entscheidung der Vorzug gewährt wird. Ausgeklammert wird in diesem Zusammenhang sowohl die Reaktion auf die Ablehnung der Kaiserkrone im Rahmen der Reichsverfassungskampagne, die in einigen Teilen Deutschlands für die Anerkennung der Paulskirchenverfassung warb[13], als auch das endgültige Ende der deutschen Revolution in der Niederlage der Vertreter einer badischen Republik in der Festung Rastatt[14]. Um das Erkenntnislernziel zu erreichen, wird zunächst nach der Abhängigkeit des revolutionären Erfolgs von der Annahme der Kaiserkrone durch Friedrich Wilhelm IV. gefragt. Wie zuwider ihm eine aus den Händen der revolutionären Versammlung hervorgegangenen Kaiserkrone war[15], verdeutlicht ein Brief des Königs an den preußischen Gesandten Freiherr von Bunsen in London, der sich bereits im Dezember 1848 mit dieser Thematik beschäftigte (M3). Darin benennt der König den eklatanten Mangel einer Krone, die „eine in die revolutionäre Saat geschossene Versammlung“ gemacht habe, der folglich ein „Ludergeruch der Revolution“ anhafte. Entsprechend unmöglich sei es für einen „legitimen König von Gottes Gnaden“ diese Krone anzunehmen. Obwohl diese Korrespondenz chronologisch gesehen vor dem eigentlichen Angebot der Kaiserkrone 1849 steht, eignet gerade dieses Material sich besonders, um die grundsätzliche Argumentation des Königs nachweisen zu können. Alternativ hätte auch die direkte Erwiderung des Königs an die Abordnung der Nationalversammlung vom 3. April 1849 erarbeitet werden können, die gewählte Quelle zeigt die Argumentation aus Schülerperspektive aber plastischer und plakativer, sodass ihr in diesem Fall Priorität eingeräumt wurde. Die relative Vorhersehbarkeit der königlichen Entscheidung gegen die Kaiserkrone wird dann mittels einer - einige Stunde zurückliegenden - Hausaufgabe ausgewählter Schüler thematisiert, welche die grundlegende Unterwanderung der Revolution durch den König deutlich macht. Mit der Ablehnung der Krone war eine glatte Zurückweisung des Verfassungswerks der Frankfurter Nationalversammlung verbunden[16], sodass die Revolution vor dem Aus stand. Dementsprechend bleibt die Frage zu beantworten, ob das gesamte Projekt „Revolution“ mit diesem Endpunkt gescheitert ist. Mit Hilfe von Forschungsmeinungen muss hier darauf hingewiesen werden, dass die Revolution gemessen an ihrem ursprünglichen Doppelziel „Freiheit und Einheit Deutschlands“ zwar unmittelbar gescheitert ist, aber insgesamt von der älteren Forschungsposition einer „gescheiterten Revolution“ abzurücken ist, insofern die langfristigen Wirkungen der Revolution, wie Verfassungsimpulse, parlamentarische Mitwirkung und politische Freiheiten umgesetzt werden konnten. Auch für Europa ergaben sich langfristige Impulse, wenn durch die Revolution ein völkerverbindender weiträumiger Wertraum entstand, die daneben aber zugleich

[6] LANGEWIESE, Wirkungen, 9.
[7] Vgl. HAHN, Vormärz, 653.
[8] Vgl. BRANDT, Europa, 214.
[9] ebd., 206.
[10] Vgl. HAHN, Vormärz, 638.
[11] Vgl. SCHULZ, Jahrhundert, 134ff.
[12] Vgl. HAHN, Vormärz, 650.
[13] Vgl. FAHRMEIR, Europa, 99.
[14] Vgl. ebd., 99.
[15] Vgl. MOMMSEN, Revolution, 282.
[16] Vgl. MOMMSEN, Revolution, 282.

den „Moloch Nation“[17] als künftiges Konfliktfeld Europas entfesselte. Die konkreten Folgen des vorläufigen Scheiterns der Revolution sollen die Schüler in einer nachbereitenden Hausaufgabe erarbeiten, indem sie überlegen, wie es nach der Ablehnung der Kaiserkrone nun mit Deutschland weitergehen könnte.

Schwierigkeiten könnten sich in der Hinführung ergeben, insofern das Festhalten der Paulskirche an einem monarchischen System angesichts der offensichtlichen Vorbehalte Friedrich Wilhelm IV. für die Schüler eventuell unverständlich ist. Begegnet wird dieser etwaigen Problematik durch eine relativ starke Lenkung der Lehrperson, die – sofern nötig – auf die integrierende Funktion einer Dynastie für den gesamtgesellschaftlichen Zusammenhalt aus Sicht der Zeitgenossen hinweist[18].

## 4. Methodische Planung

Der Einstieg in die Stunde verläuft über ein Bild (M1), welches den Schülern per Overhead- Projektor präsentiert wird. Das entsprechende Bild findet sich zwar auch im Schulbuch, auf dessen Verwendung wurde aber bewusst verzichtet, um die Lerngruppe insgesamt zu konzentrieren und die Lektüre des nebenstehenden Verfassertextes zu vermeiden. In dieser Phase geht es insbesondere darum, die Abhängigkeit des revolutionären Erfolgs von der Entscheidung des Monarchen zu erarbeiten, die von den Schülern mit Hilfe der vorbereitenden Hausaufgabe (M2) eigenständig benannt werden soll und aus der sich idealerweise dann die Stundenfrage ableiten lässt, die dann von der Lehrperson an der Tafel festzuhalten ist.

Nachfolgend wird die erwartete Entscheidung des preußischen Königs mittels einer Schriftquelle (M3) thematisiert. Die Schüler analysieren diese Quelle in Einzelarbeit, sodass die Lehrperson während dieser Phase in den Hintergrund treten und den Schülern so echte Lernzeit zur Verfügung stellen kann. Die Auswertung der Quelle geschieht mit Hilfe einer Imagination. Den Schülern wird von der Lehrperson eine Krone angereicht, welche diese mit Hilfe der Argumentation der Quelle ablehnen. Es hat sich in den vergangenen Stunden gezeigt, dass die Lerngruppe bei derartigen Perspektivübernahmen besonders aktiv ist und solche Methoden besonders motivierend wirken. Die Ergebnisse der Schüler sind im Anschluss von der Lehrperson lediglich an der Tafel festzuhalten und von den Schülern ins Heft zu übertragen. Mit Hilfe ausgewählter Schülerhausaufgaben (M4a & 4b), per OHP an die Wand projiziert, wird die relative Vorhersehbarkeit der königlichen Entscheidung angebahnt, welche die Schüler in einer kurzen Murmelphase konstatieren sollen. Die Ergebnisse dieser Phase werden im Anschluss sukzessive an der Tafel festgehalten. Mit diesen Teilergebnissen ist bereits die Problematisierung vorbereitet, wenn die Schüler mit Hilfe des bisherigen Tafelbildes und der Quellenanalyse die Frage beantworten sollen, ob der preußische König mit seiner Entscheidung gegen die Kaiserkrone das endgültige Scheitern der Revolution initiiert hat. Eine hohe Schülerbeteiligung soll insbesondere durch das gegenseitige Aufrufen/Redekette der Schüler erreicht werden, während der Lehrperson ausschließlich moderierende beziehungsweise korrigierende Funktion zukommt.

Abschließend soll im Tafelbild festgehalten werden, dass die abgelehnte Krone das Projekt Revolution zwar kurzfristig zum Scheitern brachte, seine langfristigen Wirkungen aber nicht mehr eingedämmt werden konnten. Sollte noch Zeit sein, wird durch die Präsentation einiger Forschungsmeinungen, via OHP, auf die Wirkungen der 1848er Revolution für Gesamteuropa einzugehen sein. Die Hausaufgabe wird den Schülern als Arbeitsblatt ausgeteilt.

[17] BRANDT, Europa, 214.
[18] Vgl. HIPPEL/STIER, Europa, 3.

**5. Stundenverlauf**

| Phase | Inhalt | LZ | Medium | Sozialform | Zeit |
|---|---|---|---|---|---|
| Einstieg | Kaiserdeputation der Nationalversammlung | 1 | Bild (GuG 3, 182) (OHP) [M1]/ vorbereitende HA [M2] | SB/f.e. | 5‘ |
| Erarbeitung I/ Sicherung I | Ablehnung der Kaiserkrone durch | 2 | Quelle (AB) [M3] | EA | 15‘ |
| Hinführung | Vorhersehbarkeit der Reaktion des preußischen | 3 | Impulszitate Schüler [M4a-b] | PA/f.e. | 4‘ |
| Problematisierung/ Sicherung II | Friedrich Wilhelm IV. als Garant des revolutionären Erfolg- oder Misserfolg? | 4 | Zitate (OHP) [M5a-b] | f.e. | 10‘ |
| *Fakultative Vertiefung* | *Bedeutung der 1848er Revolution für Europa* | *5* | *Zitate (OHP) [M6a-b]* | *f.e.* | *10‘* |
| Hausaufgabe | Siehe 7. | | | | 1‘ |

**9. Materialien**

**9.1 Zum Einstieg a) Bild [M1]**

Quelle: Geschichte und Geschehen 3, Leipzig 2006, 182.

**b) vorbereitende Hausaufgabe [M2]**

Versetze dich in die Lage eines Abgeordneten der Paulskirche, der gerade dabei geholfen hat Deutschland nach den Idealen der Revolution neu zu gestalten. Verfasse einen Tagebucheintrag, der deine Gefühle zum Ausdruck bringt und gleichzeitig beschreibt, wovon der Erfolg des Projektes nun abhängig ist.

## 9.2 Zur Erarbeitung 1/Quelle [M3]

*Aus einem privaten Brief des preußischen Königs Friedrich Wilhelm IV. an seinen Londoner Gesandten Freiherr von Bunsen vom Dezember 1848*

Ich will weder der Fürsten Zustimmung zu der Wahl noch die Krone. [...] Die Krone ist erstlich keine Krone. Die Krone, die ein Hohenzoller nehmen dürfte, wenn die Umstände es möglich machen könnten, ist keine, die eine [...] in die revolutionäre Saat geschossene Versammlung macht, [...] sondern eine, die den Stempel Gottes trägt, die den, dem sie aufgesetzt wird nach der heiligen Oelung, „von Gottes Gnaden“ macht, weil und wie sie mehr denn 34 Fürsten zu Königen der Deutschen von Gottes Gnaden gemacht und den Letzten immer der alten Reihe gesellt. Die Krone, die die Ottonen, die Hohenstaufen, die Habsburger getragen, kann natürlich ein Hohenzoller tragen, sie ehrt ihn überschwänglich mit tausendjährigem Glanze. Die aber, die Sie – leider meinen, verunehrt überschwänglich mit ihrem Ludergeruch der Revolution von 1848, der albernsten, dümmsten, schlechtesten -, wenn auch, Gottlob, nicht bösesten dieses Jahrhunderts. Einen solchen imaginären Reif, aus Dreck und Letten [= Lehm] gebacken, soll ein legitimer König von Gottes Gnaden und nun gar der König von Preußen sich geben lassen, der den Segen hat [...] die edelste Krone [...] zu tragen? Ich sage es Ihnen rund heraus: Soll die tausendjährige Krone deutscher Nation, die 42 Jahre geruht hat, wieder einmal vergeben werden, so bin ich es und meines Gleichen, die sie vergeben werden. Und wehe dem, der sich anmaßt, was ihm nicht zukommt!

Quelle: LANZINNER Maximilian (Hrsg.), Buchners Kompendium Geschichte, Bamberg 2008, 185f..

Arbeitsauftrag:

- Erarbeite anhand der Quelle, wie der König auf das Angebot der Krone reagiert und benenne die Gründe, die er für seine Entscheidung angibt.

## 9.3 Zur Hinführung/Schülerbeiträge [M4a-4b]

**Jasmin N. als preußischer König in einem Brief an den königlichen Bruder im März 1848**

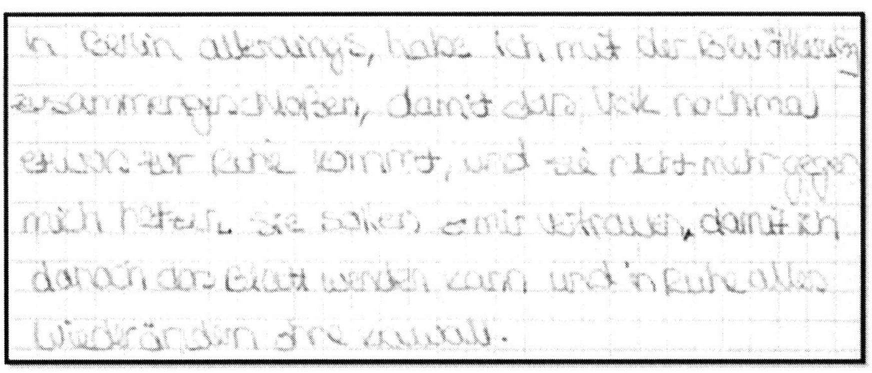
In Berlin allerdings, habe ich mit der Bevölkerung zusammengeschlossen, damit das Volk nochmal etwas zur Ruhe kommt, und sie nicht mehr gegen mich hetzen. Sie sollen mir vertrauen, damit ich danach der Kaiser werden kann und in Ruhe alles wiederändern ohne Gewalt.

## Luca als preußischer König in einem Brief an den königlichen Bruder im März 1848

würde. So musste ich mich also entscheide
ob ich gestürzt werde oder dem Volk beistehe.
Letzteres, verehrter Bruder, scheine ich
momentan zu tun, jedoch versuche ich
natürlich, x1, wieder zurück an
meine Macht zu kommen und so
schließlich das Volk zu überlisten. Denn
in Wahrheit bin ich natürlich gegen
die Revolutionsforderungen, aber jeder
Schein trügt. x1 hinter dem Rücken
des Volkes

**9.4 Zur Problematisierung [M5a-b]**

**<u>Ist die Revolution gescheitert?</u>**

Dieter Langewiesche meint....

„Die Europäischen Revolutionen scheiterten, doch sie blieben nicht folgenlos. [...] Nach der Revolution war nichts mehr wie zuvor."

Heinrich August Winkler meint...

„Gescheitert ist die Revolution gemessen an ihrem Doppelziel: der Freiheit und Einheit Deutschlands."

<u>Quelle</u>: Geschichte und Geschehen 3, Leipzig 2005, 191

## 14. Gastbeitrag Prof. Dr. Michaela Brohm-Badry

**Prof. Dr. Michaela Brohm-Badry**
*Prof. Dr. Michaela Brohm-Badry ist Professorin für Empirische Lehr-Lern-Forschung und Didaktik sowie Dekanin an der Universität Trier. Ihre Forschungsschwerpunkte sind Lernen, Motivation und Positive Psychologie. Es geht dabei um die Entwicklung von Menschen und Organisationen; um geistiges, emotionales und motivationales Wachstum in Schulen, Hochschulen und den persönlichen Lebensbereichen. Zuvor war sie Lehrerin an einem Gymnasium in Rheinland-Pfalz.*

### Die Geheimnisse der Menschen-Entwickler

**Wie man positive Lernumgebungen schafft**

Ein Essay

Eine meiner Studierenden erzählte kürzlich, dass es ihr peinlich sei, einem neuen Bekannten zu sagen, dass sie „Lehramt" studiere. „Und der steht dann da und grinst und sagt: 'Ich studiere BWL - oder Jura oder so was' Und ich habe das Gefühl, dass der mir sagen will, dass er was 'Richtiges' studiert".

Das hat mich richtig wütend gemacht. Lehrerin wird sie. Sie wird hunderte, ja, vielleicht tausende Schicksale formen, unzähligen Menschen wichtige Impulse geben, tausende von Schüler/innen, Eltern und Großeltern stolz oder auch verzweifelt machen. Sie wird, wenn es gut läuft, nicht nur Menschen „unterrichten", sondern Menschen entwickeln. In tausenden von Unterrichtsstunden ganzheitliche Persönlichkeiten entwickeln. Lehrpersonen sind so nicht nur Wissensvermittler, sondern Menschen-Entwickler. Und darauf sollten sie stolz sein!

Wem das zu berauschend ist – hier ein kurzer Blick auf die nüchterne Wirklichkeit unserer Schulen: Immer schneller und schlauer sollen sie sein, die Kinder und Jugendlichen, und sollen dies auch in diversen Lernstandserhebungen und sonstigen internationalen und nationalen Schulleistungstests beweisen. Und die Lehrpersonen durch Qualitätsentwicklung, Schulinspektionen u.ä. gleich mit. Auf der Suche nach den Ursachen stoßen wir auf die systemischen und psychosozialen Grundlagen eines an Effektivitäts- und Effizienzmaximen ausgerichteten Gesellschafts- und somit auch Bildungssystems, welches sich zu behaupten sucht in der international entgrenzten Bildungskonkurrenz um die flexibelsten, schnellsten und schlausten Arbeitnehmer der Zukunft (vgl. Brohm 2009).

Und dieses geht nicht spurlos an den Schüler/innen und deren Lehrpersonen vorbei: Verhaltens- und Lernprobleme – insbesondere Aggressionen und Ängste, erhöhte Stressempfindung, wachsender Psychopharmaka-Konsum (ADHS!), gesteigerte Auftrittswahrscheinlichkeit von Burnout und Depression – der Diskurs über psychosoziale Probleme in deutschen Schulen ist vielfältig. Und gerade die gesteigerten Depressions- und Burnout-Raten betreffen Schüler/innen und Lehrer/innen gleichermaßen (Brohm/Endres 2015).

**Die Basis: Wohl befinden und wirksam sein**

Wie fremd kommen angesichts all dessen die uralten Geheimnisse humanistischen Denkens daher: Menschen wollen wachsen. Und das ein Leben lang. Menschen sind lebensbejahende und schöpferische Individuen, die ihr inneres geistiges und kreatives Potential entfalten und als seelisch gesunde, ganzheitlich entwickelte Persönlichkeiten sich selbst verwirklichen.

Zugegeben, angesichts unserer überhitzten Moderne klingt das schräg. Aber von Cicero zu Seneca über Erasmus von Rotterdam, Philipp Melanchton hin zu Abraham Maslow, Carl Rogers und Erich Fromm: Humanistische Gedanken prägen die geistigen Schulen und Epochen Europas durch die Jahrtausende. Und bei aller Verschiedenheit der humanistischen Disziplinen und Ideen stoßen wir immer wieder auf den zentralen Gedanken: *Die Betonung des positiven Potenzials des Menschen. Menschen haben das starke Bedürfnis, ihr volles Potenzial zu entfalten, um die Ebene der Selbsterfüllung zu erreichen.* Das Streben nach seelisch gesunder Selbsterfüllung, welches eine „konstruktive, lenkende Kraft (ist), die jeden Menschen zu generell positiven Verhaltensweisen und einem Wachstum des Selbst hinführt" (Ruch/Zimbardo, S. 533).

Jahrzehnte lang waren diese humanistischen Gedanken in Pädagogik und Psychologie vergessen - ja, man könnte freilich auch sagen verpönt, weil zu „menschelnd" und zu wenig „evidenzbasiert". Nun aber können sich Humanisten bekräftigt fühlen, und zwar durch die empirischen Forschungsbefunde der Positiven Psychologie. Diese sucht seit einigen Jahren intensiv nach dem, *was Menschen stärkt, sie gesund und wirksam erhält. Es geht dabei um das „Aufblühen" (flourish)* von *Mensch und* Organisation. Gemeint ist das *kognitive, emotionale und psychosoziale Aufblühen – das ganzheitliche Wachstum des Menschen.* Damit wendet sich die Positive Psychologie ab von der alten Defizitorientierung der klinischen Psychologie *hin zu einem frischen Blick auf alles, was wissenschaftlich erwiesen das Wohlbefinden von Menschen stärkt.* Nämlich positive Gefühlen, Motivation, Sinnerleben, aufbauende Beziehungen und das Gefühl, wirksam zu sein (Brohm/Endres 2015). Und das ist die Basis der Menschen-Entwicklung, denn dass ein wohlbefindliches, positives Schul- und Lernklima

- die Leistungsorientierung und Leistungsbereitschaft stärkt,
- positiv auf die psychische und physische Gesundheit von Schüler/innen und Lehrpersonen wirkt,
- die soziale Kompetenz fördert und
- sich insgesamt positiv auf die Persönlichkeitsentwicklung der Schüler/innen auswirkt,

wurde in zahlreichen empirischen Studien belegt (zusammenfassend für den deutschsprachigen Raum siehe Müller 2011 sowie Hascher 2004). *Und so hängen auch Wohlbefinden und Wirksamkeit, also Leistungsstärke, eng zusammen.*

Wir können demnach davon ausgehen, *dass die Gestaltung eines positiven Lernumfelds in den Schulen und den Klassenräumen zu allererst darauf abzielen muss, Wohlbefinden für Schüler/innen und Lehrpersonen zu schaffen.* Auf dieser Grundlage können wir nun danach fragen, wie wir als Lehrende die Wirksamkeit des Lernens darüber hinaus erhöhen können. Spannende Antworten offenbart ein Blick in die Lernprozesse.

## Lernen

„Zuwachs von Wissen“ meint man außerhalb der Forschung, wenn über Lernen gesprochen wird. Aus Forschungsperspektive ist es mehr als das: Lernen ist eine *dauerhafte Änderung des Verhaltens oder des potenziellen Verhaltens auf Grund gemachter Erfahrungen.* Haben wir durch (mehrfache) Erfahrungen etwas „gelernt“, so können wir uns anders, nämlich „neu“, verhalten – motorisch, physiologisch, kognitiv oder emotional „neu“. Diese meint beispielsweise

- *motorische Verhaltensänderung*: Eine Schülerin lernt im Sportunterricht eine spezielle Wurftechnik im Basketball, ein Referendar, beim Lehrervortrag die Hände ruhiger zu halten;
- *physiologische Verhaltensänderung*: Eine Junglehrerin lernt z.B. in Konflikten mit Schüler/innen ganz ruhig zu bleiben und sich innerlich aus der Situation zu nehmen. Puls und Gesichtsfarbe bleiben erträglich;
- *kognitive Verhaltensänderung*: Ein Schüler erlernt z.B. im Fach Deutsch die Analyse von Gedichten, in Mathematik die Anwendung einer neuen Formel;
- *emotionale Verhaltensänderung*: Eine Schülerin hat sich jahrelang kaum für das Fach Sozialkunde interessiert, erfährt jedoch bei der Präsentation eines Referats, dass ihr Lehrer sie für schlau und politisch gut informiert hält. Das Lob bewirkt, dass sie sich in der Folgezeit heftig engagiert ...

Nach einem erfolgreichen Lernprozess können wir uns „neu“, eben „anders“ verhalten – auch wenn wir das Verhalten nicht sofort zeigen. So kann das vor Jahren implizit oder explizit Erlernte vielleicht erst morgen oder in einigen Jahren sichtbar werden. Jedes „neue“ Verhalten oder Verhaltenspotenzial erweitert die Zone, in der wir uns wohl fühlen, die Komfortzone. Die Möglichkeiten nehmen zu. *Lernen lässt uns wachsen und macht uns freier.*

Stellen wir uns zum Beispiel einen Musiker vor – wenn Sie ein Instrument spielen, erinnern Sie sich doch einfach an die erste Zeit: Wenn man anfängt, fällt es schwer, saubere und richtige Töne zu produzieren. Man quält sich durch simple Stücke und es klingt entsprechend. Im Laufe der Zeit aber zeigt sich das Lernen als Erweiterung des Verhaltenspotenzials: Der Musiker spielt plötzlich ganze Stücke, im Ensemble, in einer Band, schwierige Fingersätze und rhythmisch oder melodisch anspruchsvolle Passagen – bis hin zu Bach, Schumann oder Beethoven oder was man im Rock, Techno oder Hip-Hop so spielt: Er kann mehr und dadurch ist er freier in der Wahl. Und so ist Lernen oft: Wer Englisch oder Französisch kann, kann im entgrenzten europäischen Arbeitsmarkt unterwegs sein, auf englischsprachigen Websites surfen und internationale Freundschaften haben. So machen Wissen und Können frei. Wer nicht viel kann und weiß, ist in seinen Handlungsmöglichkeiten beschränkt.

Allerdings muss das Lernen nicht immer zu einer Erweiterung der Verhaltensmöglichkeiten führen – auch das Gegenteil ist möglich: Beforscht wurden auch Lernprozesse, welche die eigenen Potenziale einengen, die Komfortzone verkleinern und uns hilfloser machen: So wurde der amerikanische Psychologe Martin Seligman durch brutale Experimente an Hunden berühmt: Er setzte Hunde in eine Box, schloss den Deckel, sandte ein Lichtsignal und kurz danach einen Elektroschock über die Bodenplatte. Die Hunde lernten schnell, dass es nach dem Lichtsignal schmerzhaft wird und sprangen sofort danach hoch. Aber der Deckel auf der Box verhinderte, dass sie hätten flüchten können. Und auch das lernten die Hunde schnell: Ich kann nichts tun. Sie blieben jetzt nach dem Lichtsignal stehen und ließen der Schmerz über sich ergehen.

Nun öffnete Seligman den Deckel des Versuchskäfigs und die Hunde hätte rausspringen können – fliehen! Es geschah, was uns bis heute als psychologisches Phänomen beschäftigt: Die Hunde blieben in der Box stehen, auch bei Lichtsignal und Stromstoß. Sie hatten sich selbst aufgegeben und überließen sich tatenlos den weiteren Quälereien. Sie hatten gelernt, hilflos zu sein.

Seligman schloss daraus, dass das *Gefühl der Macht- und Hilflosigkeit auf die Dauer zu einer „erlernten Hilflosigkeit“ führt*, welche die Handlungsmöglichkeiten des Lebewesens beengt. In vielen Folgeexperimenten wurde bewiesen, dass es den Menschen ähnlich geht: Erfahren Menschen negative Konsequenzen für ihr Verhalten und fühlen sich der Situation ausgeliefert, so werden sie passiv; lernen nicht mehr dazu oder haben gar gelernt, bereits erworbenes Verhalten nicht mehr einzusetzen. Obwohl sie es könnten! Sie fühlen sich wirkungslos. In besonders rigiden Systemen, Gefängnissen beispielsweise, oder im Umfeld von Menschen mit zwanghaften rigiden - dominanten - Persönlichkeitsstrukturen, finden sich passive – erlernt hilflose – Menschen. Stellen wir uns doch mal vor, wir haben einen Partner oder eine Partnerin, der/die uns ständig kontrolliert und dominiert, und wir bleiben aus irgendeinem Grund in der Beziehung gefangen – dann werden wir wahrscheinlich schlapp, müde und passiv. Stellen wir uns vor, unsere Schüler/innen hätten einen Lehrer oder eine Lehrerin, der/die sie ständig kontrolliert und dominiert – aber so was gibt's ja nicht...

### Indiziensuche

Wie aber lässt sich das positive Lernen (Erweiterung unserer Verhaltensmöglichkeiten) stärken? Darauf gibt es leider keine schlichte Antwort, da jeder Mensch anders lernt. Aber dennoch suchen Behaviourismus, Kognitionspsychologie und Neurowissenschaften nach Hinweisen und es ist erstaunlich, *dass diese drei so verschiedenartigen Lerntheorien häufig zu ähnlichen Ergebnissen führen*; einiges durchzieht redundant deren Befunde. Was wir demnach haben, sind deutliche Indizien, die als Praxishinweise gedeutet werden können.

Was also wissen wir über die idealen Bedingungen für Lernen, Entwicklung und Wachstum? Wie machen wir Schülerinnen und Schüler neugierig auf das Wissen der Welt, neugierig auf sich selbst und andere? Gebündelt: *Lehrpersonen sollten wertschätzen und ein positives Klassenklima schaffen (1), selbst ein positives Leistungsmodell sein (2), die Schüler/innen motivieren und freilassen (3), sie herausfordern (4) und deren Wissen und Können festigen (5).* Und sinnigerweise können wir an dieser Stelle noch beiläufig feststellen, dass Schüler/innen möglichst vieles handschriftlich festhalten sollten, da die Motorik die neuronalen Netze aktiviert (Longcamp, Boucard et. al. 2006).

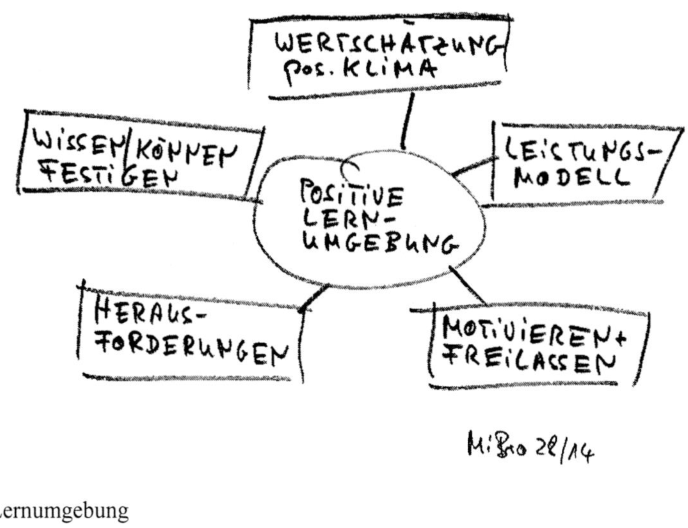


Abb. 1: Positive Lernumgebung

### 1. Wertschätzen

„Wert-schätzung" ist die Grundlage der positiven Lernumgebung. Also den Wert eines Menschen wirklich hoch zu schätzen. Wertschätzung heißt hier, sich gegenseitig anzuerkennen, Schüler/innen zu achten, zu mögen, zu stützen und ermutigen. Es bedeutet auch, die gegenseitige Wertschätzung in der Klasse zu fördern, Erniedrigung, Beleidigung, Abwertung und Demütigung mutig entgegenzutreten.

Das ist schon allein aus humanistischen Gründen wichtig. In der Schule/Klasse verankerte Grundwerte wie die Achtung der Würde jedes Einzelnen, Diskriminierungsverbot, Verständnis und Toleranz gegenüber Nationalitäten, Rassen, Religionen, sexuellen Orientierungen, Chancengerechtigkeit, Nachhaltigkeit, Förderung des sozialen Zusammenhalts o. Ä. prägen einen humanistischen Geist der Annahme und Akzeptanz, welcher so grundlegend für die Entwicklung des Geistes, der Emotion und des Sozialverhaltens ist.

Aber auch lerntheoretische Gründe sprechen für den wertschätzenden Umgang, denn die geistige, emotionale und soziale Entwicklung des Menschen ist blockiert, fühlt er sich abgelehnt oder gar ängstlich. Darüber hinaus gehen Schüler/innen in die Abwehr, wenn sie sich herabgewürdigt fühlen – wie fast alle Menschen! Und dieser Widerstand macht den Unterricht oft anstrengend, laut und lässt ihn öfter scheitern (vgl. Brohm/Endres 2015). Abgesehen davon stärkt der wertschätzende Umgang auch die Leistungsmotivation des Menschen, denn Lob, viel Blickkontakt, häufiges Nicken, interessierte Blicke u.v.m. wirken als positive Entwicklungsverstärker. Es ist die große Sehnsucht des Menschen wertgeschätzt zu werden. Vielleicht erinnern Sie sich an einen Moment, in dem Sie stark wertgeschätzt wurden. Wie ging es Ihnen damit?

Daher ist es eine wichtige Aufgabe von Lehrer/innen wie auch anderen Führungskräften, sich Mobbing, Bossing und anderen Formen des sozialen Ausschlusses – auch durch Kolleg/innen einzelnen Schüler/innen gegenüber – klar und deutlich entgegen zu stellen, Minderheiten zu schützen und zu integrieren.

In der Praxis erlaubt ein positives, wertschätzendes Milieu den Schüler/innen, Fehler zu machen und an diesen zu wachsen, denn angstfrei bleibt hier der Selbstwert auch bei Fehlern erhalten. So entsteht hier eine fruchtbare „Fehlerkultur" und mit ihr lebendige Lern- und Leistungsgemeinschaften, in die jedes Mitglied sein individuelles Wissen, Können und Verhalten fruchtbar einbringt. Letztendlich trägt aber auch die helle und warme Gestaltung der Räume zu einer positiven Lernatmosphäre bei. Und schließlich sollten positive Gefühle gestärkt werden: Offenheit, Optimismus, Zukunftsorientierung, Wahrnehmung, Achtung voreinander, Risikofreude, Glück, Neugier, aufbauende Beziehungen, Warmherzigkeit, Lieben und Zuneigen, aktives und konstruktives Reagieren, Dankbarkeit und Hoffnung (vgl. Brohm/Endres 2015). Geben wir das den Kindern und Jugendlichen, um ihre Selbstachtung aufzubauen, um Aggression und Abwehr entgegen zu wirken, um Leistung und Lernen zu ermöglichen und schließlich um menschliche Werte zu stärken.

## 2. Leistungsmodell sein

Wer lustlos in die Klasse geht, selbst den Stoff, das Lernen oder die Schüler/innen nicht besonders spannend findet, muss sich nicht wundern, wenn er/sie lustlose Schüler/innen hat und ständig mit Disziplinproblemen kämpft. Denn das Lernen am Modell ist eine der stärksten, empirisch nachgewiesenen Wirkkräfte in pädagogischen Beziehungen. Es gilt daher vor allem – simpel aber richtig: *Wir können nur Wirksamkeit, Wohlbefinden und Motivation anregen, wenn wir selbst wirksam, wohlbefindlich und motiviert sind.* Wenn ich jetzt könnte, würde ich es jetzt hier noch mal und lauter sagen: *Wir können nur motivieren, wenn wir selbst motiviert sind*; denn wir sind für die Schüler/innen Lern- und Leistungsmodell für unser Fach. Wollen wir ein spezifisches Verhalten stärken, müssen wir im Kontakt mit dem Lernenden dieses Verhalten selber zeigen. Schüler/innen lesen viel lieber, wenn sie sehen, dass die Lehrperson gerne liest, sprechen lieber die Fremdsprache, wenn die Lehrperson ausstrahlt, von dieser Sprache begeistert zu sein, Kinder spielen gerne Klavier, wenn die Bezugspersonen gerne musizieren oder zumindest Klaviermusik sehr wertschätzen, rechnen gerne, wenn... Das alles gilt unter der Voraussetzung, dass die Kinder und Jugendlichen das Modell attraktiv finden: also aufrichtig, wertschätzend, in sich ruhend, gerecht, zugewandt, motivierend.

## 3. Motivieren und freilassen

Ohne Motivation keine Entwicklung des Menschen, denn Motivation ist eine wichtige Lebens- und Lernenergie. Und grundlegend für den Lernerfolg. Einige spezifische Verhaltensweisen unterstützen die Leistungsmotivation der Schülerinnen und Schüler.

Das wichtigste Verhalten, das wir zeigen können, ist der *Glaube an unsere eigene Wirksamkeit (als Lehrkraft) und die Wirksamkeit des Lernenden* – also an dessen Tüchtigkeit. Hohe Selbstwirksamkeitserwartungen sind zentral: „Ich schaffe das! Ich kann das! Wenn ich es nicht kann, kann ich es lernen! Du schaffst das! Du kannst das! Du machst das schon!" Und falls der Lernende es doch nicht kann, ein warmes: „Du kannst das NOCH nicht!“ Das beinhaltet das Vertrauen in das „Lernen können“ – in das Wachstum. Verhängnisvoll sind Botschaften in die umgekehrte Richtung („Hast du das wieder nicht kapiert...“, War ja klar, dass du wieder eine xy schreibst! Du bist faul, doof, dumm, blöd... was auch immer“). Geben wir unseren Kindern, Schüler/innen, erwachsenen Lernenden hingegen das Gefühl, etwas bewirken zu können, so fangen sie tendenziell eher an, bleiben dran und schließen die Aufgaben ab. Das Gefühl wirksam zu sein führt geradewegs in eine *aufschießende Wirksamkeitsspirale* – also Erfolgsspirale...

Und diese entwickelt sich weiter, wenn die zentralen Grundbedürfnisse des Menschen beim Lernen befriedigt werden, nämlich Selbstbestimmung und Kompetenzerleben (Deci/Ryan 1993). *Daher hängt auch unsere Leistungsmotivation ganz entscheidend davon ab, ob wir uns als selbstbestimmt – also frei – und kompetent wahrnehmen.* Für den Lernerfolg ist es demnach wichtig, dass die Schüler/innen *die Arbeitsprozesse möglichst frei gestalten können.* Schon die kleinsten Freiräume helfen der Motivation zu überleben: Zum Beispiel, wenn die Schüler/innen sich aus einer Gruppe von Aufgaben einige auswählen können, wenn sie den Lerngegenstand (im Rahmen der Vorgaben) mit entscheiden dürfen oder wenn sie einfach ihre Gruppenarbeiten in Ruhe bearbeiten, ohne ständig von der Lehrperson „beschattet“ zu werden. Ich halte es für falsch, gut anmoderierte Arbeitsaufträge auch noch durch das Umhergehen während der Gruppenarbeits- oder Stillarbeitsphase zu „kontrollieren“. Wobei das Maß der zugestandenen Freiheit ganz deutlich mit dem Maß der bereits vorhandenen Fähigkeiten korrelieren sollte: Erfahrenen, geübten Schüler/innen kann sicherlich ein größerer Freiraum zugestanden werden als unerfahrenen.

*Tendenziell kann aber davon ausgegangen werden, dass die Freiräume so groß wie irgend möglich sein sollten.* Denn durch das selbstverantwortliche Handeln haben die Lernenden die Chance, eigene Kompetenzen wahrzunehmen – und das stärkt die Motivation! Kleinschrittige Vorgaben, ständige Kontrolle, Arbeiten und Lernen im Gleichschritt u.a. stehen der Freiheit und dem Kompetenzerleben entgegen; Fremdbestimmung durch die Lehrperson lähmt die Entwicklung, zu viele Anweisungen und Hilfen lehren nur eines: Hilflosigkeit!

Hat die Lehrperson darüber hinaus hohe Leistungserwartungen, bewirkt sie eher hohe Leistungen, niedrige Leistungserwartungen hingegen produzieren niedrige Leistungen – das ist aus der Leistungsmotivationsforschung bekannt. Die Leistungserwartungen sollten demnach anspruchsvoll und so hoch sein, dass sie gerade noch erfüllbar sind. Allerdings sind bei solch hohen Erwartungen auch spannungsfreie Phasen zu schaffen, denn permanente Überforderung führt – wie auch die permanente Unterforderung – zu Frustration. Die Höhe der Leistungserwartungen hängt u.a. davon ab, für wie wirksam sich die Lehrperson selbst hält. Nimmt sie an, den Schüler/innen wirklich etwas beibringen zu können (wirksam zu sein, s.o.), überträgt sich diese Haltung tendenziell auf die Schüler/innen.

Darüber hinaus können wir den Schüler/innen auch Impulse geben, um sich selbst zu motivieren. Insbesondere indem

- sie sich Ziele setzen und
- daran arbeiten, sich selbst positiv wahrzunehmen,
- daran glauben, wirkungsvoll zu sein,
- sich als kompetent erleben,
- Erfolge und Misserfolge motivationssteigernd begründen und
- die eigenen Handlungen kontrollieren, indem sie z.B. die Aufmerksamkeit steuern (Brohm 2012 sowie Brohm/Kürwitz/Berend 2014).

## 4. Herausfordern

Lernen braucht Herausforderungen, sonst wird es stinklangweilig! Also kognitive, emotionale und soziale Herausforderungen. Lehrpersonen sollten daher „Herausforderer“ und „Herausforderinnen“ sein. Denn wenn die Schüler/innen routiniert mit einer Standardaufgabe umgehen, leichter Hand etwas lösen, haben sie wenig gelernt. Erst die leichte emotionale Verunsicherung führt dazu, neuen Grund abzutasten, neue, potenziell riskante Ideen und Handlungsmöglichkeiten zu erkunden und somit das eigene Handlungspotenzial („Kompetenz“) zu erweitern. Diese anfängliche Phase der „emotionalen Labilisierung“ (Erpenbeck) ist grundlegend für das Lernen.

Es geht also darum anzurühren, zu irritieren, zu dekonstruieren, aufzubrechen und umzuorientieren. Herausforderungen, welche leicht verunsichern, fördern daher das emotionale, soziale und geistige Wachstum der Schüler/innen. Aufgaben sollten daher ruhig fremdartig, neu, groß, seltsam, widersprüchlich, verrückt, „ver-rückend“ oder sonst wie anregend sein. Machen Sie also ruhig mal was Verrücktes mit den Schüler/innen. Stellen Sie sich vor, Sie tanzten mit den Schüler/innen auf den Tischen Gum Gum Style, um im Physikunterricht die Schwerkraft von Körpern zu testen und der Schulleiter kommt ins Klassenzimmer. Was würden Sie tun? Eine gute Idee wäre vielleicht, das Abenteuer über die o.g. Argumente der Lernforschung zu begründen. Na, auf jeden Fall hätte er bei seiner Pensionierung etwas zu erzählen und die Schüler/innen denken wohl ein Leben lang daran.

Anregend wirkt auch ein *optimales Erregungsniveau* während des Lernens. Es erhöht die Motivation und den Spaß. Nähern sich Wachheit, Wachsamkeit, neuronale Erregung dem Nullpunkt, so bezeichnen Psychologen das als sehr niedriges Arousal-Niveau – einem schlafähnlichen Dämmerzustand nahe. Ein sehr hohes Arousal-Niveau zeigt sich hingegen, wenn wir wütend, ängstlich oder sexuell erregt sind. Lernen ist in beiden Extremzuständen kaum möglich. *Optimal für den Unterricht ist der mittlere Erregungsbereich: die Wahrnehmung ist geschärft, Reaktionsvermögen und Wachheit optimal.*

Ein zu geringes Arousalniveau können wir anheben, indem wir – wie bei der emotionalen Labilisierung auch – interessante, spannende, irritierende, fremde, herausfordernde Leistungsaufgaben stellen. Sie erhöhen das Maß der emotionalen Erregung und führen letztendlich zu wesentlich besseren Lern- und Leistungsergebnissen als stupide Anforderungen. Deshalb sollten *langweilige Aufgaben aufgepeppt* werden (gegen die Uhr lernen, mit oder ohne Musik lernen, fertig sein, wenn es schellt oder die CD zu Ende ist usw.) und *zu schwierige Aufgaben vereinfacht werden* (in kleine Teilschritte zerlegen usw.).

*Kognitive, sensomotorische, emotionale und soziale Stimuli* fordern es heraus, handelnd neue Erfahrungen zu machen. Die Aktivierung aller Wahrnehmungskanäle durch Klänge, Farben, Bilder, Objekte, Farben, Poster mit Informationen, fremdsprachige Klänge, neue Medien, Händedruck, emotionale Gespräche, sozial heterogene Arbeitsgruppen, neue Aufgabenbereiche, neue Aufgabenformate, ungewohnte Raumgestaltung u.v.m. sind hier denkbar. Die Lernzentren der Schule – die Klassenräume – sollten mit Stimulationen durchdrungen sein. Diese neuen Erfahrungen erweitern den Handlungsspielraum, die Handlungsfreiheit und fördern somit den Kompetenzerwerb. Einseitige, z.B. rein kognitive Stimuli führen zu einseitigen, eben rein kognitiven Fehlentwicklungen: „Fachidioten" eben. Menschen müssen denken, fühlen, in verschiedenen Kontexten sozial aktiv sein und sich bewegen, um sich ganzheitlich als Mensch weiterzuentwickeln.

Und *schließlich sollten Schüler/innen handeln*, denn die aktive Auseinandersetzung mit dem Lerngegenstand stärkt die Selbsttätigkeit, und regt die Verinnerlichung des Lernstoffs an. Rein passives, rezeptives Aufnehmen führt zum schnellen Vergessen, da die festigende Erfahrung fehlt. „Deprivation" bezeichnet den Ausschluss von Erfahrungen und führt oft zur emotionalen, sozialen oder kognitiven Verkümmerung. Sozial, emotional, kognitiv Deprivierte verkümmern! Ideal läuft es, wenn wir Primärerfahrungen ermöglichen können - also solche, die der Mensch in der direkten Auseinandersetzung mit dem Gegenstand, sich selbst oder dem anderen Menschen machen kann. Sekundärerfahrungen sind hingegen Erfahrungen aus „zweiter Hand", wie z.B. das Lernen durch Filme, Fernsehen, Simulationen usw. Da Erfahrungen nicht weitergegeben werden können, ist immer das Lernen im direkten Kontakt besser – also die selbst gemachte Erfahrung. Meine Studierenden frage ich manchmal etwas salopp, ob man küssen besser in der Primär- oder der Sekundärerfahrung lernt. Liebesfilme ansehen bringt da wenig ...

## 5. Wissen und Können festigen

Jetzt könnte man vielleicht auf die Idee kommen, möglichst wilde Impulse zu setzen - und das ständig. Aber das wäre „to much", denn unser Geist braucht auch die Festigung des Alten. Der französische Kognitionspsychologen Jean Piaget hat das als Wechselspiel der geistigen Entwicklungskräfte Assimilation und Akkommodation beschrieben. Assimilation bezeichnet dabei die Festigung bereits vorhandener geistiger Strukturen, während Akkommodation die Korrektur und Erweiterung alter Strukturen – hin zu etwas Neuem – meint. Menschen versuchen, so Piaget, *in einem ständigen Gleichgewicht zwischen Altem und Neuem zu bleiben*

*(Equiliberation). Lernen braucht also sowohl schon Bekanntes als auch neue, unbekannte Herausforderungen.* Zu viel Altes (Assimilation) führt zu Stillstand, zu viel Neues (Akkommodation) führt zu chaotischen Zuständen. Daher sollten wir immer wieder Phasen in den Unterricht einbauen, in denen die Schüler/innen Altes in aller Ruhe und mit der wachen Gelassenheit geistiger Prozesse vertiefen können. Immer wieder Neues - und weiter und weiter gehetzt durch den Lernstoff macht keinen Sinn, denn erst die Wiederholung und häufige Anwendung festigt das Gelernte. Durch häufige Anwendung und Wiederholungen nimmt im Gehirn die Neuronengröße zu, neue Synapsen bilden sich, neue neuronale Netzwerke entstehen. Das Gedächtnis kann leichter auf die Inhalte zugreifen. So lernen Menschen. So entwickeln sich Menschen.

## FAZIT

Was bleibt jetzt von alldem? Hier nun kurz und knapp die fünf Goldenen Regeln für glückliches und wirksames Lernen und Lehren.

Wenn Sie im Schulpraktikum, als Referendar/in oder Junglehrer/in eine Klasse übernehmen:
(1.) Verbreiten Sie Wertschätzung für die Schüler/innen und sorgen Sie für ein positives Lernklima.

(2.) Zeigen Sie den Schüler/innen, wie spannend und wichtig der Stoff ist, indem Sie selbst ein positives Lern- und Leistungsmodell sind.

(3.) Motivieren Sie die Schüler/innen durch Wirksamkeitserwartungen, Ziele, Kompetenzerleben und Freiheit.

(4.) Fordern Sie die Schüler/innen kognitiv, emotional und sozial durch entsprechende Impulse und Anforderungen heraus.

Und (5.) schließlich geben Sie den Schüler/innen immer mal wieder Zeit, ihr Wissen und Können durch Anknüpfung und Wiederholung zu festigen.

Und hier noch der letzte, kleine Geheimtipp: Freuen Sie sich über jeden Entwicklungsschritt einzelner Schüler/innen und zeigen Sie Ihre Freude auf die Art und Weise, die zu Ihnen passt. Aber zeigen Sie sie. Genau so, wie Ihre Freude, etwas „Richtiges“ studiert zu haben. Etwas richtig Wichtiges studiert zu haben.

## Literatur


BROHM, M.: Sozialkompetenz und Schule. Theoretische Grundlagen und empirische Befunde zu Gelingensbedingungen sozialbezogener Interventionen. Weinheim/München 2009.

BROHM, M.: Motivation lernen. Das Trainingsprogramm für die Schule. Weinheim/ Basel 2012.

BROHM, M./KÜRWITZ, T./BEREND, B.: Motiviert bleiben. Positive Psychologie für die Grundschule. Weinheim/Basel 2014.

BROHM, M./ENDRES, W.: Positive Psychologie für die Schule. Die Glücksrevolution für den Schulalltag. Weinheim/Basel 2015.

BROHM, MICHAELA: Motiviert studieren. Paderborn/Stuttgart 2015.

BROHM, MICHAELA: Positive Psychologie in Bildungseinrichtungen. Für Führungskräfte (essentials). Wiesbaden 2016.

BROHM, MICHAELA: Werte, Sinn und Tugenden als Steuerungsgrößen und Organisationen. Für Führungskräfte (essentials). Wiesbaden 2016.

DECI, E. L./RYAN, R. M.: Die Selbstbestimmungstheorie der Motivation und ihre Bedeutung für die Pädagogik. In: Zeitschrift für Pädagogik 2, 1993, S. 223-239.

HASCHER, T.: Schule positiv erleben. Ergebnisse und Erkenntnisse zum Wohlbefinden von Schülerinnen und Schülern. Bern 2004.

LONGCAMP, M./BOUCARD, C./GILHODES, J.-C., VELAY, J.-L.: Remembering the orientation of newly learned characters depends on the associated writing knowledge: A comparison between handwriting and typing *Human Movement Science*, Volume 25, Issue 4, 2006, Pages 646-656.

MÜLLER, R.: Soziale Beziehungen und Wohlbefinden in der Schule. Zusammenhänge zwischen Befindlichkeit und sozialer Interaktion am Beispiel des Modells zum schulischen Wohlbefinden von Tina Hascher. München 2011.

RUCH, F. L./ZIMBARDO, P. G.: Lehrbuch der Psychologie. Berlin/Heidelberg/New York 1974.

## 15. Nachwort

Wie Sie im Verlauf Ihrer Arbeit gemerkt haben, ist der Suchakt, die Umsetzung und schließlich Verschriftlichung von didaktischen und methodischen Entscheidungen gar nicht so einfach. Es sind viele verschiedene Faktoren zu beachten, die alle in die Gesamtkonzeption passen müssen. Zudem soll die Stunde motivierend und aktivierend gestaltet sein und die Schüler sollen etwas lernen. Eine ganze Menge konnte in diesem Einführungswerk auch nicht angesprochen werden – und musste es auch nicht, da dafür die (Fach)Seminare zuständig sind.

Wer selbstkritisch mit sich umgeht, wird einsehen, dass man sich um die Didaktik ein Leben lang bemühen muss, weil z. B. die Schüler sich ändern, Lernmethoden im Fluss sind, aber auch die Welt sich ständig ändert.

Aber Unterrichtstechnik ist nicht alles. Da die Didaktik mit Menschen zu tun hat, hat sie etwas mit Erziehung und mit Werten und Weltanschauung zu tun, ob die Werte ´Gerechtigkeit, Frieden und Bewahrung der Schöpfung` oder Demokratie, Freiheit und Toleranz heißen – immer stehen sie über allem.

Didaktik macht mehr als Lernen möglich – sie bildet. Und bei Bildung geht es um die Entwicklung der mündigen Persönlichkeit; Aufklärung und Humboldt bilden das Fundament. Darüber sollte sich die Lehrperson immer klar sein.

Eine andere Didaktik ist in diesem Buch nicht gemeint.

Bernhard Hoffmann

im Juli 2018